主　编：李　念

成　员：袁球璐　袁圣艳　谢怡华　司俊飞

靳　松　陈莉莉　林牧茵　周文强

大国厚土

中国传统文化的承继与复兴

THE ROOTS

"文汇讲堂"
复旦大学上海儒学院 编

北京大学出版社
PEKING UNIVERSITY PRESS

图书在版编目(CIP)数据

大国厚土:中国传统文化的承继与复兴/“文汇讲堂”,复旦大学上海儒学院编. —北京:北京大学出版社,2018.6

ISBN 978-7-301-29530-4

Ⅰ.①大… Ⅱ.①文… ②复… Ⅲ.①中华文化—研究 Ⅳ.①K203

中国版本图书馆 CIP 数据核字(2018)第 093699 号

书　　名	大国厚土:中国传统文化的承继与复兴 DAGUO HOUTU
著作责任者	“文汇讲堂”　复旦大学上海儒学院　编
责任编辑	朱梅全
标准书号	ISBN 978-7-301-29530-4
出版发行	北京大学出版社
地　　址	北京市海淀区成府路 205 号　100871
网　　址	http://www.pup.cn　　新浪微博　@北京大学出版社
电子信箱	sdyy_2005@126.com
电　　话	邮购部 62752015　发行部 62750672　编辑部 021-62071998
印 刷 者	北京中科印刷有限公司
经 销 者	新华书店
	730 毫米×1020 毫米　16 开本　21.25 印张　296 千字
	2018 年 6 月第 1 版　2019 年 5 月第 4 次印刷
定　　价	49.00 元

哲学：寻源之学

——兼及中国哲学之命运（代序）

中华文明体从哪里来？到哪里去？怎样走到那里？这是我们面临的三大问题。

第一个问题似乎已有答案，无须多加关注。其实，且不说现时的中华文明体是个什么样的结构尚未明晰，五千年来有几多文明体汇入尚未说全，最重要的问题是中华文明之根仍处于晦暗中，甚至问题都未明确地提出。第二个问题在世界五大文明体冲撞融合、全球化全面开展之背景下，并不是轻松的课题。第三个问题更是糅合着理想与利益、既复杂难理又不易协调的实际问题，我辈书生能做的仅仅是提出思路，而思路须在实践家反复碰壁之后悟出。欲解决这三大问题，须多学科合作开展综合研究。而最难也最为根基的是确定诸文明体之源，这是哲学的工作。

“哲学”这个词传入中国社会之始，人们就被告知，哲学起始于追寻世界本原。然而，今天此问已部分转由物理学回答。哲学可说的，至多是提醒人们，物理学解释的并非本然世界，而是世界图景——或许越来越精准地接近本然，毕竟是图景，切勿把图景误看为本然。

哲学一直被图景纠缠。哲学家从图景中提炼出理念（或共相），以为摆脱了图景的纠缠，同时又认定图景以存在体为基底。其实，理念、存在体并非本然，早就被印度思想家看破。西方思想直到康德才透彻地揭示，称作自然界的图景、存在体（本体）、理念等，全部由心智能力构建，从而把追寻本原的思考聚焦于研究心智能力。

康德重要的贡献是把人类的社会活动（道德与权利）区别于自然界，

划为独立的研究领域，为嗣后探究文明之源确立了方位。黑格尔接踵把纯思哲学扩展到追寻文明之源的研究。精神现象学是阐述西方基督教文明之概念发展历程、展示哲学作为寻源之学新视域的第一个范例。

黑格尔奠定的基础深厚坚实，足以指导我们今日的研究。不过，其中有两个重要缺陷：一是他先行地设定世界史是一个文明之发展。在我们看来，设定文明多元是更好的方案。二是他的伟大创见——确定意识是文明之源，承接康德的寻源发现，相当完美地解释了旧日印度思想（佛学，早于西方哲学确立了正确的寻源思路）未能涉足的社会及其制度的发展——在纯思方面无比精妙，令人叹服，但忽视了文明是由人的活动创造的，人的活动不仅仅是纯粹思维。欲望在黑格尔那里被处理为精神运动之逻辑环节，意识之初始活动即是逻辑建构。

古人讲得十分明白："食、色，性也。"这两种根本人性在黑格尔哲学的根基处没有位置。黑格尔哲学解释当时面对的西方社会或许很完美，但解释整个西方基督教文明仍显不足，用以解释其他文明的不足则更加明显。马克思揭示，人的原初生命冲动是谋生，彰显黑格尔第二个缺陷之一个方面。另一种原初生命冲动于20世纪70年代由法国思想家道出，显示出该缺陷的另一个方面。我们现在探究文明之源的哲学架构已经完备。

作为寻源之学的哲学，现在最前沿的课题是揭示文明起源。社会学（确切地说是人类学）试图完成这一使命，成果可称斐然。然而，解释文明何以多元——同为智人，却发展出各异的文明——遇到了困难。这一使命只好由哲学"接手"。

全球化急速进行，加剧了世界诸文明体之间的紧张。寻求诸文明体和平相处、和谐融合之现实需要推动哲学关注文明之源问题。晚近以来，西方文明、苏俄文明两大文明强势影响中国社会，与本土传统形成中华文明体内三大文明并存的情状，张力甚大，时或剧烈冲突，意见纷纭。尽管艰难，磨合是必须的。处于此文明立场者质问道：为何不可以这样?！处于彼文明立场者反质问道：为何不可以那样?！难道就这样无休止地争斗下去？命定寻求共处之道，别无选择。哲学家不能止步于呼吁，要采取积极的态度——揭示诸文明之源，探索文明磨合之道。

境遇把使命加于中国的哲学研究者身上，也把机会提供给他们。三大文明并存迫使他们对三方都须深入研究。这样的压力和便利是任何其他国家的研究者所没有的。这是哲学研究者的幸运，也是中国哲学的幸运。命运要求研究者放弃偏见，加速补全知识。放弃偏见很难，但是必须做到。必须跳出狭隘地固守某一文明立场之局限性，陷溺于一端不能成为哲学家。

追寻文明之源是时代赋予哲学的使命，尤其是赋予中国哲学的使命。

中国哲学，在此，不是指目前作为学科而言的那个中国哲学。目前的学科划分依据的是研究者处理的资料集，准确的名词是“中国哲学史”。收进这个资料集的文献是被认定为“中国哲学家”们的作品。考虑到当年与佛学相关的文献现在属于中国哲学，焉知今日被看作西方哲学的文献（至少其中一部分）若干年后不归入中国哲学集？

中国哲学，指的是今日活跃地成长着、完善着的哲学，尚未成熟到整理成体系的阶段，却在指导或引导人们深刻反思当前的中华文明，而其自身又是中华文明根基。它是构成当今中华文明体的三大文明磨合之产物，又是文明融合得以成功的向导和基础。

中国哲学不会是昔日中国哲学史之现代转型，应是目前中国哲学界视野中的所有哲学资料中内含的丰厚思想总汇后提炼所得。

中国哲学也可被看作中国哲学史之现代转型——以全新的面貌呈现于世，完满解释中华文明体内部三大文明流之源，为解释世界五大文明体之源打下基础，成为未来全球哲学的最佳候选者。

本书收入“文汇讲堂”历次哲学文稿，多角度展示当代哲学家的思考断片，展现中国哲学的若干瞬时印象。由于本书第一组五篇文稿在时间上最近，是我以复旦大学上海儒学院名义向主持“文汇讲堂”的李念提议合作举办的系列讲座之结集，李念遂委托我作序。展读各位哲学家的文稿,感受到中国哲学跃动的生命健行不息。文章是连续的、流动着的思想之闪烁。它们在上海出现,是否预示着中国哲学之命运?乾坤,易之缊也;天道,一阴一阳。先祖窥见的文明奥秘将光大于天下。天命如此,岂可让耶?!遂录当下感受充序焉。

谢遐龄
复旦大学上海儒学院理事长
2018 年 4 月

目　录

传统新生

哲思漫谈

哲人求索

中西交会

传统新生

世界伦理构建与儒家天下关怀

>>> 杜维明　北京大学高等人文研究院院长、美国人文与科学院院士
>>> 倪培民　北京师范大学特聘教授、美国格兰谷州立大学终身教授
>>> 吴　震　复旦大学哲学学院教授、上海儒学院执行副院长

儒家精神人文主义：全球伦理困境的一种化解资源

杜维明

儒家传统作为一个历史渊源流长且有全球意义的地方知识，对于当下人类遭遇的困境，究竟有无可应对的方案？我研究儒家文化始于孟子心性之学，如何由孟子心性之学发展出精神人文主义，使之能与目前人类的伦理学危难相关联？这是个集体课题。在此，想与大家分享交流一下我并不很乐观的思考，冀以此抛砖引玉。

问题的迭变

1. 高中至大学在台湾地区学习儒学，赴美留学并无宣传之心，重在交流

我第一次接触儒家传统是在高一，那时学校里研究民族精神教育的周文杰老师为我们讲授"四书"，讲到《大学》，心中有些感触，但并不强烈。可当他讲到"身修而后家齐，家齐而后国治，国治而后天下平"之时，我突然感觉开窍了："修齐治平"的思想如此宽宏、伟大，是我在其他课程中未曾接触过的。因为喜欢，所以我就跟着周老师去台湾师范大学旁听牟宗三先生讲授中国哲学课。听后有很大触动，所以我就决定改报台湾大学为东海大学，后来转入中文系，跟随牟宗三、徐复观两位先生学习中国哲学。

1962 年，我到美国学习，同时开始交流、传播中国传统文化。这里有

两个误会:首先,许多朋友问我,为什么在美国才发现中华传统文化的价值?并非如此,事实上,我是在中国台湾地区开始接触、学习儒家思想,在大学里就感受到传统文化的重要价值。其次,我并非是去美国宣传儒家价值,让别人来认同这个学说。当时我作了一个对自己影响巨大的决定——以一种开放的心情与其他文化交流。如果在哈佛大学发现了一些与儒家文化存在较大冲突的价值、理念或学术思想,且事实上它们更具说服力,我也会改变主张。

2. 在西方各类对话中,重新理解、肯定、挖掘儒家心性之学

在美国念书期间,我最想修哲学,但当时由奎因主持的哈佛哲学系只关注五大方向:逻辑学、认识论、心灵哲学、语言哲学和本体论,并不开设我最关心、最想学的伦理学、美学与宗教哲学,所以我经常在其他院系学习神学、社会学、人类学、比较文化、世界宗教等课程。

我的学习过程是一种真正的文化间的交流,这种交流其实始于在东海大学读大四的时候。那时,一批毕业于美国普林斯顿大学、耶鲁大学、奥柏林学院等精英高校的助教来到东海大学,我们跟随其中一位学习英文,越来越多的学术交流随之不断展开。赴美留学,我感到自己与五四时代前往美国留学的中国学者不同。我并非完全拜师,自认为还带有一些使命——同他们交流儒家学说。出乎我意料的是,美国的教授心态相当开放,很多学者愿意认真聆听我的观点。这使得我能在文明对话的基础上,重新理解、肯定、发掘儒家心性之学。

3. 列文森认为儒家传统已是历史现象,1962 年起,我就想证明这是误判

来到美国,我发现一个普遍观点:学术界多半怀疑儒家是否能成为世界学术的一个侧面,或者成为世界主流学术中的一部分。伯克利大学列文森教授的著作《儒教中国及其现代命运》(*Confucian China and Its Modern Fate*)影响颇大,该书直截了当地说:“儒家的传统已经逐渐地成为历史现象、历史事实,不可能还会进一步发展。”他还举例说:“像梁启

超这样的知识分子,在感情上还是回忆着中国的过去,但在理智上已经决定认同西方文化。”在西方,主流学者都抛弃了儒家学说。

从 1962 年开始,我认为自己应该做的事就是证明列文森教授误判了儒家传统。他代表了很多海外学者的认知,而在当时的中国大陆,批评儒家的人更多。这些判断背后隐藏着一个非常重要的逻辑,那就是现代化。西化被认为就是现代化,而中国当时尚处在前现代化社会,一旦进入由科学、工业革命代表的现代化社会,儒家等传统的力量就会被逐渐消除。许多人认为,列文森是隔岸观火,对儒家的没落显示出一种西方中心主义的傲慢。他去世后,我和他的不少学生和同事交流,他们为其辩护:“杜维明,你不要忘记,列文森是在为儒家命运哭泣,他的内心满怀悲痛之情。在他看来,儒家的命运和他自己坚信不疑的犹太教的命运,以及基督教的命运,抑或印度教的命运,所有精神文明的命运都是一样的,现代化、科学化的发展会将它们消除,儒家只是其中一个。”

4. 儒家传统的现代命运,不仅是中国问题,也是人类文明的境遇

当时我就在思考一个问题,假如我们在研究儒家传统时,不能让人了解它的源头活水,让它与我们的身心性命有所关联,就无法证明儒家这一精神文明还可以在 21 世纪复活;也无法证明人类文明发展历程中,一些传统的价值可以对现代化、现代性进行批判乃至深刻的反思。因此,我认为,从事儒家研究或者认同儒家不仅仅是一个现代中国人或是中国知识分子的责任,也是一个人类文明遇到的大困境。最大的追问在于,人类应当走向何处?人类应当依靠何种力量和平共处?应当如何了解我们的人生价值和意义?曾经提出的“天下”观念、“万物一体”观念是否已经成为一种空想?或者说,那些价值、观念如何体现出更深层次的要求?

当时,西方一些学者已经开始重新反思,儒家传统的现代命运是否真如列文森所预言的那样已经消亡。20 世纪 60 年代末,列文森突然发现孔子及其“克己复礼”思想成为中国思想界批判的主要对象,这让他十分震惊——一个学说真正的消亡在于它被遗忘,尚在被批判足以证明其

生命力和现实的关怀与意义。

1978 年,我跟随美国科学院的学术代表团短暂回国一个月,意识到应该更加了解中国大陆的儒家文化,尽管我曾在中国台湾地区学习儒家文化,也接触到越南、韩国、日本以及欧美儒家文化。我深深感到,如果中国大陆的情况并未变化,或者多是反对儒家传统的声音,那么儒家的命运就会像列文森所说的那样。1980 年,我受邀回到北京师范大学进行科研 8 个月,边学习边问自己两个问题:一是儒家这个学术传统在中国大陆的发展前景如何?是否存在光辉灿烂的一面?二是在中国大陆是否出现了相对独立的学者群体?“相对独立”的意思是能独立判断学术标准、学术发展方向的意义和价值。

在和老中青三代学者的交流中,我得到了肯定的答案。

困境的探索

1. 孟子心性之学超越了同时代的轴心文明思想,指归现实中的终极意义

孟子所主张的心性之学,在不同时代具有不同的特殊价值,但都是一种对人的重新认识。强调孟子是一个“性善论”者,其实说的是做人的道理。人在整个人类生物转化中的出现具有何种意义与价值?我们如何去认识它们?个人是否可以通过自身努力发展这种资源,还是必须受外在影响才能发挥自己的力量?同时,作为一个人,我是否能通过自觉与反省,堂堂正正地做人?我之所以能够发挥更大价值的原因是什么?是因为社会环境,还是其他原因?

孟子“性善”的观念是指每个人都可以通过自己内心的恻隐之情,即内心对外部环境的健康反应,发挥自己做人的基本价值。这让我想起公元前 800 年至公元前 500 年的轴心时代,印度文明、希伯来文明、犹太文明与中国文明四大文明同时出现。当时只有中国文明未曾出现被学术界称作“超越”的突破,即人的最终极的价值关怀必须超越于现实世界之

外,在上帝那儿或在另一个理想世界里,而孔子选择的人生意义在凡俗世界中俯拾皆是。因此,儒家传统是面对当时的存在,对人类进行的反思,与亘古时代相比,是一个质的飞跃,那就是人类开始探索抽象且永恒的大问题。

由于这种外在超越的“缺失”,因此许多西方学者认为,中国人过于关注现实,没有更高的意识与价值,没有到达“超越”这一层面。但孟子认为,一个人有很多向度,应当同时开展。其中,最重要的一个向度就是个人的主体性,它和人的“四端”密切相关。

“四端”是儒家称人应有的四种德行,包括仁、义、礼、智。其中,仁的这一端发自人的恻隐之情,包含着同情的意思,这种恻隐之情就是人之所以成为人、能够充分发展人性最重要的资源。情的感受虽是个人的,且每人有所不同,但孟子认为情是普遍存在的,如果能够将情推己及人,就可以逐渐将个人、家庭、邻里、社会甚至国家、天下都联系起来,成为一种向外推的精神世界。这种推己及人的情,发展到陆象山、王阳明时期,他们提出必须优先树立我们作为人的大体,即道德理想的最高价值。换句话说,作为一个人,就要做一个能够体现人性光辉的人,做一个像样的人。陆象山曾说:“若某则不识一个字,亦须还我堂堂地做个人。”做人,就应做一个对得起自己的人;立志是立自己的大志,可以推到家庭、他人即为大志。这也是孟子所说的“先立乎其大”。

2. “仁”具有主体性,其本体意义可与天地一体

对于“四端”之一的“仁”,目前许多中国学者的研究已做出较大贡献。在马王堆出土的资料中,“仁”字是上“身”下“心”,身心为仁,这与一般意义上说的“仁”字有所不同,具有非常深刻的哲学意义。所以,人的价值既是内在的、自我的,也是涵摄在关系网络中的。

通过对孟子的了解,我认为,“仁爱”的“仁”是指个人的主体性,这类似于康德说的“自由意志”。每个人都要有自由意志,没有理性就不会成为真正独立自主的道德人。儒家“仁爱”的“仁”里包含的情,是为他人而生,生发到一个人可以通过自己的主体与其他所有人进行对话,而

这种相互对话所形成的社群以仁爱为主。仁爱不仅仅是爱人,而且还要爱己和自爱,三者不能分离,还必须与万物一体。这就是孟子说的"万物皆备于我矣。反身而诚,乐莫大焉。强恕而行,求仁莫近焉"。

由于儒家传统中存在一种强烈的自由意志,即我要发挥我的仁,是我自己的选择,因此"三军可夺帅也,匹夫不可夺志也",就是孔子主动自觉的选择。这一观念发展到陆象山那里是"心即理",到王阳明那里是"致良知",将良知推广、扩充到事事物物。每个人内在都有仁心,所以说"仁者以天地万物为一体",这是普通常识无法反证的。也就是说,我们的心对外在世界有着无限反映的可能,它开放、多元、包容。从最遥远的行星到眼前的草木瓦石,对我们的心量来说,都可以到达。

那么,如何到达以天地万物为一体的精神世界呢?这是一个人成为独立自觉的人必须要走的路。首先,仁一定是在人的成长、发展的过程中进一步丰富的。王阳明说,每一天都相当于春夏秋冬的过渡,都是新的一天,都有一种新的意念,这就是生生不息。其次,仁也是一种觉悟,一个人的力量与所有人都能够成为一体,所以人有公心。最后,仁能通达,一定要往外通。人的主体性的本体意义在于,能与天打通,因为以天地为性,所以心灵从天而来。此即孟子所说:"尽其心者,知其性也。知其性,则知天矣。"

3. "仁"主张"天生人成",地球的存活是人类无可推却的责任

在西方世界里,人因为上帝的意志而诞生,却永远无法知悉上帝在做什么。一个人假如充分体现仁,不仅可知他人,也可以知天。这个观念建立在个人的主体性之上,这势必要破除自私自利的个人主义,破除家庭的局限,否则个人就没有渗透力,不能参悟到社会、国家、天下甚至是宇宙。"中国就是天下,中原就是天下"的观念与孔子、孟子的思想大相径庭。天下不仅是普天之下,它还包括宇宙论,同时也包含本体论所提出的相关问题。所以,我在20世纪80年代提出过"存有的连续性"话题。

另外,仁可以与其他德性相通。例如,礼、义、勇、智、孝等所有价值都与仁以及佛家说的慈悲有着内在的密切关系。这是个非常简单的思

路，但要证明它、发展它，使之成为制度、成为行为习惯，却是人类发展过程中了不起的大事。仁在中国的不同时代乃至不同思想中都能显现这种价值的光辉。

从仁的价值往前看，如何面对现在人类遭遇的存活困境，严格来说，就是人还能在地球上生存多久的问题。自然世界有其内在的价值，而非仅仅具有外在价值。从科学发展中我们了解到，人曾是地球演化过程中的消极结果，而现在却成为演化过程中的积极因素，影响了包括化学、生物各过程在内的整个演化过程。由于人类不断投入不断繁衍，促使演化过程向后拓宽。从这个意义上看，人在地球上能否生存，能否发展，仅是人从私利角度考虑问题。按照中国“天生人成”的观念，人就应该思考如何与地球相辅相成地存在。

4. 钱穆认为中华民族对世界的贡献就是“天人合一”，我延伸为“精神人文主义”

钱穆先生在 96 岁高龄时口授完成其最后一篇论文，阐述了中华民族对世界文明的贡献，其中重要的一点就是人心与天道合一，即天人合一。这就意味着人不仅对这个世界的持续发展负有责任，还应对存活环境的大自然负有责任。

由此观之，我们应该把握四种关系：

第一种是自我本身的内在关系，就是身心灵神的统一。个人的身体、心灵和自己最高的理想进行融合，这种融合形成的作用力来自于内部的反思。除反思外，还需有一个内在的意识，即良知。

第二种是将心比心的个人与他者的关系。他人可以是个人或社会，正是我们自我了解的另一种情况。个人与社会如何进行健康互动？这才是最早的修身、齐家、治国、平天下理念。修身是基本，齐家和治国是同步关系。比如当下，我们应当通过互联网发挥正能量，这源于每一个人的力量，同时也对社会有贡献。

第三种是人类与自然的关系。人类与社会、人类与自然需要一种持久的和谐，这样不仅对人有价值，对天地也有价值。

第四种是人性与天道相辅相成的关系。

以上是我提出的"精神人文主义"(Spiritual Humanism)的四个向度,是我同基督教、佛教、伊斯兰教以及许多其他宗教对话后,逐渐摸索到的人文价值,而这一人文价值是否具有持续性需要经受考验。例如,一个基督徒能否认同这一说法,并且不放弃自己作为一个虔诚的基督徒的信仰?一个佛教徒、马克思主义者在面对人类当下的困难时,是否能不脱离这四个向度?我认为是。因此,现在出现许多非常有趣的现象,有"波士顿的儒家";伊斯兰教徒也有"回儒"或"儒回"。也就是说,各个不同的宗教领域出现了一种新的人文精神。例如,某人是基督徒,他原本不太注重生态环保,因为这是属于上帝治理之事。但是,具有精神人文主义者就应该重视。以前的佛教徒追求"四大皆空",只完成个人自己的修行,但现在要将人间作为一个道场,这就是"人间佛教"的由来。

实践的佐证

1. 从"己所不欲,勿施于人"到"学以成人"的观念都可推广至世界

这里分享两种实践:

第一个是"己所不欲,勿施于人"。2001 年是世界和平年,联合国邀请 18 位世界各界思想家进行用何种价值重建文明的对话。当时德国思想家孔汉思提出用基督教的金科玉律,即"己所欲,施于人",我则提出了儒家的"己所不欲,勿施于人"这一恕道:你认为不好的东西,不要强加于人。这说明基督教的金科玉律与儒家的恕道文化有相通之处,这中间引申出的就是仁道,自己发展的同时也要帮助他人发展。这次讨论的结果是大家达成共识:我们应当开发各种文明资源,发展世界文明对话,促使世界逐渐形成一个对话的环境。

第二个比较现实,2018 年 8 月将在北京召开世界哲学大会,我提议的"学做人"被西方哲学界的主力接受为官方的大会主题,"Learning to

Be Human”被翻成多国语言,中文表达是“学以成人”。会议委员会经过考虑认为,在“学以成人”的主题之下,自我、社群、自然(地)和精神性(天)四个向度缺一不可。

我认为,这四个向度的理解要兼顾各种视角。第一,我们不能自傲地认为这只是中国的传统与价值,而应将其推广至世界。第二,孔子提出“学做人”就是“为己之学”,旨在发挥自己的潜能并推己及人。如孔子对颜回说:“为仁由己,而由人乎哉?”即依靠自己而非他人达到仁。“己”就是我说的主体性,这在儒家传统里非常关键,不可忽略。

2. 西方哲学界对“礼”的重视丰富了对“仁”的研究

最后,我想强调的是,“仁”与“礼”的关系是中国哲学界很重要的一个论域,假设突出“仁”,那么西方哲学界特别重视的“礼”就会受到限制。“礼”就是发展制度,进而形成一种文明意识,具有许多丰富的内涵。只强调“仁”而忽略“礼”必然走不远,反之亦然。我自己研究儒学,要突出孟子和王阳明的思想。如果研究儒学只提孟子而不提荀子,那绝对是有所缺失的。不重视汉代发展不可行,不重视八百多年来最具影响力的儒学大家朱熹也是绝对不可行的。哲学研究中,一方面需要选择自己想说的话,另一方面需要有开放的理解。实际上,世界上有各种各样的观点,但依然可以进行不同观点间的相互交流和对话。

非洲有句话:“我的存在是因为你的存在。”这和儒家思想之“仁与礼的创造性的张力”其实是一致的,做哲学研究就是要有王阳明说的“本体工夫”,决不能泛泛空谈,失去头脑(大方向),但如果没有自己深厚的文化根源意识,就会成为抽象的包容主义。儒家精神人文主义以“仁”为主体,同时又开放包容,涵摄天地群己,注重交流对话。

此讲座为双讲座,既是“文汇讲堂”和复旦大学上海儒学院联合举办的“接着讲”五讲的首讲,也是复旦大学上海儒学院“儒学大讲堂”的首讲。

对话

“如何做人”使儒家与其他文明具有相通性

倪培民：杜先生今天演讲的开首回顾了自己的学术生涯，他赴美学习是带着传达、求证儒家文化认同的心态和心情，这和我们在新中国长大、恢复高考后上大学并在20世纪80年代前后出去留学的一批学者的心态不同。我们当时的普遍心态就是儒家文化属于过去，和杜先生提到的列文森对儒家的态度大体相同，也许比列文森更为天真。我们的认知中，西方理性主义、科学主义更代表着未来，而中国的传统文化固然有审美、怀旧、怀古价值，但代表着过去，中国要向前走，就需要学习西方文化。我们在西方确实学到了很多，但在学习过程中重新发现了自己传统文化的价值，回过头反思传统文化，感想完全不同了。

1. 四种超越，儒家代表了“由凡向圣”的内在超越

杜先生今天主要讲了两点：一点代表一种高度，即怎么从思孟心学里面开发出精神人文主义；一点代表一种广度，即儒家文化不仅代表中国传统文化，而且能够对世界伦理做出贡献。

我先就这两点谈谈自己的理解。

如何从思孟心学开发出精神人文主义，这是一个全球性的问题。自德国社会学家马克斯·韦伯提出“祛魅”(disenchanted)的观点后，“失魅”成为学者们对近代西方世界的一种描述。在文艺复兴后，随着启蒙思潮的推动，人文的理性得到了长足的发展，但同时精神性层面失落了，失落后就造成意义失落，人们找不到人生意义和道德依据，很多问题、危机就接踵而至。我在美国数十年真切感受到精神层面的失落，其一是很多大学生要去看心理医生、接受心理咨询，其二是物质主义、个人主义、消费主义成为非常主流的意识形态。

五天前，杜先生和我都在河南登封召集2017年的嵩山论坛，主题是“成己成人——重建天下文明”。天下，如杜先生刚才所讲，不仅指整个世界，而且指有整个宇宙关怀的天下。我的理解，现在谈天下，常常只有“下”，没有了“天”。没有后者就缺乏超越的精神层面，因此也无法持久。这种弊端，在全世界以各种方式反映出来，也引起了各种反弹，其中一种就是宗教极端主义、宗教激进主义衍生的恐怖主义。如何重建精神性层面的文明是一个全世界的重大课题。

我理解，世界范围内的各种传统文明具有四种精神性的超越：其一是信仰超越。它指向上帝、神明的宗教。其二为观念超越。即从面前具体的桌子、椅子抽象到它们的理念，最后追踪到世界的终级原理，是通过抽象达到的超越。其三乃冥想超越。印度文明中通过冥想来与宇宙达到同一。其四为内在超越。中国儒家文化推崇通过修养心性之学使自己由凡向圣。借美国哲学家芬格莱特的著作《即凡而圣》（*Confucius*：*The Secular as Sacred*）中的表述，从凡俗的人生当中可开发出精神性，在日常的生活当中可显示出神圣性。并非只在庙宇和宗教仪式中，日常洒扫应对、待人接物中也可活出精神性的生活。

我解读这些超越是极富智慧的道路，不仅仅体现在观念或思想上，也是一种道路、一种修炼的方式：它允许从个人扩展到他人，直至整个宇宙关怀；允许从身体扩展到精神；允许从当下扩展到过去和未来，与永恒相连。

关于精神性的层面，刚才杜先生讲到了荀子和孟子的关系，我想在这里稍微开拓一点思考余地。我理解，孟子讲人有“四端”，这“四端”是天赋的人性，因为这是人和禽兽的区别之处。实际上，他不只是在描述一个事实，同时也在作出一个非常有意识的选择。孟子曾言：“口之于味也，目之于色也……性也，有命焉，君子不谓性也。仁之于父子也，义之于君臣也，……命也，有性焉，君子不谓命也。”就是说，喜欢声色吃喝之类的肉体欲望和仁义礼智等道德良知既可以说是人的本性，也可以说是天给我的命。但是，君子把声色欲望称作“命”，不称作“性”；而把仁义礼智信称作“性”，不称作“命”。对此，朱熹解释说，这两方面都是既有性也有命，普通人将前者当作性，虽然有不得而必欲求之，认为美食、悦目是老天给我的人性，于是理所当然地拼命去追求；而在仁义礼智信这些精神层面，却一有不得便不再努力，借口说“这是天命”而退却。

所以，孟子讲“四端”，讲性善，实际上是在鼓励凡人朝着后一个方向发展，更加主动地以“四端”作为自己的自我认同。唐君毅先生也曾经有这样的认识，他说自己以前认为孟子只是在讲人性本善，后来才忽然领悟到孟子是在“教人缘此本有之善，以自兴起其心志”，是一个“立人之道”。

我觉得可以用一个比喻来帮助我们理解和思考这个问题。美国哲学家普特南在讨论语言哲学时曾有著名的“双胞胎地球”（Twin Earth）的假设。我这里不妨借用一下这个“思想实验”。假设地球有个双胞胎，那个地球老二和我们所在的地球非常像，几乎一模一样，唯一的区别是，在那里动物反而非常仁义礼智，而人和动物的区别恰恰在于人有残忍之心。在地球老二那个星球上，人虽然有向善的可能性，但人的特点是喜欢欺负别人，喜欢用残杀别人来取乐。我想在那个地球上，也许荀子学说会成为儒家主流：一方面承认对人性本恶的描述，另一方面也鼓励人要改过迁善。而在地球老大这个星球上，孟子的主张更为通用，以“性善论”来鼓励大家发挥自己的特点。

2. “功夫”学视域：康德的道德论和道家、儒家皆可互补

这里，我尝试把整个儒家伦理学放到功夫框架里来理解。“功夫”是宋明理学里经常使用的词。无论是朱熹还是王阳明，这些大家都把儒家的“为学”讲成是学习“功夫”，实际上指的就是人生的艺术。艺术允许有不同的风格，但相互间依然保留各自的特点、风格。

我在美国教授“伦理学”这门课，学生就质疑，各种文化都有不同的答案，凭什么说某种就是对的？一进入跨文化的领域，就很容易倒向相对主义甚至道德虚无主义。什么才是真正的道德？道德的基础究竟是什么？自从有哲学以来，人们就一直在讨论，有人认为神是道德的基础，有人认为理性是道德的基础。各种不同的答案在我看来实际上也可以

被看成是不同的功法，可能会有相互排斥之处，也会有相互兼容之地。

以道德的发展程度为例。按照康德的理性主义来说，一个人理性越发展，此人道德的成熟程度也越高；从道家标准来看，成人的理性发展导致失去本真，回到婴儿状态反而在道德上更加完美；儒家也有回归赤子之心的说法。回到心性哲学的题目，我们往往认为这些理论相互之间是相互排斥的，其实它们之间也可以互补。

3. 儒家对人性的终极关注，使她和诸多优秀文明有相通性

最后，请杜先生补充两个问题：一是海外有些学者比较强调荀子学说，如南乐山、白诗朗等，强调“礼”。荀子学说和思孟心性学说如何互补？二是在讲普遍性时，怎么处理那些具有特殊性的文化？

杜维明：倪教授讲得非常全面，我就作很简单的回应。

我非常赞同梁涛做的荀子研究。荀子认为人性虽恶，但是心是一种认知的能力、认知的过程，你可以从心来改造人性，心严格来说也应该算性。所以，现在有一个观点，如果发展起来的话，可以概括为“性恶心善”：荀子讲性恶，但肯定心善，心本身能够使人向善，能够转化成向善的能量。我提醒大家注意一个字——“伪”。现在很多文献里，“伪”写成“为＋心”，就是通过心的力量来转化人性。从这个意义上看，荀子、孟子都相信通过自己的努力可以转化自己、创造自己。我不说哪一家比较高明。我顺着孟子心学的立场说明孟子对于环境非常重视，可是他要强调心本善的意思，就是为我们每一个人主动自觉地转化提供空间。我们能够通过成己、成人、成物的方式来和天地万物进行联系，所以荀孟之间有很多地方可以互补。

关于特殊性和普遍性的问题，我认为儒家所代表的是一种“具有普遍性的地方知识”。严格来说，伊斯兰教、基督教、印度教都有地方色彩，但是有普遍的价值；儒家现在只能够算是地方性的精神文明，即属于东亚和部分的东南亚。但是，基督教、伊斯兰教和佛教已经经过世界性的精神转变，世界性至少要有语言的指标，可以通过各种不同的语言来了解。虽然世界各国越来越多的人开始讨论儒家问题，但有一种观点坚

持，你不懂古代汉语，就永远无法进入到儒家的深层次世界。我不认为完全如此。在海外，目前讲学都是英文，理论上以后用法文、德文、西班牙文也有讨论的可能。

另外，儒家是中国文化自我表现的一种方式。从“文化中国”的角度来讲，儒家是文化中国非常多的精神资源的一种，而不管文化中国的范围扩大多少，都没有办法包括所有儒家，因为越南、韩国、日本、马来西亚、印尼也都有儒家文化。所以，在这个意义上，儒家又不完全是中国文化的表现力。

从曲阜到中原，从东亚走向世界，这是儒家在走的一条路，中间会碰到很多挑战。如果这条路可以走出去，那是因为她的传统里有很多非常深刻的价值和道理与人有密切关系。我认为，不管哪一种精神文明，“如何做人”这一问题的提出都是非常重要的转向，这个转向给我们提供了很多新的契机。

点评

何谓儒家与世界？ 何谓伦理与天下？

吴震：这个演讲题目背后包含了我和杜先生等在座很多学者的共同关切：20 世纪 80 年代，对于中国传统文化的命运尚有激烈辩论乃至质疑的声音，更不用说文化复兴。但到了 21 世纪的当下，经历了数十年的改革开放以及经济发展，出现了重大转机，为何在此时会出现传承和弘扬中国优秀传统文化的呼声呢？就今天的主题而言，在我看来，有必要从一个更为宽广的视野，即从“世界伦理构建与儒家天下关怀”的视野出发，才能对我们了解当今传统文化复兴何以必要这一时代问题有所助益。

这里涉及两方面的问题：何谓儒家与世界？何谓伦理与天下？

首先，儒家与世界看上去似乎没有任何关联。其实，我们只要转换一下视角便会发现,问题之所以在当今中国出现,一个重要的因素就是中国的崛起。在当下,中国的经济发展与文化复兴,已经完全置身于不可逆转的全球化背景之下,世界与中国的联系日益密切,变得不可分割,这是改革开放之初所不可想象的事情。一方面,世界想了解中国在经济成功的背后到底有什么文化的秘诀;另一方面,中国也有一种迫切的愿望,想让世界知道在"中国制造"的背后,有着历史悠久、辉煌灿然的文化传统,其中的主流文化传统无疑就是儒家文化。在这个意义上,儒家与世界建立了某种联系,这种联系并不是一种与任何国家政治或民族利益相关的实质性联系,而是儒家文化与世界文明需要展开积极对话的一种联系。进而言之,儒家文化作为中国传统文化的主要形态,可以与世界上其他文明传统建立起一种积极对话的关系。这是因为,儒家文化在历史上构成了中华民族的重要文化基因,而中国传统文化的未来发展也必然与如何回应世界性问题存在重要的关联,由此也就有必要在对自身的文化传统反观自省的同时,让儒家文化积极走向世界,面向世界。

其次,伦理与天下有何关联?我们知道,儒家文化内容丰富,涉及许多方面,最为重要的特色就在于儒家伦理,而伦理更是世界性的哲学问题,广泛涉及家庭与社会、个人与群体乃至国家与民族。在当今世界如何重建伦理,已经成为一个迫切的理论问题。放眼世界,西方近代哲学经过一系列抽象思辨的内在发展,道德形上学的建构努力,最终发现家庭、社会与伦理的建构才是重要的哲学问题,所以,在晚近的西方哲学界,甚至出现了一种观点,认为伦理学才是第一哲学。而对于儒家来说,伦理问题一直是一个核心问题。"仁义礼智信"等儒家核心概念就充分表明,如何建构理想的人类社会,与如何通过切身的伦理实践有着密切的关联。另外,儒家伦理也绝不是人们向来以为的那种只有家庭伦理关怀而缺乏社会伦理、公共意识的关怀。事实上,儒家伦理的终极关怀是面向整个"天下"的,"大道之行,天下为公"出现在《礼记》当中,而中国近世以来发展出来的一套"天下公共之理""天地万物一体之仁"的公共理性话语,无不充分反映了中国人特有的"天下"观念。因此,若从史学的角度看,"天下"观念,其内涵大致包含地理、地域、国家、民族等维度。

然而,从儒家伦理来看则是另一番景象,儒家力图建构的伦理社会是一个"天下秩序"的社会、一个"天下有道"的社会。在这里,人与人、人与物、人与自然、人与民族乃至人与国家等等的关系都能成为一种休戚相关、和谐共存、彼此感通的伦理关系。归结而言,儒家伦理学具有成己成物的使命感,是以实现天下一体同在的人类命运共同体为终极关怀的伦理学。

今天,杜先生的演讲已经为我们充分展示了有关世界伦理与天下关怀这一问题的睿识卓见。我想在当今文化复兴的新形势下,更有必要正视自己的传统,可以理直气壮地敞开胸怀,面向世界这个"天下",发出我们自己有关儒家传统文化的声音。

解惑

提问:王阳明最主要的学说是知行合一,但是现在社会上存在很多知而不行的事情,比如美国特朗普政府退出《巴黎协议》。请问,儒学对于当今世界伦理的构建真的可以使世界变好吗?

杜维明:是的。只要世界愿意聆听,不仅儒家传统,还有其他传统,都是有价值的。

以气候变暖这个课题为例。2015 年,法国举办这个主题的国际会议之初曾遇到很大困难,那就是如何营造一种世界舆论氛围。如果没有好的舆论氛围,想要大会一致通过《巴黎协议》的可能性很小。因此,2015 年 7 月 21 日,在巴黎召开了"气候良知峰会"(Summit of Conscience for the Climate),以良心、良知的名义邀请全球四十多位思想界的优秀领袖前来参会讨论。我有幸做了报告。峰会为之后在 9 月份举办的国际会议营造了极为有利的氛围,促使《巴黎协议》一经提出就获全票通过。特朗普现在却反其道而行,但这并不代表联邦政府、州政府以及民众如何做。温室气体排放指标不是硬指标,而是具有倾向性的指标。具有责任感的中国非常理解为何有一百多个国家能够接受《巴黎协议》。

在我看来,接受表明一种转向的意思,这一转向或许没有我们想象得那么明显和一致,但是和没有转向相比,差别非常大。这是人类自《京都议定书》以后,第一次在环境保护方面做到知行合一。2015 年在巴黎举办的联合国气候变化大会之所以成功,原因主要有两个:一是中美两国元首出面推动,在会前达成了几项协议;二是"气候良知峰会"让良知在国际社会得到承认。

知行合一,并不是说"知"需要"行",而是说"知"的本身就是一个行动。如果自知,就会转化为行动与实践。如果不能转化,就不是真知。所以,知行合一不是说应当把"知"纳入"行",而是"知"的本身就包含"行"。如果确实是真知,会在生命中发挥作用,其本身就是一种行为。

提问:真理是为真理服务,还是为人生服务的?更进一步说,哲学是为哲学服务,还是为人生服务的?这两者之间的关系是什么?

杜维明:这是一个很深刻的问题。《中庸》中提到"诚",这一观念在中国哲学中非常难翻译。"诚"是最真、最纯粹、最有内在价值的。最重要的是,"诚"还是和"成"连接在一起的,且一定是动态发展的过程,而非静态结构。所以,"诚"的观念本身是真的。正因为是真的,它的价值才重要。我认为,哲学为人生服务是现代哲学界的转向。在很长一段时间内,哲学成为探索真理的方式,成为一个专业,成为极少数人的特权。希腊先哲曾沉迷于哲学研究,比如泰勒斯行走至水坑仍不自知,这种追求真理的精神非常了不起。这就是哲学之所以发展、科学之所以发展的求真的价值。但是,经过较长一段时间,现在人类碰到许多困惑,特别是在人工智能出现以后,大家认为哲学如果就是追求真理,或者我们对真理的理解本身就具有片面性,而没有恻隐之情,没有儒家所说的情的因素,那么我们在追求哲学的过程中很可能会走到穷途末路,甚至出现爆炸性的危险。因此,我认为,服务人生这个观念也许是初识人生、美化人生,使得人生更加全面的概念。哲学的工作是帮助我们如何学做人,这一问题反而又回到了哲学原初的含义——爱智慧。它不仅仅是知识,还是智慧和精神。

提问：您认为人类的进步、不断地向善是由于人的"四端"发现或发扬，还是由于礼或是制度的不断完善与发展，对人的约束使人类之间的互动更可预期，也更加和平？

杜维明：你刚才提到一个非常核心的问题。今天提到的儒家往前发展是后启蒙时代，这时，我们又重新提出精神人文主义的观点。启蒙运动之所以能够发挥这么大的作用，正是因为建构了如自由、平等等各方面的制度，其背后的依据是原罪或人性本恶论。但是，现在很多从事民主社会研究的学者也感觉到像神学家尼布尔所说的，正因为人是不道德的，所以民主成为必要；正因为人是道德的，民主才成为可能。一方面，这个制度之所以成为可能，是因为我们需要，是因为我们在发挥仁爱的基础上的需要。反之，由于欲望泛滥成灾，所以必须要有制度的发展。因此，一定要形成比较全面的景象。

提问：西方启蒙运动试图将个体塑造成实体，同时构造了异己的"他者"。因此，其现代性问题的症结之一就在于此。请问，儒家是如何克服被构建之"他者"的有限性，又从主体自身出发构建伦理的？

倪培民：这个问题非常深刻。目前，儒家经常强调关于人的观念是关系性的。这同西方把个人视为实体，视为原子，以孤立、脱离人际关系的角度来看待个人的观点，正好形成一种对照。当年推荐我赴美留学的罗思文教授曾出版《反对个人主义》(*Against Individualism: A Confucian Rethinking of the Foundations of Morality, Politics, Family, and Religion*)一书，其中非常推崇儒家对个人关系式理解的观点。

书中，罗思文教授详尽而有力地批评了西方原子个人式观念本身的不合理性和个人主义观念对社会有可能造成的危害性。不过，我个人对他的这一观点有所保留。从功夫哲学的角度看，中西方个人观念的对立，从实在的层面，抑或从形而上的层面，都永远得不到一个最终的结论。这是罗思文教授自己也承认的。但是，我们完全可以从实践的层面考察这两种观念所引导的生活样式。两种观念都有其长处，亦有其局限性。从关系性角度出发，确实有可能更易增强责任意识：父子关系意味着父亲之责，师生关系意味着老师之责。但其局限性就在于，可能正因为这种关系性的观念，从而滋长特权观念。反之，把自己看成独立的个人，可以增强主体意识，抗拒外界的压迫和摆布，但是同时也可能滋长个人主义。所以，孔子讲到“六言六弊”，他认为儒家所说的德行其实都有局限性。一个仁爱的人容易软弱，而勇敢的人易于莽撞，所以各种德行也有局限性，要跟“学”联系在一起。

杜维明：罗思文教授也是我很好的朋友，他痛恨个人主义，特别是以美国为代表的以人权、自由、独立自主为内容的个人主义。通常，我们把人的关系存在理解为一个果子，果子中间有一个内核，仁爱即是内核之一。但罗思文教授认为，人没有这一内核，人就像洋葱，只有层层的关系。这位教授的好友安乐哲教授就充分发挥了他的这套理念，即每一个人都有各种不同的角色：老师、学生、同事、朋友、父亲、儿子等等。这些角色是你成为一个具体的人所必要的条件，而你就处于这些条件之中，只有关系网络。

我认为，“成己成人”的“成己”并非把个人当成静态实体，而是视作一个动态发展的过程，有其自身的轨迹。一个人如果丧失了自我反思、自我判断的维度，那就不可能成人，不可能成为一个不一般的人。所以，孟子的“四端说”不是可有可无的。人，不能放弃个人的内在主体性。因为内在主体性事实上就是“人·体”，把“人”当作“体”，是多元的、变动的。

提问：在彰显儒家心性论时，如何依靠主体性去处理与外在客观世界的关系？是否能按照传统的“内圣外王”道路来思考？

杜维明：“内圣外王”在儒学界引起非常多的争议，起初是源于庄子对儒家观念的判断。其意思和《大学》中“修身、齐家、治国、平天下”的意思相近，讲究内在修养和个人修身的问题。加拿大学者贝淡宁主张，不管在哪一个领域之中，民主政治必须和贤能政治配合起来。这是一种培养领导力、培养人才的必要方式。同时，制度的形成和个人的主体性密切相关，个人自我修炼必须要内外相通，必须要紧密结合才能够得到发展。如果只是将制度当作一个完全外在的、脱离人的内在情感的设置,那就只合理不合情。比如民主,现在就有人提出选举并非只是投票,而是要有反思能力。类似的考虑都是在制度设计和人格修养中间寻找一个平衡点,寻找互动的可能。目前,这种情况越来越多了。同时,对制度而言,如果没有其客观的标准、法律,只是把道德当成私德的比喻,那么私人道德转化成公信制度的可能性就非常小。

另外则关乎公共性。举例来说,我们现在讨论到底在中国如何发展公共性。通过互联网等各种方式确实能够发展公共性,但更要紧的是要健康地发展公共性。对此而言,实名制只是非常低的要求。公共性本身、制度和个人修养有着非常密切的关系。

根据2017年9月22日第113-1期“文汇讲堂”现场演讲整理,原文2017年9月刊于“文汇”APP、“文汇讲堂”微信公众号,删节后整版刊于《文汇报》。

“修己安人”在当下社会的创造性转化

>>> 郭齐勇 武汉大学国学院院长
>>> 吴晓明 复旦大学复旦学院院长
>>> 郁振华 华东师范大学哲学系教授

在新时代，挖好“修己安人”这座传统富矿

郭齐勇

今天讲的主题是“修己安人”的现代转化，是在中华民族五千年文明的基础之上展开的，并与西方文化和现代文明相融合，目的是使我们的国家、民族更加强大，人文素质更加丰富，价值更加多元。

“修己安人”如何连接家国天下？

先从两段语录来看看孔子对“修己安人”的阐释。

1. 孔子眼里，修己是君子的第一步，安人是第二步

> 子路问君子。子曰：“修己以敬。”曰：“如斯而已乎？”曰：“修己以安人。”曰：“如斯而已乎？”曰：“修己以安百姓。修己以安百姓，尧舜其犹病诸！”

《论语·宪问》里记录的是子路与孔子的对话，一位善问，一位善答，三问三答。子路问：怎样才算是一个君子呢？孔子回答：修养自己，严肃认真地对待工作。子路问：这样就够了吗？孔子说：修养自己，使周围的人都安心。子路又问：这样就够了吗？孔子说：不断修养自己，使老百姓安乐。不断修养自己，安定天下百姓，尧舜大概还没有完全做到哩！这里，孔子阐述了道德观与政治思想。

《论语·公冶长》记载，有一次颜回与子路文武两位弟子站在孔子身边，孔子道：何不各人说说自己的志向呢？子路说：愿意把我的车马、衣

服与朋友们共享，用坏了也没关系。颜回说：愿意不夸耀自己的好处，不表白自己的功劳。子路对孔子说：希望听到您的志向。孔子说：“老者安之，朋友信之，少者怀之。”夫子之志，是使上一代的老人在精神与物质上都得到安顿，使平辈、同一代人信任自己，使下一代的青年人怀念自己。这样的人，做到了孔子所说的“己欲立而立人，己欲达而达人”，克己奉人，使人安定。这是孔子推崇的理想。

这两则对话，不仅让我们体会到了孔子作为大教育家是如何启诱后学，从生活中传达德性生命的智慧，同时也启发我们：当今社会，儒家核心思想之一的“修己安人”是否还有价值？

这里，我讲两个当代的故事：

武汉大学医学部有位传染病学专家叫桂希恩，他是王元化先生的表亲。20 世纪 80 年代前后，河南省上蔡县出现了一种怪病，桂教授去调研后认为是艾滋病，因为输血工具感染而得。他非常焦虑，而当地政府认为他败坏了当地名声，要赶他走。所以，他像打游击一样，非常紧张地采集了一些样本后向国家卫生部报告疫情，中央非常重视。由于当时医院无法对艾滋病进行有效的治疗和防护，他只好把艾滋病人接到自己的家里，夫妇两人睡地铺，四五个艾滋病人睡在床上，也只好违规在家里给病人抽血。后来，温家宝同志几次到桂家看望桂教授，并曾向世界卫生组织的专家推荐说：这是我的朋友桂希恩教授。桂教授自小接受“仁义礼智信”的教育，他做到使艾滋病病人心“安”。

武汉市有个小小的食品厂，企业主是位中年妇女易勤，当时响应政府号召，她收纳了两个智障青年作为员工，像妈妈一样善待他们。2005 年，十几位智障人闻讯后都赶来求职。为了安顿这些智障人，食品厂经济几近崩溃，她出售了自己的两套房产，获得八十多万元，坚持把厂办下去，一家三口则挤住在十来平方米的小房子里。这些智障员工和她一起成长，非常有尊严，工厂也办得有声有色。她被誉为“武汉犟妈”，得到了省市政府的表扬。她并没有什么功利的目的,只是有一颗恻隐之心、仁爱之心。她使得智障者心“安”。

2.《大学》三纲含有修己的“内圣”和安人的“外王”

修己就是修身,《大学》里曾说:“自天子以至于庶人,壹是皆以修身为本。”

《大学》仅一千七百多字,孙中山先生曾赞誉:“把一个人从内发扬到外,由一个人的内部做起,推到平天下止。像这样精微开展的理论,无论外国什么政治哲学家都没有见到,都没有说出,这就是我们政治哲学的知识中独有的宝贝,是应该要保存的。”《大学》讲的是格物、致知、诚意、正心、修身、齐家、治国、平天下。八条目是以修身为枢纽,向外推,修齐治平;向内做功夫,格致诚正。八条目要往上走,有三纲领,“在明明德,在亲民,在止于至善”,三者有递进关系。“明明德”就是修己,“亲民”就是安人,“至善”是追求尽善尽美。

有人问,我们怎么推呢?修身好就能够齐家吗?齐家好就能够治国吗?治国好就能够平天下吗?用形式逻辑肯定推不下来,家庭和谐和公共事务的好坏没有必然的逻辑关系。但修齐治平包含了深厚的生命理性或生存体验。比如,为何中外都重视家呢?因为它是我们每个人最早的学校,也是终身的学校。

儒家强调为己之学,修身为本是内圣之学,澄明“天命之谓性”的明德;心忧天下、视民如伤则是外王之学,由明明德的执政者实现人间正义的“亲民”。“内圣外王”最早是《庄子·天下》提出的,它是中国传统政治哲学的主流。《大学》德化八目,完全可以和当代法治社会的要求相结合。现代法治的顺利实施要有伦理共识作为基础,而伦理共识则离不开伦理传统。

修己是对为官者、管理者的要求,不能用于治人。“亲民”在程子、朱子看来,还有除旧布新之意。因此,为官者不仅要将百姓生命放在第一位,还要用礼乐教化百姓。朱熹曾在南康(今庐山一带)担任知军,因治理星子县的大旱灾有功,又被派去浙江中部治水灾。“三百年事功第一人”王阳明每到一处即恢复社学，招揽本地青年，大兴讲学之风。即使带兵打仗之余，他也讲学不辍，出现了观者如堵的盛况。他讲“心即理”“知行合一”和“致良知”，听众里有很多盐工、贩夫、走卒。

私德和公德的有效转化

“修己”“安人”这组关系，让我们很自然联想到近代对私德和公德的讨论：私德好能否推到公德好？公德是否需要私德做基础？

1. 蔡元培亲自撰写国民修养书，提倡“孝亲即美德”

1912 年，蔡元培先生受邀任国民政府首任教育总长。那一年，他把京师大学堂更名为“北京大学”。次年，他辞职携家眷去欧洲留学，前后四年。在 1907—1911 年留德期间，他撰写了《中学修身教科书》，商务印书馆于 1912—1921 年间共印行了 16 版。另外，他还在法国为华工学校师资班编写了《华工学校讲义》。这两本书在民国期间影响甚大，复旦的张汝伦教授把这两本书合编为《国民修养二种》。

蔡元培这样中西兼通的大家的用心值得我们重视，他创造性地转化本土的文化资源，特别是儒家道德的资源，以此服务于近代转型中的中国社会，服务于公民的公德教育。蔡元培首先讲孝亲是美德，它为何如此重要呢？“百善孝为先”。一个人能孝敬父母，友爱兄弟，也可能会把无私的爱推己及人，推到邻居和陌生人中去，在这种美德的浸润养育之下，有利于形成君子人格，并以这种健康的心理、性情、人格、品质，增加他的公德、正义，使他能服务于公共事务，进而忠于社会，为国家赴汤蹈火，所谓“国之良民即家之孝子”。所以，礼文化涵盖一切的儒家，一方面，严格门内门外之治，区别公私、义利；另一方面，又从道德上强调私德的养成可以助建公德。亲情、孝道、健康的家庭生活，这是几千年来中华民族的志士仁人不绝如缕地成长起来的基础，也是今天我们文明社会的国民健康成长的起点与原动力。

2. 梁启超改变观点:铸造国民公德,养成私德是第一要务

在理论上,蔡元培超越了日本人福泽谕吉与早期梁启超的公私德对立论。福泽于1875年出版的《文明论概略》中,把道德分为“私德”和“公德”,内心活动的,如笃实、纯洁、谦逊、严肃,叫作“私德”;和外界接触的社交行为,像廉耻、公平、正直、勇敢,叫作“公德”。按照福泽的定义,儒家并不缺乏公德的资源。梁启超早期受福泽和边沁的影响,于1902年发表《论公德》一文,批评中国传统强调“独善其身”的私德,缺乏“人人相善其群”的公德。但是,1903年,他又撰文《论私德》,说知私德而不知公德,所缺者只在一推。所以,从事于铸造国民的公德,培养私德是第一要务。此说不仅完全抛弃了公私德对立,还深刻地认识到儒家道德近代转化的真正价值和作用。

现代社会不仅要强调个体的权利,还要重视责任和德行,儒家资源中不缺乏当下公德所需要的内涵。比如,南宋以后,在中国和东亚社会流传甚广的朱熹的《朱子家训》:勿以善小而不为,勿以恶小而为之;见不义之财勿取,遇合理之事则从;人有小过,含容而忍之;人有大过,以理而谕之……这些都属于今天公共领域的道德范畴。

3. 儒家与社群主义的对话:“成德之教”与公共善

以麦金太尔和查尔斯·泰勒等人为代表的社群主义认为一个好人有足够的潜力成为一个好公民,后者的先决条件是拥有公共的德行,因此非常重视公共精神的培育,并认为每个人都有可能支持、维护、达成社群的公共善,公民的自由也由此得到真正的保障。从这个角度,儒学确实可以和社群主义对话、沟通。

儒家在人己的关系上,强调自立自律、自强不息、人格尊严、道德价值;在人和社会的关系上,关心弱势群体、关心公共事业、有批评精神、尽责公共事务;在人和国家的关系上,理念上认同、言行上忠诚廉洁;在人和生态环境的关系上,尊重生命、仁民爱物、天地万物一体。因此,儒家有丰富的文化资源可以调动,为新时代的人与天地人物我的健康关系服

务。这方面，注重“成德之教”的儒学强调知行合一和内在良知的养成，与社群主义达成公共善有相通点。

由上述不同学者、不同理论的讨论，我们可以看到，修己对应的私德是可以转化为安人对应的公德的，而好的公德氛围中，私德也可以更健康地良性发展。

从“五伦”到“六伦”的重建

剖析了修己安人、私德公德两组关系的推展和现代转化后，我们将目光转向传统的“五伦”范畴，连接着上述两种内外范畴的关系。贺麟先生 1940 年发文《五伦观念的新检讨》，认为君臣、父子、夫妇、兄弟、朋友“五伦”观念虽是几千年来支配中国人道德生活最有力量的传统观念之一，也是礼教的核心，但“要检讨这旧的传统观念，去发现最新的近代精神”。

1. 父子关系的当代挑战：日本社会学家倡议“一碗汤距离”

父子关系，包含父慈子孝，是无法选择的“天伦”：父母有责任与义务养育子女，子女有责任与义务赡养父母。孝道反映的不仅是自然生命的延续，也是文化生命的延续；不仅是社会伦理的秩序，也是内在的道德价值。

今天，父母子女的伦常关系面临着巨大的挑战。包括房产在内的经济利益的纠纷在裂解亲情，年青一代如何处理与父母的平等关系？尤其突出的是老龄化社会的养老矛盾。新加坡政府的安居工程值得学习，他们对与老人同住的家庭给予优惠。日本社会学家则提出了“一碗汤距离”的理论，做子女的把汤端到父母家，汤还是热的。两代人在邻近处住两套房，既有分又有合，还激活了“孝道”这个儒家资源。现代社会提倡以子女为主，子女、社会和政府共同赡养老人，解决“病不起”“死不起”的问题，既强调子女的责任与义务，又倡导国家与社会奉行“孝养父母”的文化，保留家庭伦理的核心。

2. 离婚率过高的年代尤当提倡夫妇伦理的“尊重和忠诚”

夫妇伦理在大家庭解体、核心家庭普遍化的时代尤为重要。妇女在家庭、社会中的地位今非昔比，但是夫妻之间的相互理解、尊重、敬爱与忠诚仍然有必要。夫妻关系相对稳定是子女培养教育的良好前提。有的社会学家过于夸大离婚率。没有一定的离婚率，社会不文明；而过高的离婚率，会特别不利于孩子的身心健康，导致诸多社会问题。除此之外，当前突出的矛盾是，上亿离乡赴城的农民工夫妇的身心健康及其家庭的整全性问题。

兄弟这一伦的伦常关系在一胎化的时代很难实现。我自己在多子女家庭长大，父母关注我们的生活，兄长把我们带大，主要是通过哥哥、姐姐来学习家庭内部的体谅、尊重、关爱、谦让，这是学习社会的第一步。

朋友这一伦，先儒有丰富的交友之道，与何人交、怎样交，经典、蒙学书中均有论述。如《论语·学而》中，有子说：“信近于义，言可复也。”师生关系可以宽泛地纳入这个体系。

君臣这一伦，可转为现代国家与官员、国民的关系，健康的上下级关系、同事关系，提倡敬业乐群、忠诚爱护，体现现代的管理秩序，在传统道德上可借取规范性的“礼”与道德判断的“智”两个德目。

3. 群己关系中包含与陌生人关系，当以“忠恕之道”应对

除了“五伦”，群与己的关系，网络时代和陌生人的关系，如何纳入到今天的伦理中？这是新时代必须面对的挑战。

《大学》云：“与国人交，止于信。”国人就是城邦的人，比朋友的关系范围大，包含陌生人。哲学家张岱年曾评价，这是《大学》的新观点。他晚年认为应建立一种陌生人之间的伦理，即第六伦。被誉为我国台湾地区“经济发展的建筑师”的李国鼎先生等，在 1981 年提出“群己”之伦，思想家韦政通作了补充。

公共道德在现代社会非常重要，群己一伦，可以应对个人与社会、国家或陌生人之间的交往，乃至扩展到人类与天地、山河、动植物的关系，

处理好自我与他者的关系问题。这一伦的“理”不仅是“群己权界”,而且更应是“忠恕之道”。在个人与社会、国家、大群的交往上,我们提倡“忠”,即“己欲立而立人,己欲达而达人”,尽己之心,讲求奉献;在个人与陌生人、与他者的交往上,在不同国家、民族、宗教、文化的对话以及人与自然的关系问题上,我们提倡“恕”,即“己所不欲,勿施于人”,推己之心,将心比心,宽容厚道。

因此,新“六伦”可改造转化为新的礼治秩序,进而发展文明间、宗教间、民族间、国家间的交往伦理,乃至生态伦理。具体可描述为:父子有仁亲、夫妻有爱敬、兄弟有情义、朋友有诚信、同事有礼智、群己有忠恕。

培养平民化的自由人格

新“六伦”的重建,其实是创造性地转化了传统的修己安人、私德公德的资源,那么在新时代中国特色社会主义建设中,我们如何去把握呢?培养平民化的自由人格,既是一种途径,也是一个目标。

众所周知,西方的道德是通过宗教传达给民众的,而中国的道德是通过人文的教化渗透到民间的,所以中国人的教育无所不在,家庭家教、社会教育、学校教育……我们小时候站在茶馆里看皮影戏、听说书,忠孝节义的观念就自然地接受了。戏文、蒙学、家训、家教、韵文诗、对联,都是道德教化的工具。道德教化不是板着面孔,而是润物细无声。

1.《礼记》十六字规定人文教育功能:育人和美俗

《礼记·学记》仅一千多字的文章,把教育的社会功能概括为十六字:“建国君民,教学为先,化民成俗,其必由学”。教育第一是培养国家所需人才及人才的全面性,第二是形成良风美俗、道德风尚与人文环境。这两者既相互联系又交叉整合。

儒家教化的功能一为美政,二为美俗,手段上并非道德说教,而是春风化雨。

以传统的“六艺”培养君子为例。儒家教育寓于礼、乐、射、御、书、数等技艺之中,现在日本的各个大学里都有射箭馆。“揖让而升,下而饮,其争也君子。”(《论语·八佾》)孔子说,君子有所争,就如比赛射箭那样吧,相互作揖,然后登堂,射箭之后下堂,互相作揖、饮酒。谈到乡饮酒礼,《论语·乡党》载:“乡人饮酒,杖者出,斯出矣。”行乡饮酒礼尊老敬贤,散场离开时,要等老年人先出去,中青年再出去。因此,乡射训练既陶冶情操,也形成公共活动中的行为规范。

2. 儒家诗教、礼教、理学相当于艺术、宗教、哲学

除技艺外,还可通过理解经典、实践经典来培养君子,故有诗教、书教、礼教、乐教、易教、春秋教的说法。孔子说:“志于道,据于德,依于仁,游于艺。”(《论语·述而》)通过礼乐教化与养心修身,君子体现了中道之美。在社会管理中,礼、乐、政、刑互相补充。贺麟先生认为,儒家诗教、礼教、理学中的基本概念可以从艺术、宗教、哲学三方面加以发挥。以学习“六艺”(主要是礼、乐)去修养自己,自觉又自愿,也是生活实践方式,丰富君子自身,又通过君子的行为影响公共事务与民间风俗。

当前建设法治社会,儒学思想资源中,官员、教师、高级管理人才的心性修养、人格培养和普通国民的伦理底线、道德素养,都有丰富的论述,有助于构建新的伦理体系。

3. 平民化的自由人格,人人都可以达到

冯契先生讲,培养平民化的自由人格的途径,应“各因其性情之所近”地来培养。他肯定孟子的“君子深造之以道,欲其自得之也”(《孟子·离娄下》)的方法,认为这符合实践和教育结合起来培养人,提高人的价值的过程。他指出,智育、美育、德育要有机地结合起来。他专门讲理想、信念和德性,强调教育、培养、训练,使理智、意志和情感结合起来。他在谈理想人格的培养中,多处引用《论语》《孟子》、宋儒与王夫之的论述。他说:“加强修养,使自己的精神处于一种明觉的‘常惺惺’状态,这就是过去人所讲的涵养。对情欲有所节制,有错误及时作自我批评,使心灵解脱束缚,始终能自由思考。这样使明觉的心态与专一的意志力在

实践中结合起来，就能逐渐使理想成为信念。”冯先生讲的具有本体论意义的自由的个性是知、意、情统一，真、善、美统一的全面发展的人格，他说这种平民化的自由人格是人人都可以达到的。

贺麟在20世纪40年代就提倡，要培育“儒臣（政治家）”“儒医”“儒工”“儒农”“儒商”和技术人员。简单地说，凡有学问、技能而又具有道德修养的人，即是儒者，就是品学兼优的人。在社会主义现代化强国的建设中，须有多数的儒商、儒工以作柱石，而品学兼优之士参与社会经济的建设，也可提升这一行的道德水准和知识水平。

天津市退休工人白方礼，4个孩子中3个上了大学。1986年，他回到家乡河北沧县时发现还有失学孩子，于是决定通过蹬三轮车来帮助失学孩子，直到快90岁体力不济。他一生捐了35万元，接济了300多位贫困的学生。他自己只是读过蒙学读物。他过世6年后，被评上2011年感动中国特别奖，颁奖词赞他是圣贤。圣贤是儒的至善境界了。

4. 春风化雨的民间儒学旨在养育心性，抵御现代化过程中的压力

今天通过媒体报道，我们看到不少社会的负面现象。需要我们检讨的是，不适当的个体张扬，过头的权利主张乃至于一些唯利是图的导向，低俗文化的泛滥。在现代化建设过程中，面对压力、紧张、竞争，更需要培养有操存涵养、有韧性、有承受力与心理健康的人。

今天我们要用激活传统的诗、书、礼、乐，借鉴优秀的外来文明，综合成新的礼、乐来养育人性。培养平民化的自由人格，根本上还是要养育人的心性情才，当然它是开放式、活泼泼的。所以，优秀的传统文化是一座座富矿，需要我们去创造性地转化。

郑州有个建业集团，每建一个社区，在硬件上就建一个书院，计划建100个书院。有很多志愿者和专业人才组织传统文化讲座，通过成年礼和开笔礼，配合节令及季节转化做一些活动。我经常去郑州的本源书院，深感儒学教育在民间的生命力，这需要我们努力去实践如何在乡村

儒学、社区儒学上用春风化雨的方式培养平民化的自由人格。

最后返归主题，儒家所讲的修己和安人、门内和门外、齐家和治国，都反映了今天所谓公私领域的区别。不过，儒家的公私领域及其道德不是截然二分的，而是有某种连续性的。我想，现代社会私德和公德之间也很难说没有联系。借用传统的体用概念来说，培养理想人格，修己还是本体，新“六伦”的重建或许可以看作在当代明体达用的创造性转化，而努力培养平民化的自由人格，则是良好的修己推向可能的安人的一种有效途径。

对话

儒家“修己安人”基于现实的转化，最终将通向民族复兴

吴晓明：首先，我特别赞赏郭齐勇教授用“修己安人”来阐述儒家思想。梁启超曾说，儒学的探讨“语多而要密”，但“修己安人”是核心。我的导师王蘧常先生得其要领，在经学、诸子学和史学研究中始终以“修己安人”为纲领，研究了几十年，一步不失。

1. 当代转化不在于“好的”或“应当的”，而在于社会现实

其次，郭齐勇教授对“修己安人”的阐述非常系统和深入，给予当代转化许多积极提示。“修己安人”的说法很美好，但或许我们讨论霍布斯、洛克、康德、边沁等人的理论时，也觉得非常好，可这两者截然不同。因此，问题的重点在于什么是现实的，什么是不现实的。这是哲学上的转换，即从主观被认定为好的和应当的东西转向现实的方面。所以，被主观认定为好的或者应当的，并不会因为被如此认定就能实现。

举例来说，我们现在一般都认为共和国是好的，帝国是坏的。但是，在恺撒大帝时代，崩溃的是罗马共和国，实现的是罗马帝国。又如，在拿破仑时代，我们会认为法国的自由制度是好的，而西班牙的君主制度是坏的。但是，伟大的拿破仑也无法把法国的自由制度强加给西班牙人。第三例，我们知道永久和平是好的，康德有部著作叫《永久和平论》，但直到今天永久和平还只是一个想象。因此，我赞同郭教授讲的许多观点，并试图从黑格尔和马克思主义哲学的角度加以阐述和补充。无论是西方文明的成果，还是“修己安人”的中国文化传统等等，对于当代中国的意义，都是在特定的历史性实践当中被汰选、择取、重造的，都是由作为实在主体社会的发展进程来规定并取得基本定向。因此，“修己安人”在当代社会的创造性转化之主题、真正的焦点在于把握中国社会的基本性

质，在于明了这一社会的转型趋势。

2. 在黑格尔体系里，道德是主观法，现代法治不能缺失伦理传统

最后，我非常赞同郭教授所说的，现代法治不能没有伦理共识作为背景和基础，然而伦理共识离不开伦理传统。我认为这一观点超越了单纯主观性，而达到了“伦理的观点”。

黑格尔在《法哲学原理》中特别提出“伦理的观点”以区别于“道德的观点”，后者是单纯主观的观点。因此，所谓“伦理的观点”，在黑格尔那里是指社会现实的观点。黑格尔的《法哲学原理》讨论了三个基本的领域：一是抽象法，即外在的法；二是道德，即主观的法；三是伦理，即实在的法。

具体来说，第一，抽象法、道德、伦理这三个环节处于一个有机体系之中，并不能单独成立。换言之，如果我们要有抽象法中的立法，且要使其取得实际效果，那么它不仅应该适合于特定的道德状况，而且要适合于特定的伦理现实。

第二，道德也是法。现在我们说依法治国和以德治国，这两者并不对立。习总书记特别讲到依法治国和以德治国要统一，因为事实上道德也是法，叫“主观的法”，而且在法哲学的体系当中，相比抽象法，它是较高的法。

第三，无论是抽象的法还是主观的法，其现实基础都建立在伦理之上，那么伦理实际上就是我们所说的广义的社会现实的理论。它包括三个方面：家庭、市民社会和国家。因此，关于现代法治，实际上任何法治都不能没有伦理共识作为基础和背景，且必定和伦理传统，特别是和社会现实有关。

3. 中国社会的基本规定在于“家庭—伦理社会—国家”的贯通构造

如果我们把“家庭/市民社会/国家”的关系用“/”来分离，这便成了完全无头脑的外部反思，因为只有家庭原则彻底解体，才会产生原子式

个人；只有原子式个人才构成市民社会；只有同政治国家的决定性分离，才形成真正的市民社会。这意味着在整个社会领域当中，我们同西方社会有着极大的区别。中国社会的领域关系应该是“家庭—伦理社会—国家”，三者是相互贯通的，我用“—”来表示。因此，在中国根本没有且不可能产生原子式个人及市民社会的情况下，这类说法无异于指鹿为马，无类比附。此处最重要的就是黑格尔的《法哲学原理》、历史哲学中对基督教当中的主观自由以及所有权的自由的讨论。

马克思曾专门探讨这个问题。简言之，就是市民社会在中国社会当中的不发育甚至不可能性。马克思在《论犹太人问题》中写道：政治民主制之所以是基督教的，是因为在这里，人，不仅一个人，而且每一个人是享有主权的。基督教的幻象、幻梦和基本要求，即人的主权在民主制中，却是感性的现实性、现代性、世俗准则，这都和1500年基督教的教化有关。这一根本的探讨取决于我们理解中国社会的基本性质以及它转型的边界条件，因为所有法的政治、观念、上层建筑，都取决于社会之特定性质。

由此观之，我非常赞同郭齐勇教授对梁启超区分公德和私德的批评。因为这种区分，只有在市民社会和政治国家决定性地分离，当人被决定性地分解为私人和公民时才是可能的。所以，此处的关键是人与人之间的关系，究竟是某种实体性的伦理关系，还是原子式个人之间的契约关系。

4. 中华民族的复兴不仅在于现代化，更在于开启新文明类型

如果当下中国社会都已是原子式个人之间的契约关系，那么“六伦”的重建就是不可能的。目前重建的现实可能性在于中国社会本身的性质，且由当代中国的社会变迁获得其基本规定。

中国社会及其当代变迁有三个基本观点：第一，不存在原子式个人是理解中国社会的钥匙。第二，中国社会转型的可能性在于它成为市民社会的不可能性。这点或引起争议，可以探讨。第三，中华民族的复兴，不仅在于它成为一个现代化的强国，而且在于这一现代化进程将同时开

启一种新文明类型的可能性。以世界格局为例，近来我国提出“新型国际关系”与“人类命运共同体”，但西方人并不理解。因为中华民族现在提出的这种方向并不在威斯特伐利亚体系的现代性范围当中，它依靠一种新文明类型来定向。这一定向，一方面来自于社会主义道路，另外一方面来自于我们伟大的传统，所以他们无法理解。黑格尔在《法哲学原理》中充分反驳了康德的永久和平论，充分论证了战争的不可避免性，从现实的方面来讲，黑格尔是对的。

按照基辛格的看法，两次世界大战都在于德国的崛起，今天中国要崛起就会再度破坏平衡，因此遏制中国崛起就是绝对必要的。但事实上，中国走的是和平发展的道路。现代世界的法则是霸道，直到现在，世界秩序、国际体系当中都是如此。郭齐勇教授提到我们要“重开王道”，引用了孔子的“远人不服，则修文德以来之”，后面接着还有一句：“既来之，则安之。”但在现代文明的框架中，它无法被理解。因此，我认为中华民族的复兴不仅在于我国要成为一个现代化强国，而且在于在现代化进程当中，开启一种新文明类型的可能性。

正是在这样一种可能性中，我们的社会主义道路以及我们伟大传统的重建和复活才能真正具有世界历史意义。海德格尔说得很对，一切本质和伟大的东西都从人有个家，并且在传统中生了根这一点产生出来。

5. 有些传统只是隐性地存在，可在审慎结合现实中进行创造性转化

郭齐勇：吴晓明教授是马克思主义哲学、西方哲学的大家。他刚才的评论，我还要慢慢地学习、消化。我回应一些看法。

第一，我很同意吴晓明教授讲到的立足现实，审慎结合现实进行创造性转化。中国当下的现实和中国过去的传统不是对立的，现实是传统的部分展开。因传统自身的复杂和多元，其在现实中的展开也更加复杂，所以也许并非完全是历史的择取结果，有一些目前可能是隐性地存在，当前只是蛛丝马迹，但是在创造性转化中得以加强，或者在与其他文化的交流共进中向更多方向发展。这是一个现实的过程，它不是理想性

的过程,其中还包含许多困难,需要大家努力解决。

第二,"修己安人"是中国儒家最重要的传统,很精当。就修己的层面而言,每一个人都自由地去做好人,做应当做的事情,这其中有现实性。我们在做好的人和做应当的事时有困难,但我们还要去做。所以,儒家说的"好"和"应当"绝不仅仅是主观的,诸子百家每一家所认为的"好的""应当的"中有重叠共识、相互借鉴、相互发明的部分。所以,修己安人的前提,还是在于共通性,对于社会制度有相对的独立性。而以修己为基础发展"六伦"的公共伦理,也因此具有普遍的意义。

在安人的层面上,我完全赞同吴晓明教授所讲的,地域和文化传统的差异,导致各国制度和文明之间出现异质性。比如,法国的自由制度无法强加给西班牙人。而这恰恰说明我们认识和理解传统的重要性,因为如果拿破仑多了解西班牙的传统和现实的话,也许他能够成功。

6. 立足于传统,又拥抱西方文明

第三,吴晓明教授认为现实决定了社会组织方式及其思想观念,这是马克思主义的一个基本原理,它也来自黑格尔等西方思想家坚实的理论探讨。

传统不仅部分地构成了我们的社会现实,有些传统还通过现在人们的各种选择,正慢慢地成为一种现实。在《新教伦理与资本主义精神》一书中,马克斯·韦伯认为中国的儒教与道教不可能产生资本主义的现代工商业,那么新时代的中国崛起怎么解释它的传统思想背景?我们传统的思想观念里的确有一些方面有积极的意义,可以创造转化。

第四,立足于传统,又对西方现代文化和制度以及它的社会生活所开放的现实,是我们儒学和中国传统文化发展的一个最重要的现实。

我们作为伦理关系中心点的人是伦理的存在,同时还是一个道德的存在。人是个人,但不必以家庭原则的彻底解体作为前提。忠和孝,可能有一些紧张和矛盾,但也可以统一,多数情况下是一致的。所以,一个人完全可以同时具有公德和私德。那么,我们如何创造性地转化,兼容并包?

就“礼”的各方面转化而言，我们今天无法恢复过去家中“天地君亲师”的牌位、自己家中三代祖宗的牌位。冠婚丧祭之礼的转化也困难异常。现在我们去给老人送葬，那些不中不西、不古不今的音乐和简单草率的丧葬祭的过程，使人感到很心酸。而全国人民过生日，无论老少，也就只唱一个“祝你生日快乐”。所以，如何实现现实性上的重建，还有很多主观上可以发挥的余地。如何在现实性上既有现代的文明，拥抱西方文明，又有像贺麟、冯契、萧萐父先生所设想的中国古典的美与诗意，还需要我们努力。

点评

转化传统道德，范导现代生活

郁振华：我一直在考虑，采取什么样的概念框架，能帮助我们更好地把握今天的论题："修己安人"在当代社会的创造性转化。我觉得李泽厚先生的“两种道德论”（下称“两德论”）可能有一定的参考价值。1994年，李泽厚先生在其著名的“两德论”观点中，提出了现代社会性道德和传统宗教性道德的区分，个体独立、自由、平等、民主、法治、人权等观念构成了现代社会性道德的核心，而儒家礼教等则属于传统宗教性道德。吴老师在对话当中特别讲到我们要从社会现实出发，我理解，这个现实就是现代生活。我想，这也是郭老师讲“修己安人”在当代社会的创造性转化的理论前提。李泽厚先生认为，对于现代生活来说，现代社会性道德是建构性的，而传统宗教性道德经过创造性的转化，能够起一种范导的作用。之所以要积极化用传统资源，是因为现代性在其展开过程中出现了不少负面现象。比如，郭老师在讲演中提到的不适当的个体张扬、过头的权利主张、唯利是图的导向、低俗文化的泛滥等。吴老师也讲到“原子式个人”和“一切人反对一切人”的市民社会等。正是针对这些现代性病症，需要对“修己安人”下一番创造性转化的功夫，以范导现代生活行进在健康的轨道上。按照"两德论",我们应该在充分展开现代社会性道德的前提下,积极转化传统宗教性道德,以此来推进中国的现代化事业。郭老师及其同仁为"亲亲互隐"展开十年论辩,其意义亦可以在此脉络中理解。这是我的第一个理解。

第二个理解,两位学者都倾向于认为,某种地方性的知识、观念、思想,经过创造性的发挥,是可以具有普遍意义的。以前我们讲得比较多的是西学东渐的维度,现在人们逐渐认识到还有一个中学西渐的维度。比如,道家"自然无为"的观念,在 18 世纪的中学西渐过程中,被法国重农学派经济学家魁奈译成法文"laissez-faire"。大家知道,这构成了市场经济的一种重要形态,即所谓"自由放任"的经济。

2017 年 8 月,杜维明先生在世界哲学大会启动仪式的主旨报告中提出了一个重要观点:儒学最初是曲阜的地方知识,后来传播到中原,然后成为中国的主导性思想;接着对东亚产生深刻影响,启蒙运动时传到欧洲;在 20 世纪,进一步影响到北美,所以有"波士顿儒学"这样的说法。这样一个路线图画出来,昭示了一种可能性,即通过学者的努力,原本地方性的知识,可能具有一种普遍的意义。从哲学上说,一个概念的起源(origin)和它的效力(validity)是两回事。产生于特定时空的思想观念,可能产生跨时空的效力。中西方思想文化交流的事实,给我们什么样的启示呢?全球化时代,环球同此凉热。中国学者如何激活传统,通过自己的创造性工作,为人类命运共同体提供一些可以共享的思想、观念和价值?这对我们来说是一种挑战,也是一种使命。两位老师在此方向上做了很好的工作,向你们致敬!

解惑

提问:创造性转化包含将传统理念向现代转化的过程。请问,如何理解"现代性"的标准,西方还是历史传统?

郭齐勇:现代性问题非常复杂。"创造性转化"最早由林毓生先生在

20世纪80年代提出。此前对现代性已有多年的讨论,西方思想家的论述也颇丰。

“现代性”无疑是以西方为参照,但并不以西方为现代性之全部。杜维明先生就考虑到东亚文明的现代性问题。东亚人有没有东亚的现代性?中国有没有中国的现代性?虽然不脱离于西方现代性并以之作为参照,但同时我们要思考是否拥有独特的内涵。比如,在个性自由、权利意识的前提之下,我们如何加强责任意识、义务观念,让它们相互融合?如何把“仁义礼智信”转化为今天的价值?我的看法是,现代性有一种不同的特质。

近二十年前,新加坡国立大学的一个团队在上海和新加坡开展了一项价值认同调查,其中包含四十多种价值。当时上海的竞争意识、个体意识还强于新加坡,但两地排名前十的价值相似,且“孝亲”都排在第一位。新加坡国立大学的教授在和我们交流时,特别谈到在日本、韩国、新加坡、中国有很多价值,不完全等同于西方的价值,与西方还处于起承转合的磨合过程之中。孝的观念、仁爱的精神、群体的意识,要强于西方的现代价值。这或许能说明东亚、中国的现代性,与西方是有差别的。

提问:面对西方现代性对“家庭”的消解与原子式个人的泛滥,以“家庭”为前提的、包括中国文化在内的文明是否能够在现代化浪潮中自我维持?

吴晓明:首先,西方现代化不是对家庭的瓦解,而是对家庭原则的瓦解。一般而言,黑格尔和马克思都认为,西方的家庭原则的瓦解与原子式个人的确立是1500年基督教教化的结果。这是世界史上的一个例子,说明人类精神之自我意识的发展过程实际上是非常长久的。当然,我们还可以进一步追溯到2500年前的轴心文明。当时,希腊哲人苏格拉底被判死刑就是因为他蛊惑青年,诱导青年不敬父母。所以,苏格拉底学说与希腊的传统伦理发生了严重的冲突,而雅典人民非常及时地预见到了这种危险性,并判处苏格拉底死刑。但是,中国不可能进行1500年纯正的基督教教化,以便形成原子式个人。举例来看,现在有很多孩子与父母大谈各种各样的权利，包括隐私权，如同美国孩子，而当他需要房子的时候，你发现他其实还是一个中国孩子。等到哪一天，大家认为18岁的孩子应该独立是天经地义的，那么家庭原则可能就瓦解了。

我的一个判断是，中国社会正在发生转型，且是非常重大的转型。马克思将特定的社会叫作“实在主体”，实在主体的自我运动十分关键。在自我运动的过程当中，由于世界历史的开展，社会不能不受到现代性本身的影响和改变，但是它反过来也在改变着现代世界。因此，世界仍旧能够保持其丰富性与多样性。

提问：柏拉图在《理想国》中的构架是破家成国，杜绝私心。家庭中，人总是有私心，导致爱有差等。但是，在儒家的构架中，我们从修身、齐家到平天下，由私推向公，从家推向国。请问，“推己及人”的“推”是功夫论还是认识论？

郭齐勇：我们都是普通人。普通人的爱都是具体的，自然会有差等。但是，儒家的“爱有差等”并不意味着缺失普遍性。就“推己及人”而言，“推”乃是我们生命的体验。我们在家庭中感受到这种爱，而后将心比心，推到对陌生人的爱。因此，我们走向社会和各色的人打交道的过程，也就是我们如何将爱心释放出来和人相处的过程，这就意味着儒家的爱没有限定于自身。当然，父子之伦乃是天伦，其背后有终极天道作为支撑。

吴晓明：我补充一点。柏拉图的学说确实非常重要。柏拉图和苏格拉底是同时代的人。当时在雅典的伦理传统当中出现了主观自由，苏格拉底率先说了出来，并被判死刑。但是，国家不可能作为单纯主观性的结合或者平均数。因此，柏拉图构造理想国，以便抗衡几乎所有主观自由的可能，包括艺术、诗歌、音乐的领域等等。这是一个变化。

此外，梁漱溟特别提到，中国人在翻译《圣经》的时候，故意将触犯家庭原则的一些段落错译或者漏译。比如，耶稣说，如果你不背叛父母与兄弟姐妹，就不是我的使徒。因此，在“推己及人”的问题上，关键在于中国并没有形成“家庭/市民社会/国家”的现代世界构架。中国是“家庭—

伦理社会—国家”的构架，其间相互贯通，使得它可“推”，而并非分割和隔离。

提问：据我的观察，三十多年的独生子女家庭产生了“部分不合格”的家长群体，七亿网民中的部分人已经不太能理解“修己安人”，若要将目前相对单一的学术层面、哲学层面、小众层面及时转变成为家庭层面、教育层面、法律层面、社会层面、国家层面的现实共识，最优先要做的前三项现实措施是什么？

郭齐勇：现实层面的转化非常多，您自己的提问里已经设计了很多。我认为，第一点是从家庭教育做起。如您所说，有些家长是不合格的，因此与传统文化相悖逆地言传身教到了孩子身上，效果可想而知。在民间，批评别人的话中，“你这个孩子没有家教”是非常严厉的，家长觉得是在打自己的脸，而家教是怎么来的？主要来自家长的行为习惯。

第二点是中小学教育。今天存在“大学生玩死，中学生累死”的顺口溜，这是教育倒置现象。现状是知性教育代替德性教育，德性教育不足，需要调整。国学教育不能只是背诵，还要理解。当然，小孩背一点东西还是有好处的，所以中小学教育又成为根本。

第三点是大学教育，社会的精英大多来自大学培养。可是，我们的大学教育中，人文教育这块受到了严重的干扰，完全变成一种知识性的教育。大学生对于社会上“金钱挂帅”的功利思想很难具备应有的抵抗力，从而带来一些心理疾病。

根据 2017 年 10 月 21 日第 113-2 期“文汇讲堂”现场演讲整理，原文 2017 年 10 月刊于“文汇”APP、“文汇讲堂”微信公众号，删节后整版刊于《文汇报》。

传统文化与经济效率

>>> 黎红雷　中山大学哲学系教授、中华孔子学会儒商会会长
>>> 茅忠群　宁波方太集团董事长、总裁
>>> 程　霖　上海财经大学经济学院经济史学系系主任

整合利己、利他，儒家商道促进现代经济效率

黎红雷

传统文化能否促进经济效率？这不仅是一个理论问题，也是一个实践问题。改革开放以来，中国迅速成长为世界第二大经济体，企业作为中国经济发展的中坚力量，在创造物质财富的同时，也创造了精神财富，为国家的振兴做出了巨大贡献。

回顾世界三十多年来的风云变幻，唯中国风景独好。在我们国力上升，文化自信之时，也要保持清醒的头脑，心平气和地回答这一问题：中华优秀传统文化能否促进经济效率？我的回答是肯定的。这可以从传统文化如何看待效率、市场经济如何以利他为动力、当代儒家商道如何促进企业的经济效率三个方面回答。

传统文化如何看待效率？

“效率”是现代的概念，含义是单位时间内完成的工作量。从管理学的角度来讲，效率是指在特定时间内组织的各种投入与产出之间的比率关系。在中国传统文化中，并没有使用“效率”的概念，却讨论过与“效率”相关的问题。

1. 法家“法治”见效快，儒家“德治”更稳健

《韩非子・难一》中讲述：舜在历山、黄河边、东夷分别种田、打鱼和

制陶一年,纠正了败坏的风气。孔子赞誉,圣人的道德能感化人啊!对此,韩非子反驳道:舜一年纠正一个过错,三年纠三错。但若下令"符合条令的赏,不符合条令的罚",晨传暮达,过错傍晚就纠正了,十天之后,全国都可以纠正完毕,何苦要等上一年?显然,在韩非子看来,儒家的道德教化比不上法家的法令赏罚更有"效率",速度更快,效果更明显。

但是,在儒家看来,道德教化不仅容易获得民心,还可以取得迅速的治理效果。《孟子·公孙丑上》引孔子的话说:"德之流行,速于置邮而传命。"即德政的流行,比驿站传递政令还要迅速。在儒家看来,法令之快,只是一种"欲速则不达"的"快"。与此相反,儒家所追求的治理效果,是积极稳妥的快,这就只能依靠"德治"。《大戴礼记·子张问入官》指出:"欲政之速行也者,莫若以身先之也;欲民之速服也者,莫若以道御之也。"即要想政令迅速推行,不如自己带头执行;要想民众迅速服从,不如用道去教化他们。在儒家看来,道德教化是国家治理的前提,要想使政治措施迅速推行,管理者就要以身作则;要想使广大民众迅速归服,管理者就要道之以德。

2. 历代选择儒法并治有其现实性

儒家"德治"的人性论基础是什么?是"人性向善论"。当然,儒家中存在不同的学派,他们的角度也不一样。但归纳起来,儒家的人性论应当说是"人性向善论"。孟子与荀子,虽然一个主张"性善",一个主张"性恶",但其共同点是都主张通过道德教化扬善去恶。以往人们认为法家主张"性恶论",其实是错误的。韩非子的理论从未谈及"性恶论"。所以,我经常说,讨论人性的善与恶是一种价值判断,这其实是儒家的专利,而法家则从来不对人性进行价值判断,只是进行事实表述。法家"法治"的人性论基础是"人性自利"。

善与恶是价值判断,自利则是一个事实判断。韩非子认为,人生来就是自私自利、趋利避害的,只有"利"才是人们行为的唯一动力。他举例说:造车的人制造车辆,就希望人们富有、尊贵;造棺材的人制造棺材,就希望人们早夭、死亡。这并不是因为造车的人仁爱而造棺材的人邪恶，只是因为如果人们不富贵，那么车就卖不出去；如果人们不死，那么棺材就卖不出去。这并不是因为造棺材的人憎恨人类，而是因为他的利益来自人的死亡。韩非子将人的自利本性以及发挥这种本性的必要性，作为实行赏罚的可能性和必要性的理论依据。《韩非子·八经》上说："凡治天下，必因人情。人情者，有好恶，故赏罚可用；赏罚可用则禁令可立，而治道具矣。"按照人的利己本能制定政策、治理国家，就能取得成效。这是韩非子的观点，他是法家思想的集大成者。

依照法家的这套治国之道，战国时期地处西部边陲的秦国实行奖励耕战的政策，平时生产更多的粮食，战时砍下更多敌人的头颅，都可以获得奖励、升官晋爵。由此，秦国造就了一支被称为"虎狼之师"的强大军队，迅速扫平六国，统一天下。从这个角度看，法家可以说是中国传统文化中最讲"效率"也最有"效率"的学说。但是，迅速崛起的秦王朝又迅速走向灭亡，使得后来的治国者对法家这套"效率"理论不得不保持一定的距离，在实施了一段黄老之道后，人们转向追求积极稳妥效果的儒家之道。事实上，自汉代以来，中国传统社会的治国之道基本上都是儒家与法家融合，德治与法治并举，王道与霸道杂之。就是在今天的企业治理中，有的企业比如华为，一方面在企业经营中提倡团体精神的"狼性"，效率为先；另一方面又在企业内部分配上兼顾公平，实行员工持股。华为总部刻碑树立的公司信条是"小胜靠智，大胜在德"，依然是把"德"作为企业的最高追求。

市场经济如何以利他为动力？

现代市场经济是建立在"利己主义"的基础之上的。按照亚当·斯密的设想，每一个理性经济人从"利己"的动机出发，为了实现自己的利益，就必须考虑他人的利益，从而实现社会利益的最大化，最终达到"利他"的结果。但是，两百多年来的市场经济实践证明，亚当·斯密当年的设想过于乐观了。"利己之心"在现有市场经济的架构中并没有得到必要的限制，在为人类创造巨大财富的同时，却一步步把人引入歧途。特别是 2008 年的全球金融危机,世界经济总体上到现在都还未完全复苏。

1. 塞勒以“人是一个非完全理性的个体”挑战斯密假设

2017 年诺贝尔经济学奖获得者是美国行为经济学家理查德·塞勒。他将心理上的现实假设纳入到经济决策分析之中,通过探索有限理性、社会偏好和缺乏自我控制之后的后果,展示了这些人格特质为何系统地影响各个决策以及市场的成果。举个简单的例子,你花 50 美金购买了一幅画,过了几天,市场价格涨到了 1000 美金,你绝不会按照 1000 美金的价格再去购买一幅,而只会设法按照 50 美金的价格购买同样的画。同时,如果你想出售这幅画,也绝不会按照 50 美金的价格转手,因为你希望这幅画还能继续上涨,最好是 2000 美金或者更多。每个人都有这样的心理,这种心理影响了人们的经济行为。

塞勒也曾研究“利他”对人们行为的影响,在他看来,市场经济中的“利己主义”不是完全有效的,人们会通过合作产生共赢,获取更大的效率,甚至在某些情况下无私地牺牲自己的利益,比如慈善捐助等。因此,塞勒的结论是:人既不完全自利,也不完全自私,只是一个非完全理性的个体。这一结论是对亚当·斯密“利己主义是理性行为”理论的直接挑战。

2. 稻盛和夫以“利他之心”经营哲学挽救破产日航

塞勒试图从理论上解决的“如何以利他为动力”这一问题,东方企业家早已在实践中解决了。日本企业家稻盛和夫提出了“利他之心”的经营哲学,他指出:“如果只是为了追求自己作为一名技术员的梦想而开展经营的话,即使取得了成功,那也是建立在牺牲员工利益的基础上的。但公司应该有更为重要的目的,公司经营最基本的目的必须是保护员工及其家属的今后生活,为大家谋幸福。” 同时,公司更要承担作为社会一分子所肩负的崇高使命。由此,稻盛和夫提出企业的经营理念:“在追求全体员工物质与精神两方面幸福的同时,为人类和社会的进步与发展做出贡献。”

2010 年,将近八十岁的稻盛和夫出任破产重建的日航董事长,仅仅用了一年时间,就使日航做到了三个第一:一个是利润世界第一,一个是准点率世界第一,一个是服务水平世界第一。其中的秘密,就是“以利他之心为本的经营”。稻盛和夫指出:“也许大家会认为,归根到底,‘利他之心’是伦理道德范畴内的语言,与企业经营没有什么关系。但是,我认为,经营者具备‘利他之心’,与提升企业效益这两者之间,绝不是相互矛盾的。相反,如果想把企业经营得有声有色,那么经营者就必须提高自己的心性,把‘利他之心’、把‘为社会为世人尽力’这一条,作为企业经营的基础。”

3. “利他之心”成功的原动力:呼唤超越自力的“他力之风”

在稻盛和夫看来,“利他之心”能够唤来超越自力的所谓“他力之风”帮助自己。“为社会、为世人”这种纯粹的动机,也就是所谓“利他之心”,就是成功的原动力。确实,“想要赚更多的钱”“想要过更富裕的生活”这一类利己的欲望在开展事业的时候,可以起到发动机那种巨大的作用。特别是新兴的风险型企业,要实现利己欲望的热情和愿望往往成为开展事业的起点。同时,在这种热情和愿望的驱使下构筑的高超的战略战术,实际上会把事业引向成功,这也是事实。然而,仅仅依靠利己欲望经营企业的人,他的成功绝不可能长期持续。因为如果一切策略的目的全都集中在满足自己的欲望这一点上,那么竞争对手也会只考虑自己的利益,以牙还牙,采取针锋相对的措施,结果必将发生摩擦和争斗。

从利己欲望出发,具备举世罕见的才华,这样的企业家经历艰辛,创建了出类拔萃的公司。但过了不久,他自己的心态出了问题,致使企业衰落,也玷污了自己的晚节。这样的事例,无论东方西方,不胜枚举。当然,所谓“利他”,并不是损己利他。恰恰相反,正因为自己“想要富裕”,就应该体会到对方和周围的人同自己一样,“也想富裕”。人同此心,心同此理,因此要考虑如何让对方同自己一样,也能高兴欢喜。努力以这种利他之心去经营企业,就一定能够引导企业不断成长、发展。

4. “以利己动机而推动社会利益最大化”向“利他主义”的转变

现代市场经济自亚当·斯密以来，都推崇“以利己动机而推动社会利益最大化”的价值取向。但是，由于对利己动机缺乏坚实有力的约束机制，致使其肆无忌惮地恶性膨胀，以致自私自利、唯利是图、罔顾公义的行为大行其道，最终将市场经济的价值和作用推向了其设计者当初所期望的相反的方向，2008 年肇始至今余波未息的世界金融危机就是一个证明。在这个意义上，稻盛和夫“利他之心”经营哲学的理论和实践，可以说是对以往西方主流经济学的“拨乱反正”，对于当代世界市场经济的健康发展具有重要的典范作用。

2008 年世界金融危机发生时，马云前往日本拜访稻盛和夫。马云对稻盛和夫说：“我觉得我们可能是看懂了人性。人都有善良和邪恶的一面，希望灵魂不断追求好的一面，但如果不能把自己不好的一面控制住，把美好的一面放大起来，你不会成功的。”正是秉持着“利他主义”的理念，阿里巴巴提出“客户第一，员工第二，股东第三”的经营方针。

2014 年阿里巴巴在纽约证交所挂牌上市前夕，马云给阿里巴巴投资者发了一封公开信，详细解释了他的“客户第一，员工第二，股东第三”的内在逻辑：“我在这里向您表明：阿里巴巴只有坚持‘客户第一’，为客户创造持久的价值才有可能为股东创造价值。在新经济时代，让客户满意的最主要因素是我们的员工，没有勤奋、快乐、激情敬业和富有才华能力的员工，给客户创造价值就是一句空话。没有满意的员工队伍就不可能有满意的客户，没有满意的客户绝对不可能有满意的股东。”

5. 信息时代向数据时代转型，“利他思想”将大行其道

全面地看，“利己”与“利他”都是人类与生俱来的天性。早期的市场经济理论以“利己”为动机，鼓动人们从自己的利益与需求出发，努力工作，持续改进，确实推动了经济效率的不断提升。但是，如果过分强调“利己”，人人都只考虑自己的个人利益，完全不考虑他人和社会公共的利益，就必然给社会治理和企业经营带来越来越大的外加成本，最终拖

垮社会,进而拖垮企业,经济效率也就无从谈起。当前,世界正在进入从信息技术时代向数据处理技术时代的转型期。这两者之间表面看起来似乎是一种技术上的不同,但实际上是思想观念层面的差异。其中,最重要的是成功者必须具有“利他思想”。只有让你的员工、让你的客户、让你的合作伙伴比你更强大,只有让你的竞争对手比你更强大,社会才会进步,你也才有可能成功。就此而言,“利他主义”有助于纠正“利己主义”的弊端,促进当代市场经济的健康发展,从而从根本上提升经济效率。

当代儒家商道如何促进企业的经济效率?

说到儒家商道,就不能不提起被誉为“儒商鼻祖”的子贡。大家都知道,孔子弟子三千,贤人七十二,其中只有一个商人,就是子贡(即端木赐)。恰巧的是,孔子与子贡之间就有过关于“利己”与“利他”的讨论。

1. 人己互利的仁爱思想,构成了传统儒家商道的底色

据《论语·雍也》记载,子贡问:“如果能广泛地给人民施予恩惠,又能救济大众,怎么样?这可以说是仁了吧?”孔子说:“这哪里是仁的事呢,一定是圣了!尧舜对此或许都感到为难哩!所谓仁,就是自己想站立,同时也让别人站立;自己想发达,同时也让别人发达。能够这样由近到远,推己及人,就可以说是实践仁的方法了。”在这里,孔子不是片面地强调“利己”或者“利他”,而是把两者结合起来,主张“己欲立而立人,己欲达而达人”,要想自己过得好,也要帮助他人一同过得好,要满足自己的利益和需要,也要满足他人的利益和需要。

这种人己互利的仁爱思想,构成了传统儒家商道的底色。历史上第一部商人传记、司马迁的《史记·货殖列传》,记载了包括端木赐子贡和陶朱公范蠡在内的几十位商人的事迹,其中所体现出来的核心精神便是:“生财有道,富而好德。”在中国古代,商人们津津乐道的是:“陶朱事业,端木生涯”;“经商不损陶朱义,货殖何妨子贡贤”;“商品即是人品,

商道即为人道”……

2. 当代中国企业家形成了“儒家商道”的集体智慧

在改革开放中成长起来的当代中国企业家,从以儒家思想为代表的中华优秀传统文化中汲取营养,其中包括“老人言”即家风家教、“圣人言”即国学经典、“前人言”即传统商道等。他们将中华优秀传统文化与现代西方管理科学技术相结合,不仅解决了各自企业经营管理中的具体问题,而且形成了我称之为“儒家商道”的集体智慧,包括拟家庭化的企业组织形态、教以人伦的企业教化哲学、道之以德的企业管理文化、义以生利的企业经营理念、诚信为本的企业品牌观念、正己正人的企业领导方式、与时变化的企业战略智慧、善行天下的企业责任意识等。那么,儒家商道如何促进企业的经济效率呢?因时间关系,我这里只能简单讲三点。

第一点,关爱经济效率的创造主体。企业是由人组成的,人是企业经济效率的创造主体。苏州固锝董事长吴念博提出“建设幸福企业”的概念,即要把企业当作“家”来爱护和经营,把所有的员工当作“家人”,无微不至地给予关怀和爱护,才能使企业更有效率。其中的做法有:满足员工的归属感,尊重员工的人格尊严,提升员工的福利待遇,展现领导的亲和力,营造企业的人情味。总体就是“仁者爱人”。公开的上市公司报表显示,苏州固锝推行“幸福企业”5 年来,市值增加了 115.57% ,利润增长了 458.81% 。

第二点,厚植经济效率的思想根基。效率是由人来创造的,而人是需要教育的,只有通过教育,让员工学会做人、学会做事,才有可能奠定企业经济效率的思想根基。在欧美社会,做人的教育责任基本上由教会来承担。因此,在西方古典管理理论中,对于企业员工的“教育”,仅限于专业技能的培训。

在儒家看来,对于人的教育,最根本的是伦理道德的教化。据《孟子·滕文公上》描述,在尧的时代,天下还不太平,尧便提拔舜来全面治理;大禹疏通河道,百姓才能耕种收获;后稷教人们种植五谷……但是,安居而没有教育，便同禽兽差不多。舜便任命契担任司徒，把伦理道德教给人民——父子讲亲爱，君臣讲礼义，夫妇讲内外之别，长幼讲尊卑次序，朋友讲真诚守信。这就是所谓的“教以人伦”。

东莞泰威电子有限公司管理层 2002 年开始学习《论语》《孙子兵法》《了凡四训》等古代经典；2005 年组织员工学习《弟子规》；2012 年内部成立泰威学院，提出“深信因果，践行弟子规”的核心价值观。公司不仅要求员工行孝践德，也组织全体员工参加国家高等自学考试，目的就是要为企业和社会培养德才兼备的人才。据统计，泰威的利润，2014 年增长 12.3%，2015 年增长 12.2%，2016 年增长 15.2%。

第三点，建立经济效率的保障机制。企业提升经济效率是一个持续不断的过程，必须有从思想到制度的全方位保障。现代企业制度来自西方，当代中国企业推行儒家商道，必然面临如何将二者结合起来的问题。方太集团董事长茅忠群先生所提出的“中学明道、西学优术、中西合璧、以道御术”的十六字方针，就是很好的思路。方太将“仁义礼智信”五常阐述为员工的行为规范，还借鉴传统晋商做法，推行按人头分配企业利润的“身股制”。近 5 年来，方太的年均销售增长率为 28.8%，利润率增长 14.33%。

最后总结一下，第一，中国传统文化是重视效率的，其中法家注重短期效率，儒家注重长期效率。第二，古典市场经济理论只将利己作为经济效率的推动力，而当代企业家的实践表明，利他同样是经济效率的推动力。第三，结合前面两个观点，儒家商道智慧把人的利己与利他、企业的短期效率与长期效率相互结合起来，为保证企业持续、健康、稳定地发展提供了有效的路径。

对话

实践悟道:心性驱动、义以生利

茅忠群:刚才黎教授就传统文化与经济效率之间的关系作了比较全面的阐述,以中外学术界理论发展兼及一些著名企业家的践行作为抓手,从传统文化中的效率之争,讲到市场经济的动力之辩,理论的阐述上既旁征博引又深入浅出,有很强的说服力。最后,他又肯定了儒家商道智慧能融合长短两种效率、利己利他两种动力,并以对应的例子介绍了儒家商道促进经济效率的三个关键点,思路非常开阔。

1. 短期效率和长期效率的追求依据企业不同阶段而定

今天机会难得,请教一下黎教授。刚才您讲法家注重短期效率,儒家注重长期效率,对于企业家或者企业经营者来说,既需要长期效率,同时也需要短期效率。从您三十多年的研究来看,这两者是否存在矛盾?是否可能很好地结合?如何结合?

黎红雷:这两种效率是客观存在的,企业当然要追求短期效率,也要追求长期效率,甚至再拉长一点,中间还有一个中期效率。在我看来,短期效率是长期效率的基础,长期效率是由 N 个短期效率组成的。在不同阶段,企业家关注的重点不一样。比如说在创业之初,为了生存,很多企业家,也许包括您父亲都摆过地摊吧,所以企业早期专注短期效率很正常。但发展到一定阶段,关注长期效率就是一种必然选择。您是否赞同?

茅忠群:完全赞同。

黎红雷:根据我的观察,中国广泛意义上的民营企业家,其创业史基本上有三个阶段:第一阶段是个体工商户。1992 年邓小平南方谈话后,干部下海、农民洗脚上田、国有企业工人下岗,都奔向市场,那时为了个人生存、家庭温饱，不考虑短期效率怎么能行？第二阶段是私营企业主，拥有了几百或上千雇员，就要为企业的生存与员工的温饱担责任，那时可能就要考虑短、中、长期效率了。第三阶段，像您的企业有一万多员工时，就在考虑“要做伟大的企业”，这必然要考虑长期的效率。

2. 儒家治理中包含德治和法治，教化为先能减少小错误

茅忠群：是的。我从 2004 年开始学习传统文化，2008 年导入到企业中。多年实践让我感觉，短期效率和长期效率不是简单的叠加，刚才讲法家重短期，儒家重长期，法家加儒家不就结合了吗？我们在方太贯彻的是“以儒御法”。后人在总结古代朝政管理经验时有“阳儒阴法”之说，我并不特别认同，或者说这确实是个经验，但可能是不太成功乃至失败的经验。为什么呢？微至企业的治理，巨及国家的治理，核心思想应该一以贯之；反之，在企业里会形成“两张皮”，无法有长久效果。我一直倡导法要符合仁义，即良法或者善法，秦朝拥有虎狼之师，为何二世而亡？我的理解，最大的问题在于，它的法不是善法，很多是恶法，或者说越到后来越显示出恶，导致民不聊生，老百姓揭竿而起。完整的儒家管理不仅仅是德治，“道之以政，齐之以刑，民免而无耻；道之以德，齐之以礼，有耻且格”，它包含“德、礼、政、刑”，也包括法治。

黎红雷：很多人说儒家不讲法，其实并非如此。孟子云：“徒善不足以为政，徒法不能以自行。”一个管理者只靠善心不能治理政治。法律是人制定的，拿来管人的，如果人的良心坏了，什么法都没用。所以，儒家看透了这点，就是德治与法治相结合。您是怎么结合的呢？

茅忠群：方太的处罚制度把员工的错误行为按照严重程度分成了 A、B、C 三类，C 类是最轻的，比如说迟到早退。在导入传统文化之前，即使最轻的也要罚款，迟到一次要罚 20 元，做法很简单，也比较有效。

学习儒家文化在公司推广开后，我首先取消了 C 类错误的罚款。从四年监测数据上看，违反 C 类错误的，每年下降一半，这是体现儒家的长期效率。但若犯了最严重的 A 类错误，立即开除，体现了强硬性。我们

希望通过这样的一种规章制度，一方面通过教育让员工不想犯错误，另一方面通过严厉的处罚让员工不敢犯错误，这样就把短期效率和长期效率有效结合起来了。

黎红雷：做得很好！

3. 斯密过高看好经济人的理性，“利己必利他”假设有漏洞

茅忠群：您刚才谈到，按照亚当·斯密的设想，人们为了实现利己的目的而必须考虑他人的利益，从而在客观上达到利他的结果，最终实现社会利益的最大化。我觉得斯密的设想初衷很好，但是实践证明，利己之心没有得到必要的限制就无法达到利他之效。您也提到稻盛和夫提出“利他之心”的经营哲学取得了很大的成功。我想请教，斯密的市场经济哲学中也有利他思想，但为何市场出现了危机？

黎红雷：亚当·斯密是我很崇敬的一位伟大的思想家，但作为后来者，不能不指出其理论的不足。斯密把人看成一个完全的理性人。2017年诺贝尔经济学奖获得者塞勒先生已经指出：“完全理性的经济人是不可能存在的”，人们在现实生活中的各种经济行为必然受到各种非理性的影响，有些行为往往看起来好像很美，最终却导致恶。

茅忠群：确实是这样。中国文化叫智慧见解不同。以此看，人对利己的认识分多个层次：最差的层次是利人了就不利己的零和博弈思维，给你多了，我就少了；略好一些的是认为利人和利己没有关系；再上的认识是利人才能利己，这是亚当·斯密的假设，已经是中国文化里君子的认识水平，但中国文化中还有更高的圣贤认识——利人就是我生命的一切，因为已经无我了。这四种不同的认识就会产生四种不同的利己方式：第一种会选择损人利己；第二种只做利己事，但不会专门去损人；第三种是君子，君子爱财（利己），取之有道（利人）；第四种，圣贤就不一样，念念利人而不考虑自己。

利己的目的确实不一定都能导致利他的行为，所以我认为只有“四只手”协同发挥作用，市场经济才能真正地健康。第一只手是市场经济，就是通常讲的“无形的手”；第二只手是法律法规，限制人的恶、损人的行

为;第三只手是道德教化,鼓励倡导利他,就是稻盛和夫的哲学;第四只手是政府的宏观调控,让经济始终运行在稳定的健康轨道上。

黎红雷:政府和法律法规可以合在一起,法律法规不过是政府调控的工具,我想提“三只手”会更精准些。对宏观的市场经济来说,有“三只手”在发挥作用:第一是市场的调节,第二是政府的调控,第三是社会文化的调整。要强调的是,社会文化包括道德信仰等方面的调整,在西方是由教会完成的。我们引进西方市场经济,却无法引进其整体的文化,文化的调整作用要由我们的社会和企业来承担。

从微观来看,我觉得企业有三个驱动力:第一是利益驱动,因为利己之心,人皆有之,没有利益是动不起来的;第二是机制驱动,建立各种有效制度;第三是心性驱动,企业心性的体现就是愿景、使命、价值观。我想这三大驱动就可以解决企业发展动力的问题,也想听听您的高见。

茅忠群:很好,我一般会分成两类,一个是外力,一个是内力。

黎红雷:可以,角度不同。不是简单地把西方的企业制度搬过来就能成功,人家的企业制度背后有“道”,大多数是信教的。我们中国人呢?不信他们的教,那我们的道是什么?您的企业有不少有效的实践,可以和我们分享一下。

4. 九年实践证明,“义以生利”是更高境界,也是可行操作

茅忠群:企业的教化作用很重要,这也是我近十年不遗余力推动儒学熏化全覆盖的动力。如何用儒家商道促进经济效率?中国文化中叫“义利合一”。一种是“君子爱财,取之有道”。另一种是“义以生利”,你不用盯着利,尽管去做合乎道义之事,利就在其中。《大学》结尾云:“国不以利为利,以义为利也。”就是把义当成利,并不是说我只有义而没有利,利就在义中。

方太在2008年开始摸索如何把中华传统文化和现代管理作很好的结合,形成有中国特色的管理。我总结了五个总纲:第一是中西合璧。第二是仁义经营,就是对顾客、员工要仁至义尽,要修己以安人。假如我们的产品和服务真正能够让我们的顾客十二分地安心的话,你说经营结

果还会差吗?还用每天去算利润吗?第三是品德领导。中国的领导力从哪儿来?从领导者的品德中来,比如说"为政以德,譬如北辰,居其所而众星共之"。再比如,"其身正,不令而行"。第四是德法管理。刚才已经谈到了,"道之以政,齐之以刑,民免而无耻;道之以德,齐之以礼,有耻且格"。因为你的教化不太可能对100%的人有效,如果对10%的人无效的话,我就要用"政"和"刑",所以这是德法管理。第五是领导修炼。从前四个方面可以发现,中国土壤上的领导人的要求一般都比西方要高,比如说"志于道,据于德,依于仁,游于艺",比如说"格物、致知、诚意、正心、修身",都是我们修行的方法。

2014年,我就开始思考,到底什么样的企业才称得上是伟大的企业?西方文化认为企业只是一个经济组织,东方文化则认为企业还是一个社会组织,作为经济组织当然要满足并创造顾客的需要,但是作为社会组织还要积极承担社会责任,并且导人向善。所以,我进一步总结出伟大的企业的四个特征,即"顾客得安心,员工得幸福,社会得正气,经营可持续"。我把"伟大的企业"作为公司未来十年要实现的新的愿景,争取在已有实践基础上,再加提炼,形成具有中国特色的方太文化。

过去九年的实践产生的经营结果怎样呢?前五年是2007—2011年,但前三四年的效果还没有发挥出来;2012—2016年,效果出来了。前五年的年均销售增长率是20.3%,后五年的年均销售增长率是28.8%,增长了8.5个百分点;前五年的利润率是8.44%,后五年的利润率是14.33%,增加了将近6个百分点。

所以,我也是深深地感受到古圣先贤说的"义利合一""义以生利"完全没有骗我们,完全是正确的!

黎红雷:很好!王阳明先生说他的"良知"说是从百战中悟出来的,忠群兄的体会也是从实践中悟出来的。中国企业家就是这样把儒家传统文化和现代西方的管理科学技术相结合,默默地创造奇迹,这就是我们的中国故事,这就是我们中国企业家的成功所在!

点评

中国式管理模式：传统文化中涵化出企业效率

程霖：把传统文化与经济效率相连接，应该说非常切合时代主题，也具有现实意义。中国经济发展已不能够单单依靠要素推动，必须向效率驱动、创新驱动转型，而这一转型靠制度转型、技术变革外，还靠什么？靠文化传承创新。因此，今天的论题也非常具有理论价值。

1. 文化如何影响经济：卡恩的“亚洲伦理工业区”理论挑战“韦伯命题”

研究文化对经济影响的文化经济学已经成为经济学研究的重要分支，国际学界主要从两个维度进行研究：宏观经济绩效和微观个体行为。以往论及中国传统文化对于经济效率的影响，涉及较少，有也是负面居多。马克斯·韦伯在肯定新教伦理对资本主义发展作用的同时，就认为儒教的伦理和教义不利于内在地产生资本主义的精神动力和生产方式，从而对经济发展有阻碍作用。

然而，自20世纪60年代开始，日本经济奇迹般地崛起，“亚洲四小龙”“亚洲四小虎”相继起飞，中国在改革开放之后也实现了经济大飞跃，它们都处于东亚儒家文化圈，因此“韦伯命题”遭到了越来越多的挑战。未来学家赫尔曼·卡恩在《1979年及未来的世界经济发展》(*World Economic Development: 1979 and Beyond*)一书中，将东亚经济高速发展的地区称为“亚洲伦理工业区”。他指出，东亚经济的成功主要取决于当地一系列文化价值观。改革开放以来，中国的许多企业也是按照这样一个逻辑发展起来了。

2. 儒法不同效率观可有效结合,现代公司治理体系同样不可忽视

两位都谈到儒家德治和法家法治对于当代企业效率的影响,关键在于如何把握二者的结合度。我还想强调的是,法治对于企业效率的作用。这里所说的法治,是指现代公司治理体系。一个好的公司治理体系和治理架构是管长远的,久而久之就会形成一种尊重法治的文化。华为虽然没有公开上市,但是其每年都公布年报,其中有一章是雷打不动的公司治理报告。中国的企业要实现效率驱动、创新驱动发展,一个良好的公司治理体系必不可少。

3. 政府需更好发挥作用,将利他纳入行为与实验经济学研究范畴

两位对利己与利他关系的辨析非常精彩。确实,继李嘉图之后,自马歇尔开始,新古典经济学基本把自己限定在利己假设的框架之下,几乎完全排除了对利他行为的分析。其实,作为古典经济学代表的亚当·斯密对同情心,包括利他的思想曾经作过阐述,而他在格拉斯哥大学的老师哈奇森也强调利他行为对社会经济的积极作用。为什么利己的假说会失效?我认为,一是市场会失灵,二是人存在非理性,因此需要政府的调控。

关于这个部分,我想补充两点内容:

一是要注意如何更好地发挥政府的作用。司马迁曾言:“善者因之,其次利道之,其次教诲之,其次整齐之,最下者与之争。”政府最好的经济政策是顺应人们的经济活动,靠市场自发调节,其次引导经济朝着利国利民的方向发展,其次通过教化鼓励人们从事正当的经济活动,其次通过法律法规和政策来整治、调节人们的经济活动。最不好的政策是什么?是政府与民争利。

二是经济学里的行为与实验经济学已开始将利他行为纳入研究范畴。一些学者将心理学、生物学中的“亲缘选择理论”和“互惠利他理论”等用来分析经济问题,2017 年诺贝尔经济学奖获得者理查德·塞勒

也有这方面的研究。理论和实证研究表明，利他主义者会使得外部性内在化，增加团体互动的利益，这样内部有利他主义成员的家庭就会实现资源的有效配置。这也许是亚洲许多家族企业长盛不衰的原因。

4. 新时代呼唤中国式管理模式的构建，为世界提供中国管理方案

企业家精神和企业家才能对于企业的发展和创新至关重要，这是作为经济学家的熊彼特和作为管理学家的德鲁克共同的观点。改革开放以来，中国涌现了一大批优秀企业家，并且形成了丰富多彩的企业管理实践，其中蕴藏着构建中国式管理模式的丰富土壤。我认为这是一种文化自信的体现。

一个国家的治理体系和治理能力是与这个国家的历史传统和文化传统密切相关的。解决中国的问题，只能在中国大地上探寻适合自己的道路和办法。无论是黎教授的企业儒学理论探索，还是茅总对于儒家管理理念的实践探索，都是希望立足于中国文化和企业实践，找到适合中国企业发展壮大的道路和办法。值得关注的是，中国传统经济管理思想曾经对现代经济学的形成产生影响，是日本管理模式的思想渊源，对美国罗斯福新政的宏观经济政策制定提供过思想和制度的借鉴，对里根主义经济思想也曾经产生影响、给予启迪。我想，随着新时代的来临，中国人应该且有这个自信和能力再度为世界提供新的、更多的具有中国智慧的方案！

解惑

提问：推崇传统文化治企，如何保持创新力、提升活力、提升经济效益？

茅忠群：我倡导“文化即业务”的观念。“文化”和“业务”不是相互割裂的两个概念，而恰恰相统一。

方太推行三大文化：创新文化、品质文化、儒家文化。创新文化是企业发展的第一动力，没有创新，企业不能发展；品质文化是企业发展的根本保障。两者背后的源泉是优秀传统文化，是儒家文化。几年前，有人担心传统文化不支持创新。我回答："创新最大的源泉是仁爱之心，比如母爱。"每一个当母亲的都知道自己在生活中为孩子做了多少创造发明。后来，当我们从2010年开始实践"创新最大的源泉是仁爱之心"的观念时，发现凡是出于仁爱之心所开发的产品，竞争力都超强。央视曾在2010年报道"厨房油烟家具是家庭主妇的主要肺癌风险"，由此我们改变研发方式，历经三年研发出来的具有极佳吸油烟效果的产品销价在5000元以上，从上市至今一直是全国畅销榜的冠军，而且我们的专利达1000多项，发明专利200多项，在行业里遥遥领先。因此，儒家文化不但不压抑创新，还能促进创新。

提问：作为一个21世纪的企业领导者，您理想的企业员工形象是怎样的？

茅忠群：简单地讲，是两个词：德才兼备，性命双修。换个角度来看，我曾提过一个公式：成功/幸福 = 能量 × 努力 × 能力。其中，"努力"跟"能力"的分值都是0—100分。但"能量"不同，保守估计是－10000分到10000分。因此，我更看重中国企业文化的能量，包括个人的能量。西方只讲"组织能力"，但我认为重要的是"组织能量"。组织能量可以10倍、20倍乃至百倍地增长，因为中国文化不仅仅是让你做一个好人，而必然是仁、智、勇三者完美的结合。如果没有力量，中国文化就不可能存活五千年，这才是中国文化！

提问：如何能够使利他思想影响身边人，甚至进一步扩展到包括同行、竞争对手在内的公司人以及更多的人？

茅忠群：推行传统文化最大的挑战在于传递传统文化思想和核心价值观。方太有"五化"或"五法"，其中第一条就是"教育熏化"。儒家讲究推己及人，先从身边人做起，然后层层外推。这就要求我们先以身作则，再把员工教育好，然后去影响更多的人。目前，方太员工数量约有一万多,总部有五六千,其余分布在全国各地。尽管员工分散,但从 2008 年至今,方太以儒家文化为主,采用多元的方式,推动了“教育熏化”在员工中的全覆盖。

其中,较有特色的项目就是全体员工每天早晨诵读经典 15 分钟并分享感受。这个项目已经坚持了八年多,效果极佳。同时,微信互动、学习例会和专门培训等丰富活动也在开展之中。2017 年,我们在全体员工中推出了“五个一”:立一个志、读一本经、改一个过、行一次孝、日行一善。公司全体干部与党员的活动成果都在办公大楼、大厅展示。下一步,我们将着重影响合作伙伴,更宏大的设想则是影响我们每年数百万的用户,将传统文化传播到百万级的用户群体中,以实现我们真正的使命:让千万家庭享受更加幸福安心的生活。

提问:在探寻“利他”企业文化的过程中,方太是否遇到了挫折?

茅忠群:方太自 2008 年开始导入传统文化,我们始终以谨慎的态度和潜移默化的方式使传统文化与现代管理相结合。其原因在于,我认为教育与培训具有完全不同的旨趣。培训是开发知识和技能的工程,而教育是开发人性的工程。教育成功与否有两个标准——能否发自内心地认同、能否转化为行为习惯。由此,我们一直谨慎推动,直到第九年才对员工有“五个一”的要求。有的企业听说这个方法后,欣喜地第一年就贸然实施,但过早、过高的要求可能会给员工额外压力,反而引起员工的逆反。而我们是先从高管做起并做到,然后才进一步推而广之。这几年,方太正因为遵循了这一原则,所以没有走太多的弯路。

提问:企业上市成为一个公众企业,才能对顾客负更多的责任。如果方太不上市,要怎样实现顾客第一、员工第二、股东第三的理念?

茅忠群:上市与否同对顾客负责并没有必然的关联。上市并非企业发展唯一的道路,上市与否最终也还是取决于企业的发展战略。就方太而言,我目前在探索将中国传统文化与现代管理结合的新模式,以便让更多的中国企业运用中华优秀传统文化。而在这个阶段,我需要摒弃一切的干扰,所以不选择上市。

提问：企业在初创时有两条线路，第一条是先利他后利己，第二条是先利己再利他，您怎么看？

黎红雷：首先，路是自己走出来的，如同鞋子合脚与否只有自己才知道。每个企业的选择完全由企业家的素质、所在行业和所在地区等多种因素决定，不可强求。我在“管理哲学”课上，每次都和学生说，根据我的研究，其实管理没有对错之分，只有合适与否之别。先利己还是利他？按照马云的说法，20 世纪以“利己”为主要驱动力，21 世纪要想发展只能是“利他”。这是马云的观点，每个企业可以自己去思考和选择。

提问：《列子·杨朱》云：“损一毫利天下，不与也。悉天下奉一身，不取也。人人不损一毫，人人不利天下，天下治矣。”这种观点是否适用于市场经济？

黎红雷：一般都认为杨朱主张“人不为己，天诛地灭”，但其本意是：每个人做好自己的事，不麻烦别人。每个人把自己的事情做好了，天下就太平了，还要什么管理和治理呢？这是他所追求的理想状态。因此，后世把杨朱列为道家的一派。但人是社会的动物，离不开他人来生存，如只顾自己门前雪，不顾他人瓦上霜，社会就回到了原始的遵循“丛林法则”时期。所以，我不主张将他的思想拿来治理。但我们也能从中挖一点“珍珠”——强调个人要对自己负责。

根据 2017 年 11 月 4 日第 113-3 期“文汇讲堂”现场演讲整理，原文 2017 年 11 月刊于“文汇”APP、“文汇讲堂”微信公众号，删节后整版刊于《文汇报》。

个人主义与儒学伦理学的互融与挑战

>>> 安乐哲 北京大学人文讲席教授、博古睿学者
>>> 姚新中 中国人民大学哲学学院院长
>>> 孙向晨 复旦大学哲学学院院长

澄清西方误读，还原儒家角色伦理

安乐哲

“这是最好的时代，也是最坏的时代。”人类从动物进化至今，已变得如此高贵、宏伟和崇高，科技能解决那么多的问题，我们有足够的知识，也有整全的智慧。因此，我们身处最好的时代。但是，我们也遭遇了一些困境：全球变暖、恐怖主义、食品和水资源短缺、环境生态恶化、人口爆炸等等。所以，这也是最坏的时代。

事实上，这些并不是问题，如果是问题，就可以去解决。它们是人类的困境，是困境就需要人类改变价值观和行为方式。这些困境有四个特点：一是需要我们“肇事”的人类自己去解决；二是困境本身是无边界的，不因为种族不同而幸免；三是困境间有有机性，彼此关联，解决了一个才能解决另一个；四是目前的人类文化无法单独去应对。

20 世纪 80 年代，美国著名哲学家、纽约大学宗教历史系教授詹姆斯·卡斯提出了“有限游戏”与“无限游戏”。游戏是指我们人类的行为，如生意、贸易、活动、教育、外交关系。“有限游戏”的模式具有固定的时间，从开始到结束，有赢有输，目的在于赢。这一模式在人类的行为中非常普遍。“无限游戏”不存在开始，也没有结束，它没有边界，目的是让更多的人加入游戏，追求的是繁荣的生活。如全球变暖问题，中国或美国无法单独解决，需要国家之间的合作。

在我的理解中，“有限游戏”关乎个人主义范畴，目标是分出胜负；而“无限游戏”则关乎关系，它涉及如何加强这样的关系，为此大家应当成为一个整体，彼此促进，繁荣昌盛。所以，在我们这个时代，应当从“有限游戏”转移到“无限游戏”，这与从利己主义转入利他主义相仿。

这也引出今天的主题，个人主义与儒家伦理学的互融与挑战。

儒学如何在西方被误读？

儒学究竟是什么？

很多西方人认为，儒学就是一种意识形态，是一系列的价值观，它们属于包括中国、日本、韩国、越南在内的东亚。

1. 儒是一个社会阶层，儒学既由士绅代代传承，也由百姓继承

我认为，儒不是一个学派，也不是教条性的价值，而是一个社会阶层。在孔子生存的年代前后出现了“儒”，以后每个朝代都接受了儒的文化传统，并不断了解、分析、扩大、运用，代代相传。因此，儒就是我们说的士绅阶层，正是他们在代代传承文化传统。

“Confucianism”是 19 世纪创造的一个新词，中国香港地区第二任总督约翰·弗朗西斯·戴维斯在 1836 年撰写了 *The Chinese* 一书，提出了“Confucianism”一词。Confucianism 有一点像马克思主义、黑格尔主义，重点是前面的人，翻出来是“孔子主义”。但不同的时代存在不同的儒，比如中国社会在近代引入科学之后，儒的内涵也就转化了。所以，儒学不是孔子主义，儒是一个社会阶层。

从《论语》中的一些表述中可以看出儒的一些特点。例如，“述而不作”，意在指出我们的责任是很严肃地继承整个传统，而不是发明一个新的传统；欣赏是主要的姿态，同时要承认其价值的复杂性。又如，“温故而知新”，说明这个传统具有发展性和进步性，每一个时代，不是继承已成形和完整的道路，而是参照前人，而后自己修路的过程。可以说，儒就是一代一代之间的一种传承，它所体现的是一个非常复杂的文化遗产，而这个文化遗产是基于家谱、家族传承，与最重要的道德、义务联系在一起。通常认为，儒学具有世俗宗教性，“孝”和“礼”是基石，当然还有仁、道、德、文。

除士绅阶层具有使命外，普通百姓也有同样的责任传承儒学这一文

化传统。从中国汉字的角度看,甲骨文中的“老”字,就像爱因斯坦的头发一样混乱,这就说明“老”了;可“孝”字的“子”不是一个长者,而是一个年轻人,这说明每一个时代都要依赖、依靠年轻人,由第二代将传统传承下去。

在《孝经》第一章,孔子说:“夫孝,德之本也,教之所由生也。”这让我想到爱默生在1836年时的一张图片:一个木匠站在梯子上用板斧砍横梁上的木屑与碎片,非常费力。但是,他站在地上用力往下砍时,地球的引力在帮助他。爱默生以此来说明,文明需要依赖道德,人类文化依靠着传统,传统是一个可以帮助我们取得文明的好力量。

2. 西方个人主义的“有限游戏”存在“你输我赢”的局限性

有一种观点认为,个人主义其实是一种幻觉。每个个体其实并不是居住在自己的身体之中,我们生活在世界上,无论做什么,都是合作性的、教育性的、关系性的。我们能走路是因为脚下踩着大地,我们能呼吸是因为有空气的存在,我们能看见是因为有阳光的作用,所以人类所做的一切,包括心理、社会、宗教、政治,都与我们和他人的关系密不可分。因此,完全独立的个体是不存在的,是虚构的。在我们的时代里,“有限游戏”就是个人主义,有赢家与输家。但是,“无限游戏”是一个一体的模式,我们要么共赢,要么共输。因此,我们必须抛弃个人主义,朝向“己欲立而立人”的更好模式,以此理解在社会中生活,我们为何既是个体,也是集体、民族和国家。

我不是个天真或者过于浪漫的人,不认为儒家可以解决世界上所有的问题。但我认为在我们生活的时代,个人主义无法应对目前的困境,我们需要所有的人类文化来应对时代问题,而儒学有它自己的贡献。

3. 儒家思想被当成第二流的基督教在西方世界传播

西方的传教士最早将儒学介绍到西方文化之中,他们的本意是想拯救中国人的灵魂。他们把“天”翻译成“heaven”,这代表完整、完美、独立的上帝概念。由“天堂”这个词可以联想到“way”,源于耶稣的一句话:

“我就是道路、真理、生命。”

中国传统的“义”被翻译成“righteousness”。很明显，英文语境中，只有去教堂谈论上帝的意志，才会提到“righteousness”，本意是按照上帝的要求做出的行为。由于中国传统中没有西方“上帝”这一概念，“义”翻译成英文，最恰当的词是“appropriate”，是一个人与人之间关系的概念。由于每一个人不同，义与礼应当考虑到每一个人的需要，而不是人与抽象的上帝的概念。

在西方，我们并未给予中国哲学应有的尊重。在西方书店，想要购买一本《周易》《论语》或者《庄子》，要经过哲学书架，找到 “东方宗教”的牌子才可能有；而在中国的图书馆，哲学是第一，中国哲学是第二。如果到斯坦福大学、哈佛大学学习中国哲学，不去哲学系，而要选择宗教系。西方人把中国哲学作为一个第二流的基督教，中西文化之间存在旷日持久而且贻害颇深的不对称关系。

4. 每个传统的文化都有自己的概念性结构，如何不误读“道”和“德”?

索绪尔提出了“语言”和“言语”的区别，他指出，每一个文化传统都有它自己独特的概念性的结构。比如，日本文化中有一个词，意思是因为你是我最好的朋友，我可以从你的钱包拿钱。但是，英文里没有类似的概念。所以，每个民族具有不同的词汇。索绪尔说自然语言的能力非常厉害。如果用西方“上帝”的概念来谈中国的“天”，来谈中国的“礼”，就不是运用每个民族的自然语言。维特根斯坦说，我们语言的局限就是我们世界的局限。因此，要了解另一个传统中关于“天”的意思，就要学习它的特别名词，了解中国哲学中“义”“礼”是什么意思。

20 世纪法国著名汉学家、翻译家葛兰言认为：“中国的智慧与传统不需要‘上帝’这一概念。”他说，在中国，天与人、天与地是分不开的，所以西方的超越性的、自足的上帝，并不属于这个传统之中。我的老师、伦敦大学亚非学院的汉学家葛瑞汉也有同样的观点。他说，当我们谈论“天”的时候，这并不是西方的概念，像某一种超越性的、遥远的、形而上学的原则。“在我们走路的时候，道正在呈现出来，它是活的。当正确植根时，道就生发了。”李约瑟也说，中国的“志存高远”与上帝丝毫无关。

以上这些都是最优秀的西方汉学家们的研究。

从甲骨文中可以看到，“道”这个字有人的眼睛和脚，并不是个人的道，而是我们所有人共同的道，是一种往前走的概念，还需要我们汇聚到它里面，共同去生发它。“德”也有人的眼睛和心，并不是我们从某一个超绝性的存在那里获得的，需要我们在人类的关系中创造。我们生活在自然界、人类社会、宇宙之中，就会使“德”不断地生发。

5. 西方的“培植、耕种”如何在西方观念输送中被译成了“文化”？

儒学具有非常重要的资源。但是，西方的书店并没有孔孟书籍。不同于中国书店密布着西方文化中的各类书籍，西方所了解的儒家只不过是第二流的基督教。19 世纪中期，西方的教育体制传到了亚洲，在一个世纪以内，中文、日文、韩文、越南文都被改变了。当我们现在谈论一个中文词组时，其实这个概念结构在某种程度上是属于西方的。因此，我们现在就是按照西方的文化结构、价值来观念化、理论化中国，这也是东亚普遍的问题。

哥伦比亚大学的刘禾教授针对这个问题撰写了许多书籍，她提出了“现代主义的词汇”这样的概念。我们在生产这种重要的知识，亚洲的语言随之都被改变了，似乎只有这样才能传递西方的概念和思想。以“文化”为例，它在英文中的原意是耕作、放牧，这是西方目的论的思考方式：原本已经具有某一种事物的本质了，只是在协助它们，让它们成为这种事物的更完备形态。在 18 世纪，“文化”一词成为民族的一种生活方式。在 19 世纪，西方开始使用这个词，用以区分高等和低等的文化。当亚洲开始创造对等词时，中国、韩国、日本等本是农业文明国家，就引申成“培养”一词，来对应英语中的“文化”。中国的“文化”并不是说帮助某一种事物成为它应该成为的样子，两者之间的区别就像土地里的矿石和最终制造成的青铜器。英语中的“文化”更多的是装点人的生活，改变人的经验，它并没有一个始和终；而中文中的“文化”关乎终点与人类的经验。

因此,这样的翻译也是比较耐人寻味的,也体现出西方价值是在向东方、亚洲传递一种概念结构时才被创造出来的。

值得学习的儒家价值

我们现在要面对的是什么？所谓现代化,现在似乎已经等同于西方化了。西方化并不完全是坏事,从西方可以学到很多东西。但是,在东方,其实也有很多值得学习的东西。

1. “和”与西方的科学概念完全不同,家庭是“和”的最大体现

谈到伦理学,西方哲学家或学习西方伦理者就会说这是不是一种康德哲学、功利主义的穆勒哲学,或者是亚里士多德的伦理学,或者是休谟的美德伦理学。在这些哲学、伦理学被介绍到中国之前,中国就已经有儒学了。我们要理解儒家角色伦理学,必须使用“仁、义、礼、信”等儒学自己的术语。我的观点是,儒学具有自己独特的观点,那就是人类并不是孤立的个体,人类是基于关系构建的。在中国人的世界中,家是统管一切的隐喻,从家庭到国家。在儒家传统之中,它极具策略性:家庭就是一种人类的建构,而你所有的一切都要奉献给家庭。

“和”这个概念不是“harmony”,西方的“harmony”是一个科学性的词,指具有一定比例。但是,中国人说的“和”指的是一种差异协调的最高级、最大化。举个例子,德国餐馆的菜单上有牛肉、鸡肉、猪肉、鱼肉,而在中餐馆,菜单有很多页。因为中国人会把所有食材调和到最大化。家庭就是这种差异最大化的代表。“和”就是差异协调所能发挥的最大潜能。因此,从儒家伦理学来看,要想做好老师,就需要有好学生,两者相辅相成,彼此造就,缺一不可。

2. 中国没有宗教信仰,但“礼”和“孝”具有宗教的神圣性和责任感

我在北大时曾问一个研究生,中国人有宗教信仰吗？他连续说了几

个答案,最终的结论是没有。

其实,中国人在新春回老家吃团圆饭,从初一到十五走访亲朋好友,拜访师友同学,这些事情虽然不是一个制度性的宗教,但具有一种宗教般的责任、宗教的仪式感。当西方人谈论儒家伦理学时,第一步要把“天”变成西方的“上帝”概念。但我认为,在中国最重要的一个概念就是“礼”,而它的基础是“孝”。在中国传统中,这两个概念具有深度的宗教性,但不是以神为中心的宗教感,而是一种以人为中心的神圣感,它让你能够成为最好的关系中的角色。因此,像犹太教、基督教、伊斯兰教那样的纯粹性宗教只存在一种教义,彼此间就会有冲突。而在中国,我的观察是,做一个学者时显示的是儒,喝茶养生时显示的是道,孩子生病时体现的是佛,无法截然区分。

3. 中国的社会秩序与文化的关系基于“家庭”,最终是成己成物

在西方,谈到社会秩序,总会想到政府的组织。而在中国,清朝的严复曾说,中国两千年历史,30% 是帝国史,70% 是家族史。所以,社会、政治秩序在中国人的世界中,始于家庭,这就是秩序的来源。当谈到民主时,很多人觉得中国人对政治似乎没有兴趣。我的观察是,很多时候,中国的政治都与家庭、社群等密切相关,因此这是一种思考“礼”的不同的思维方式。

当谈到文化的时候,有一个比较重要的观点是,应当考虑罗马人和意大利人之间存在何种关系,古代与现代希腊人有何种关系,中国的传统和现在的中国又有何种关系。在中国,有一种延续性、复合性,且不断演化、吸收外来因素的社会传统。我认为,值得重新思索的是中国作为“国”的提法。中国人口的数量级,是阿根廷、加拿大、德国都无法相比的。具有不同的秩序与规模,这种民族国家的概念是否适用于中国和印度呢? 印度人口与中国人口的总和约占全世界的 37% 。所以,当谈论文化传统的时候,它是一个不断演化、不断吸收外来因素的鲜活传统,政治传统也是如此。孙中山早年长期在夏威夷,他想创造一种新的中国的理念。他提出,国会除了行政、司法,还要加考试院,让有道德感、聪明的人

来掌控国家,另外就是评价体系。当中国人谈到政治秩序的时候,这些文本里都可以看得到成己成物、修齐治平的思想,因为大家并不是孤立、分离的个体,不论我们做什么,都会回到我们自己身上。

4. 像费孝通一样重思中国的人伦结构,人处于"差序格局"中

最近我与赵汀阳合作做一些工作,涉及"一带一路"的概念、"天下观"的概念、国际政治秩序的格局。当我重新思考这些概念的时候,想起了费孝通。费孝通从清华大学毕业后,去英国伦敦政治经济学院学习。他发现,西方对于个人、个体的概念可以追溯到古代希腊的毕达哥拉斯。毕氏提出,一个人"类"的存在是一个永恒的、依然自我造就的灵魂。从那时至今,个人主义在西方哲学传统中已深深扎根。费孝通认为,这并不是中国传统中关于人的理解。他回到中国后写了《乡土中国》,说我们需要新的词汇去谈论社会的结构、中国的宗教以及中国的哲学。他提出的"团体格局"中,人就是在上帝之下,这和个人主义相关;而"差序格局"概念,描述的就是网状的人际关系结构,与儒家角色伦理相近。费孝通的这种重新思考给我很大启发和鼓励,某种程度上,我所做的也是这种重新思考工作。

5. 从"心"来看"人",掌握其整全性,因为做人而成为"人"

另外,还可以从"心"的概念来看"人"。"心"是什么?如果它没有堵塞,身体就可以正常运转。如果没有阳光、空气、食物,那身体就不能运转。因此,身体是一个中心,处于各种关系的网状结构中。归根结底,儒学的"人"的概念是一个较强的关系网,而某一个体是基于关系而构建的一种联系。这不是说关系是不好的东西,关系是事实,它就是事物本来存在的样子。如果这种关系是事实,那么师生、夫妻、朋友这些关系都是已经被规定好的角色关系。伦理学的"伦",就是人伦,就是一种角色、一种传统。在这种传统之中,伦理并不是指"义",并不是上帝;道德不是某一种用来服从某种比较高的律法的任务,也不是用来计算各种好处的方式,而是我们不断增长的关系、我们行事的方式。如果缩减这种关系,

那就是粗鲁无礼的，是不友善、非道德的。因此，道德是我们如何基于最基础的关系来行事，在日常之中，把这些普遍的关系最大化。就像奶奶爱孙子，它最普通，但又可以变成最不普通。这就是儒家角色伦理学。

如果我们用这个“心”的概念作为一种图像来解释什么是人，那就是《周易》中所说的全息性、整体性的思维。我们不是复数的人类，而是成为人类的“存在”(being)。我们并不是人类(human being)，而是因为做人而成为“人”。2017年夏天，北大召开了第24届世界哲学大会启动仪式，题目是“学以成人”(Learning to Be Human)，这是一个中国式的题目。在20世纪80年代，我们都回到亚里士多德关于本质的想法，万物的本质就是原子，有永远存在的灵魂，是不同的东西所构成的一个世界。可是，中国传统是“生生不息的”。我认为，“中国传统”应该是个动名词，是两个东西结合在一起，不是一个东西，而是一个事件。怀特海谈论“简单定位是一种谬误”，意思是不能把一个东西孤立起来进行分析。要了解一个事件，要知晓它从哪儿来，到哪儿去。这就是我们认识世界的方式——一种叙述性的理解。

儒学是什么？它是一种关系性。个人主义是孤立的，这个虚构的概念是简单定位的谬误。儒学中人的概念是由关系构成的，通过“礼”我们发现了自己的身份。如果看甲骨文、金文，有时“人”字有“身”字旁，有时有“肉”字旁。因为我们有充满生机和活力的身体，有耳朵可以听音乐，有味觉可以去享受美食、美酒，有眼睛可以成为艺术家来看待这个世界。所以，我们会关联化、理论化我们的经验，给我们的经验赋予结构。“礼”就是通过我们所扮演的角色，整合最基础、最基本的人类经验的因素，使我们成为道德的人，而我们的想象使我们有能力为他人考虑。

最后，我想说，如果想从最糟糕的时代进入最好的时代，儒学可以有非常重要的贡献，它让我们从“有限游戏”转到“无限游戏”，从个人主义转到“己立而立人”。

对话

当儒家角色伦理遭遇人工智能

姚新中:听安乐哲教授演讲时,我脑海里就冒出毛泽东在《纪念白求恩》一文中所说的话:一个外国人不远万里来到中国。这是什么精神?用安乐哲教授所用的词概括我的感受就是:appreciation! 我非常欣赏、钦佩您为传播中国文化所做的一切:您不仅对中国哲学和文化进行了深度研究,而且还不遗余力地搭建中国学术和世界学术交流的桥梁。

1. 2500 年前的儒家思想,如摒弃负面因素,今天依然具有活力

您刚才论述了儒家思想在历史上的贡献,不仅给中国人留下了丰富的精神遗产和文化基因,也是世界新格局重建的有效资源。二十多年来,我在英国多所高校都讲授过儒家哲学,有一些学生问我,孔孟固然有很好的理念,但两千多年前的智慧是否还能用来解决当前的问题?您会怎样回答?

安乐哲:儒学虽然兴起于 2500 年前,但它并没有死亡,依然以一种体现、一种具象在代代传承。当您看到我祖父画像时,会感觉到他的衣服和我不同,但是从脸庞的特征清晰可辨出延续性。这还是比较表面性的,语言、价值、传统,包括思考方式,是深层次的延续。同样,儒家思维依然植耕在我们现代生活之中,它仍然充满活力,不仅在中国,在日本、韩国、越南都是如此。我这样说,并不是要夸赞中国,而是在世界新格局中,儒家资源可以有它自己的贡献,所以应该让全世界了解它的核心思想。这就如同现在每个国家的人都喜欢听 18 世纪末贝多芬的音乐,不会有人说贝多芬只是德国作曲家,人们对其音乐的喜爱也成就了贝多芬的伟大。

儒学也一样。儒家致力于回应日常问题,有关家庭、师生、夫妻、社群,这些都是人们非常关注的焦点。儒学中陈旧的父权中心、专制、腐朽

等负面的因素是我们要摒弃的，我们所弘扬的是具有生机活力的传统。

2. 西方哲学由最初的“爱智慧”到后期变成了纯粹知识论

姚新中：您提出了传统价值在现代世界中继续发挥作用的一些可能性。您提到了中西方文化之间存在很多不对称，我也有同样的个人体验。您所在的夏威夷大学哲学系，可以教授道家、佛家、儒家等不同于西方哲学的课程。但英国大多数大学的哲学系，很长时间几乎没有人教儒家哲学。我记得，1995 年，牛津大学有一个网页给出了它自己对哲学的定义：哲学就是一种分析哲学的传统，从古希腊哲学至今，其他传统如儒家、佛教等并不属于这样一个哲学体系。今天，美国的一些大学哲学系也有一些人讲授儒家哲学，但并不普遍。尤其是一些顶尖的哲学系，如哈佛、耶鲁、哥伦比亚等大学的哲学系，完全没有。像儒家这样的非西方哲学，一般都是在宗教研究系和东亚研究系里讲授的。您怎么看这种现象？

安乐哲：如果我们重回古典哲学的起源地古希腊，可以发现，他们认为哲学就是 philosophia，就是“爱智慧”。起初，柏拉图、亚里士多德会谈实践，但后来让位于理论化、精神化的概念，这种“爱智慧”成了“爱知识”。所以，今天当我们讲授知识论的时候，讲的并不是一种哲学论，而已经是内在的批判。在 20 世纪的西方哲学里，现象学、诠释学、实践论、存在主义这些新思潮，第一都试图还原“过程”，如同中国哲学的《周易》强调过程；第二是重新强调智慧，这是哲学应该达到的目的。

美国思想家、实用主义先驱杜威 1919 年 4 月访问中国，后来待了 26 个月。他提出，我们要重建哲学，因为哲学家的责任是传承社会智慧，所以我对偏重语义阐释、技术性的分析哲学兴趣不大。我认为，哲学家应当学习孔子的所言所行——弘扬人的理念和由人组成的社会。

姚新中：从我的经验来看，西方的大部分哲学家可能不会同意您所说的话。最近我和德国一所著名大学的哲学系系主任交流时，他表示不同意有不同哲学体系的说法，坚持只有一种标准来衡量哲学，至于儒家传统、日本传统中是否有哲学，也要看它们是否符合这样的哲学标准。

安乐哲：对这种说法，我觉得很遗憾，这实际上是在以地理知识作为一种标准评估哲学。我是比较哲学家，比较哲学无法用地理来定位评判，比较杜威和康德就是哲学，比较杜威和孔子就是比较哲学？只有英国、欧洲有自己的历史和文献？这是胡说。只有英国、欧洲有对智慧的追寻？这也是胡说。每个国家的哲学都具有地方性，但它也可以有普遍性，如果排斥其他国家的哲学，就是一种欧洲中心主义或者地域中心主义。

3. 儒家中的人是造物者，可达到“圣人弘天”，因此有别于西方的“天”

姚新中：在演讲中，您提到了在中国没有一个“上帝”的概念。但在早期中国，“天”确实具有神性，在一定的语境中是可以支配人类命运的“人格神”或“神律”。孔子说“获罪于天，无所祷也”，在日常生活中大家也会讲“天网恢恢，疏而不漏”，这说明人还是需要有一种终极的力量来平衡世俗生活中的种种不如意。这与康德哲学中关于美德与幸福的思考有类似之处。但康德认为，要保障德福一致，就必须有“上帝存在”的预设，因为在这个世界里，有德行的人常常受苦，而那些坏人却生活得很幸福。从您的视角来看，中国人是不是需要某一种灵性的权威来引领他们，以确保每个人都遵循道德规范体系？

安乐哲：我不认为天是有意志的。如果读《中庸》，会看到其中提到圣人的境界应该是通天的。我最近要参加香港的一个会议，提交的论文题目就叫《人能弘道，圣人弘天》。大家读《论语》，可以看到把孔子比喻成日月；《中庸》中赞誉孔子的美德有如四季交错而行，互相不悖。因此，在儒家中，人和宇宙一样，是造物者，圣人和天是合一的，一个自我创造的人有能力支配天。

西方学者讲宗教，说基督教就是一种绝对的依赖感，但我觉得这种全然的依赖让人厌恶，并且是完全错误的。儒家传统确实有一种本体性的内涵，它通过人类的文化来引领人的生活，以及和我们生活的宇宙的关系。

4. 儒家的个人性就是一辈子在培养他人的关系中达到自己的完美角色

姚新中：您在演讲中提到，个人主义作为一个思想体系，深深植根于西方文化传统中，而儒家文化则深深植根于中国传统中。经济全球化带来了世界不同文化互融互通的加速，东西方的哲学家也不断交流、相互理解，你中有我，我中有你，形成了从未有过的跨文化语境，这样的语境必然会影响我们对于价值、伦理、观念的判断和评价。因此，我想请教，在跨文化语境下，强调个人权利、尊严的伦理学和强调家族至上、角色至上的伦理学，是否可以由对立走向互融？如果可以，如何能实现融通呢？

安乐哲：杜威反对我们现在割裂性关系的个人主义概念，在西方哲学里也有创造关系构成个人主义的概念，因此要严格区分个人、个人主义和个人性。唐君毅的主张是“一多不分”，每个人是个别的，但是他又是由关系构成的。在一个跨文化语境下，如果我们遵循割裂性个人主义，就不需要家庭了。事实上，婴儿成长倚赖家人是必然的过程，没有家庭就无法存活。个人主义是一个过程，而儒家角色伦理是一个起点。按照儒学的个人性，就是一辈子在培养你和他人的关系，做一个好的角色。我们可以让这两个不同的想法彼此取长补短。

5. 在沟通融合中实现差异化的多样性，就能趋向“共同体”

姚新中：我觉得无论在中国还是在西方，在现代社会，自由、平等、公正已经成为人类的核心价值。这一价值的实现需要自我的、理性的、具有批判精神的个体去完成。而您的角色伦理坚持人是成长于家庭的。今天，美国和中国的家庭功能都严重萎缩。我这代人都读过巴金的《家》《春》《秋》，对于其中描述的大家庭族规、伦理、纲常，对于个性的压抑、压制印象非常深刻。如果传统家庭不复存在，请问，怎样从家庭角色伦理中引出儒家的个人尊严、自由、平等？

安乐哲：问得非常好。20 世纪开始传播“打倒孔家店”的思想，按我的理解，这不是儒学，他们批评的是腐朽、腐败的概念，其中有“孝”的概念。但儒学中也有“谏”的概念，谏是一种劝告，并不是简简单单说你这样是错的,而是应该做得比现在好。

我看现代人都在谈平等,平等未必都是好事,等级制(hierarchy)未必都是坏事。20世纪60年代,美国发生暴乱,学生把老师都赶出去,自己占据课堂的讲台,这理性吗?其实,我们需要老师,师生需要创造长久的关系,没有他们就没有我们。表面看起来,家庭内部的关系必然有一定等级,如父义母慈、兄友弟恭,但其实是通过平衡在制造一个共同体,最重要的是达到共赢,体现共同体中的多元性。比如,我们在夏威夷都是少数民族,有很多混血儿,他们不单是好看,而且健康聪明。用到我说的"道德"的概念上,如果将此扩大到多元化对话并达成共同体,也将是我们人类的一个机会,无论是身体方面还是文化方面,融合体可以让平等和阶层、统一和多元达成平衡。英文中有一个词"多样性",指有很多不同的东西,它们是单独的,彼此之间没有什么关系,但作为一个融合的资源,这个差异就变成多样化,是一个好词。

6. 人工智能时代,传统角色伦理有存在的必要吗?

姚新中:刚才我们从历史、跨文化语境角度谈论了儒家角色伦理在今天遇到的问题和挑战。当前科学新理论、新分支不断涌现,技术发展迅猛。我不说宇宙中暗物质占据95%,我们已知的才5%,也不提如何从量子层面去解释物质、意识、尊严、权利、责任和地位,单从科技革命带来的生活方式、思维方式、交往方式的变化来说,个人与群体、责任与权利的分割还会与以往相同吗?传统角色伦理还有存在的必要吗?

安乐哲:在人工智能方面,一定要有中国的声音,仅听西方人的观点是不够的。我在之后举办的"实用主义与儒家思想"国际学术研讨会上,也要谈论杜威、儒学和治理。我觉得,在未来或许就是中国"一带一路"倡议下的文化多元化格局,这也是儒学走向国际化的好时机,儒家的"天下观"将广为人知。

科技革命会使我们的生活方式发生很大变化,但是人还是会在关系中生活。我不用微信,但是以邮件而言,缩短了交流的时空,可能是减少了交际的人化,逐步增加了物化,但是人还是在关系网络中。比如微信上的点餐等，关系两边的主体会有所转化，但存在于关系中的事实并不会消失。

姚新中：我们正在迅速地走向未来。假如未来的某个时候，高度发达的人工智能机器人替代了我们大多数的工作和责任，每个人都需要以新的方式重新定位自己、实现自己的价值，那么个人还需要传统的角色来获取自己的身份与认同吗？

安乐哲：从积极的一面来看，人工智能机器人发展到现在，它的指令都来自人类的设计，它未来是否有感情，目前还是否定的居多。那么，我们是否可以在逻辑上设置一套儒家的思维作为指令给人工智能机器人？我相信，儒家角色伦理在大框架上还会得到维护。从消极的一面来讲，它不会产生因为交往而有的人类美好情感，比如父女间的依恋、情人间的爱恋、朋友间的友情。所以，这个关系是温度感较低的关系，并不是就此取消了。但是，从另一方面讲，关系的度不得到控制，也会有副作用，所以也许未必是坏事。对于人工智能机器人，同样也可以输入个人主义的逻辑指令，那么这个世界就和今天一样。因此，未来是一个挑战。但是，在那样的未来到达前，我们首先需要做的是让儒家角色伦理为更多的人所接受。

古希腊神话中，有普罗米修斯从宙斯处盗火的传说。火给人类带来了希望，有了食物等物质进步，诞生了文明和文化，但是它也带来了炸弹、战争等灾难。在我看来，人工智能就是普罗米修斯盗得的“火种”，要看我们怎样去使用它。火的好坏，取决于使用的人。儒学强调的是不要把智慧和知识分开，要把智慧用好，这是儒家的做人核心。

点评

儒家角色与个人主义：制衡与中介

孙向晨：姚教授刚才点评时用了毛泽东 1939 年《纪念白求恩》中一

个人“不远万里，来到中国”，接下去还有一句话，更加精准：他“把中国人民的解放事业当作他自己的事业”。安教授的儒学研究事业就是这样的。三小时的主讲、对话、提问，我感觉安教授更像一位中国人，在为一种中国文化立场辩护；而姚教授反而像是一位外国人，对于这样的立场提出种种质疑；在座的各位可能就更是提出了像外国人会提的问题了。但这就是我们现今的状态，也是中国很有魅力的一种形态。

1. 比较：要了解今天的中国，必须更彻底地了解西方

我拜读过安教授的很多翻译文章和著作，今天又聆听了他的讲座，令我印象尤其深刻的是，安教授对于中国文化传统的敏感性。他通过对比中西文化传统的细微差别，深入地阐述了中国文化传统的独到之处。这给每个人敲响了一个警钟：今天的中国人，其实未必了解自己。

安教授懂中文、日文、拉丁文与英文，因此才能细致地辨别出中西文化的差异。例如，他告诉我们汉语的“宗教”不同于西方文化中的“religion”，“仁”不同于“benevolence”，“礼”不同于“ritual”，这里存在着巨大的语言转换的障碍和鸿沟。不仅是中英文之间存在，现代汉语本身也充满这种张力。诸如“理论联系实际”“透过现象看本质”这些翻译过来的现代概念，古汉语里并没有，你得懂“theory”“practice”，你得懂“phenomenon”“essence”。

因此，我们今天要理解自己并非是件易事。“讲好中国故事”远比我们想象的要艰难得多。同一个词可能完全不是一个概念，这是中西交流深层次的问题，特别容易被忽视。今天每个中国人在反思中国的情况时，要有一种哲学家的精神——注意反思各种情况出现所隐含的前提。安教授的结论其实极具挑战性：你要了解中国，就必须更加彻底地了解西方。

2. 本质：对中国文明的理解要掌握背后的“本体论结构”

今天我们理解中国的时候，需要一种新的形态。很多保守的中国学者强调“以中释中”，强调不用来自西方的工具解释中国。这其实不是儒

家的传统。汉代儒家不同于先秦儒家,宋明儒家不同于汉儒,现代新儒家又有新的形态。儒家的发展始终保持着一种开放性、包容性的态度,面对世间的种种变化。最关键的是,我们如何弄清楚我们自己的传统。安教授体现出的融会贯通的理解,实践起来是非常艰难的。这需要有对于中国文化传统根本性的、整全性的理念。为什么西方古希腊哲学推崇智慧、正义、勇敢、节制,基督教传统推崇信、望、爱?中国文化传统特别推崇孝,把孝看成是德之始,“百善孝为先”。五四新文化运动时,傅斯年则把传统的中国家庭视为万恶之源。这似乎是一种完全不同的、具有强烈冲突性的解释。我认为不能简单地看待这种冲突,文明更需要理解中国文化传统背后的“本体论结构”。安乐哲教授特别强调中国文化传统中“生生不息”的思想,“生生不息”表达了在中国文化传统中对于世代连续性的重视。在 being-between-generations 中,“孝”是关节点。在世代的交替中,将世代结合起来的关键就是“孝”,它表现了中国人对于世代观念的重视。所以,在中国,家庭就不单单是个社会的组织,它更有一种本体论的地位。

如果对生生不息、对天地神人的关系有一个贯通理解,那么就会对中国文化传统的整体结构有所了解。在不同时代,可能有不同的表达,但背后的逻辑是相通的。我们今天要理解中国,最关键也是最具有挑战性的是对这种根本性的把握。

3. 关系:西方个体权利是中国儒家角色伦理的中介

最后,谈谈关于个体的权利和所谓的儒家角色伦理的关系。我认为,所谓的“individualism”,在历史上尽管是从西方开始的,但它代表了人类一个巨大的进步,表达了对于人的自由、权利与尊严的尊重。人类对人的尊重,最终要落实到一个终极的单位,这就是个体。这是现代文明的门槛。传统上,人类要生存,基本的单位都是整体性的,在中国是家族,在印度是村社,在古希腊是城邦。但人类文明的进步最终把我们对于人的尊重落实到了每一个人的身上,这是一个巨大的进步。individualism 有积极的一面,也有消极的一面。我们要做的不是消除个体主义,而是针对其消极面建立一个制衡体系。在这方面,儒家角色伦理可以扮演一个很好的制衡角色。当然,安教授的儒家角色伦理也有很多面向。角色伦理也有非常进步的、积极的、肯定的方面。对于个体主义与儒家角色伦理的关系,我的答案大概是:Roles should be mediated by individual right。我们需要有一个现代个体权利的中介,在此前提下,再来讨论儒家角色伦理。

解惑

提问:当下伦理受到了冲击,适应古代伦理秩序的儒学能否在其中发挥作用?

姚新中:儒家伦理经历了两千多年的发展,在不同时代受到适用于不同时代需求的改造和应用,有积极的因素,也有消极的因素。今天我们对待传统需要创造性改造和创新性发展。

要建立一个适应于今天政治、经济、科学技术发展和生命科学发展的伦理体系,并不容易。这需要儒家学者和哲学家、科学家、社会学家等一起研究,找到一种共同的规律。第一是对于生命的价值关注,自强不息,厚德载物,倡导"成己成人"的仁义精神。第二是对于关系的关注,不是把人看作一个个单独的孤立存在,而是要互相联系在一起,推己及人,"己所不欲,勿施于人",在人与人、人与物的相互作用中实现自我的价值,并不断为优化人际关系提供制度和道德的保障。第三是能有"和而不同,包容天下"的胸襟和情怀等等。我觉得儒家伦理精神中有很多东西都可在今天继续发挥积极作用。

提问:个人主义会使社会处于一种原子式的分离状态中,而儒学则有向心力和凝聚力,比如"修齐治平"观念。我觉得两者互相融通会有困难,您觉得可否互融,根据何在?

姚新中：个人主义强调要把个人从整体的束缚中解放出来，而儒家伦理则强调社会的整合性，把个人拉回来，它们之间有相互对立的倾向。但究其根本，两者都在为人的尊严和价值寻找根源和论据。对于任何一个价值体系，我们都必须把它放在特定的历史和特殊的时代语境里去理解。比如说，在西方近代之初，突出个人的价值实际上起到了非常积极的作用，推崇个人价值是反对那些对于人、生命和价值给予蔑视的思想和制度，如神学或者中世纪的禁锢。

儒家其实非常重视个人的道德主体性，强调“三军可夺帅也，匹夫不可夺志也”。在《论语》里面，我们读到当马厩失火时，孔子问人，不问马，人对他来讲是第一位重要的。这样的理解就可以在强调家族社会价值的同时，吸收那些对个人价值、尊严、平等的尊重，从而融通关系理性和主体理性，实现整体和个体的统一。但是，后来的帝国时代，统治者把儒家学说作为统治的工具，否定其中所包含的对人价值的推崇，使个人完全从属于家族或群体利益，因此引发了对它的批评和批判。

提问：个人主义无法解决全球困境，而儒家角色伦理可以有所贡献，但角色背后就意味着有一定的结构，有结构就会有尊卑，有占据指导地位者。儒家角色如何解决各国在世界上不平等的领导地位？

安乐哲：角色背后的确会有不平等，以“上下”来形容，“上”就是施惠者，“下”就是受惠者。孩子需要母亲保护，就是受惠者；大学毕业工作后，就要承担一定责任，就成了施惠者；到年老时需要别人照顾，又成了受惠者。因此，放在人生的长度中，施惠和受惠的概率是平等的。我们看平等，不是求数学层面的平等意义，而是要在一个较长的过程中看待。比如，人一生中，施惠和受惠的机会可以说是均等的。

对于领导者而言，就要有圣人的道德和伦理，《道德经》说：“圣人无常心，以百姓心为心。”等级有时是以不同的长能来确定的，如果掌握了这两点，不同国家在世界上的地位是否平等这一问题就可以迎刃而解。

最有能力者以圣人之德衡量全局,其他国家各施所长。儒家角色伦理的深层次是,把单位甚至国家当作一个放大的家庭。从微观来说,在家庭里有责任、义务和管理,比如尊老爱幼、责任、平衡、包容都可以实施;从中观来看,如领导哲学学院,就要以对待家族之心处理员工关系;巨至国家和世界,最后的理想目标就是,将人类和世界"家庭化"。

提问:中西方的制度不同,信仰体系也不同。西方宗教里有超越性和自足的上帝,中国文化里有世俗宗教的儒家文化。什么是更强有力的引导性力量,可以用来回应激进的现代性?

安乐哲:有一种方式可以帮助你去反思这个问题——什么是真的宗教?19世纪,美国伟大的思想家爱默生在哈佛神学院做过著名的《神学院致辞》的演讲。因为挑战当时的神学内涵,引起群情激愤,哈佛神学院以后再也没有请他。在演讲里,他说历史上的基督教最大的问题是把耶稣作为一个神,而耶稣是一个人。他进一步说:"神学要让每一个人做自己。"他不认可欧洲的宗教规定每一个人的宗教性都是同一的价值、同一的行为举止,所有的人都低头向一个压迫性的理念鞠躬致意。今天看来,爱默生追求的实际是一种儒学思想、儒学修身和底线——成己成人。这是爱默生认为的真正的宗教性:要肩负对己对人的责任。

根据2017年11月30日第113-4期"文汇讲堂"现场演讲整理,原文2017年12月刊于"文汇"APP、"文汇讲堂"微信公众号,删节后整版刊于《文汇报》。

国家治理中的传统文化要素

>>> 谢遐龄 复旦大学上海儒学院理事长
>>> 干春松 北京大学儒学研究院副院长
>>> 葛 荃 山东大学政治学与公共管理学院教授

国家治理自觉吸纳了大量本土传统

谢遐龄

“国家治理”是个非常大的概念，主要涉及制度、体制设置（包括各机构成员资质、人数等等），治理的理念、思路、理论及由之演绎出来的路线、方针、政策、策略，还有具体操作的规则体系，包括各级管理人员的培养和选拔，以及对实际运作的管理等等。

中国古代对国家治理有着十分丰富的思想和经验，如科举制度、科层制管理制度等制度化的内容。先秦诸子讨论的问题除了天地鬼神、人性、阴阳五行等基础理论外，几乎全部属于国家治理的思想、思路、理论和方案。秦建立大一统帝国之后，历代的国家治理，无论理论还是实践，都在中国思想史上留下了浩如烟海的资料。在当代的革命、建设、改革过程中，中国以马列主义为旗帜和指导思想，同时自发地或自觉地运用本土传统和古代遗产，也积累了大量正反历史经验。

今天就认识所及，和大家分享我的一些感悟。

1. 群众路线：马列指导，激发传统智慧

一般认为，群众路线来源于马列主义。无疑，马列主义起着指导作用。考察历史，群众路线恰恰体现了马列主义的中国化，或者说是吸收了中国古代的思想。1949 年，毛泽东在《论人民民主专政》一文中回顾百年的中国革命史时说：“十月革命一声炮响，给我们送来了马克思列宁主义。”中国人向俄国学习如何开展革命，十月革命是从中心城市暴动开始，中国照搬就吃了亏，基于国情发展成“农村包围城市”，才取得胜利。群众路线，来源于土地革命。红色政权第一个、第二个土地法都是实行

土地国有,以“没收一切土地归苏维埃政府所有”为口号。于是,农民对革命战争的支持力度不强,无法完成征兵、征粮任务。毛泽东洞察农民对土地所有权的热切盼望,推进中国共产党毅然发展马列主义,修改土地纲领,把土地国有改为私有,从而大大提高了农民对革命战争的支持。

毛泽东于1934年发表的讲话《关心群众生活,注意工作方法》,是对群众路线的第一次完整阐述。在提到战争问题时,他说,如果不关心老百姓,又怎么能指望老百姓支持我们呢？马克思与列宁都讲群众路线。马克思说的是理论掌握群众,毛泽东说的是群众掌握理论,这两种说法主体不同。马克思说的是“思想的闪电彻底击中”无产阶级,把德国人解放为人;列宁也是类似观点,认为发现先进理论的知识分子将先进理论灌输到无产阶级革命群众中去。他们讲的是“到群众中去”。毛泽东强调“从群众中来”,是对马列主义群众路线的创造性发展。马列主义群众路线经过毛泽东概括成“从群众中来,到群众中去”才完整。

毛泽东的智慧与中国古代智慧相互呼应,源头可以追溯到《周易·咸卦》。“咸”就是感。其中,彖辞中说“圣人感人心而天下和平”。宋朝的大儒张载、程颐认为这讲的是圣人教化民众,我觉得不准确。细参《周易·咸卦》的卦义可知,它其实说的是,圣人要先放下身段去感受老百姓的想法。《周易·咸卦》的卦辞说“取女吉”,意思是卜得此卦,娶妻的事吉利。其中,彖辞曰:“柔上而刚下,二气感应以相与,止而说,男下女,是以亨利贞,取女吉也。”这是说,男子要放下身段以礼下求女子,娶妻才能亨通顺利,所以谈婚论嫁的礼仪是由男家先向女家提出要求。象辞又进一步解释道:“山上有泽,咸,君子以虚受人。”即君子要放下身段接受别人的想法。所以,我的体会是,“圣人感人心”,首先是圣人要感受老百姓的想法,这正是毛泽东1934年重要讲话的主要思想。实践中遇到的困难激活了传统智慧。

2. 共产党员的修养:遵循儒家“君子慎独”传统实行自律

1939年,刘少奇发表了《论共产党员的修养》。针对在“翻身求解放”的信念下,怀揣着各种动机入党的新党员,他指出,入党之后应该以党员标准要求自己。刘少奇提出党员修养问题具有非常重要的历史意义和文化意义。其文化意义在于，苏共关于党内斗争的思路，与中国传统的君子修养是两种完全不同的文明或者说是文化。共产党员要以君子的要求来要求自己，具有深刻的文化意义，可以说是马列主义中国化的一个重要内容。

按照《大学》“自天子以至于庶人，壹是皆以修身为本”的说法，修身是一个全民性的要求，相当于现代社会每一个人都必须遵纪守法、恪守道德规范。君子的要求更高。君子慎独，即君子要有高度的道德自觉性与自我监督能力。庶民遵守礼法是出于害怕惩罚，属于他律。君子遵守礼法则是出于原则，属于自律。当然，还有更高的境界——“性之”，出自本性地、自然而然地遵循礼法，那是圣人。

最近的对共产党员的“君子要求”是 2015 年开始的“三严三实”专题教育。其根据是 2014 年习总书记“两会”期间在安徽代表团参加审议时所说的：“各级领导干部都要树立和发扬好的作风，既严以修身、严以用权、严以律己，又谋事要实、创业要实、做人要实。”一开始只要求县处级以上领导干部贯彻，后来扩大到全体党员。“三严三实”几乎完整包含《大学》中有关君子的要求。

3. 拨乱反正：为社会主义的核心目标“正名”

拨乱反正，纠正思想政治路线，目标是什么？邓小平指出，要解决的最重要的问题是搞清楚什么是社会主义、怎样建设社会主义。他的思路就是孔子说的“正名”。也就是说，国家治理首先要抓住时代的核心概念。每个时代都有自己的核心概念，马克思撰写的《资本论》书名就是一个词——“资本”。他抓住的是他所在的时代以及发展到新时代的核心概念。引领时代发展最重要的是要抓住核心概念。古人云“失之毫厘，谬之千里”，指的就是这样的核心概念。所以，“正名”这个“名”就是核心概念。拨乱反正就是把核心概念讲清楚、讲准确。

“一切向前看”也来源于传统思想。《论语》中记载：“哀公问社于宰我。宰我对曰：‘夏后氏以松，殷人以柏，周人以栗，曰使民战栗。’子闻之曰：‘成事不说，遂事不谏，既往不咎。’”对这段话，解释纷纭。一般认为，这段话是说孔子批评宰我说错了话，告诫其今后需谨言，之前就不追究了。我认为这样解释不通顺。换个思路,宰我的理解可能是正确的,但孔子不让他说。因为宰我犯错是小事,似乎不值得收进《论语》这本"教科书"。恰恰是宰我说对了,而所说的事情恰恰是需要淡化处理的,孔子批评他,让他不要再说,就相当于提出了处事的重要原则,值得收进《论语》。《论语》中提到周武王的不足有两处:一处是《论语·八佾》:"子谓《韶》:'尽美矣,又尽善也。'谓《武》:'尽美矣,未尽善也。'"他通过评点乐舞委婉地指出周武王有缺点,但不明说缺点在哪里。另一处是子贡论商纣的一段话,他说:"纣之不善,不如是之甚也。是以君子恶居下流,天下之恶皆归焉。"这句话是说,商纣王没有那么坏,但是因为他居于下流之地,所以一切脏水都泼到他身上了。因此,带给学员们的教训是,要避免落到下流之地。从中也可以看到,子贡对周武王给予委婉的批评。这两处足见孔门对商周之间的历史非常清楚。孔子对宰我讲的情况心知肚明,但不认可他挂在嘴边说。孔子提点"成事不说,遂事不谏,既往不咎",为处理历史经验确立了基本原则。邓小平讲"一切向前看",可以理解为孔子说法的简化版、浓缩版。

邓小平用"小康"一词标定改革开放的阶段目标,不仅是通俗易懂的需要,更有其深意。按《礼记》所说,小康时期,国民思想境界不高,治国理政不得不注重礼制。

4. "和而不同":全球政治哲学的最高原理

邓小平给时代特征下的判断是"和平与发展"。江泽民进一步提出世界多样性思想,主张:当代世界各国政治制度、发展道路不同,是各国人民根据本国国情作的选择,各国应互相尊重、互相学习、取长补短。这在马克思主义发展史上具有重要的转折意义。

"文明多元论"是英国历史学家汤因比在 20 世纪 40 年代提出的。他认为,全人类有史以来存在过的文明共约二十几个。当代世界还存活的文明共五个——西方基督教文明、伊斯兰文明、东正教文明、远东文明(主体是中国)、印度文明。这一理论强势纠正了当时盛行的"西方文明中心论"。美国哈佛大学教授亨廷顿沿袭汤因比的文明划分理论,提出了“文明冲突论”。中国领导人对亨廷顿的文明冲突论提出批评，主张世界文明和谐共存。在与当时的美国总统小布什、英国首相布莱尔谈话时，江泽民引用孔子说的“和而不同”，提出：“世界各种文明和社会制度应该而且可以长期共存，在竞争比较中取长补短，在求同存异中共同发展。在当今世界上，我们提倡‘和’，也就是说，各国应当在政治上互相尊重，经济上互相促进，文化上互相借鉴。”

西方的基督教文明自认为掌握了真理，倾向于强迫其他文明接受其理念为最高价值，这是文明冲突的思想根源。而中国传统主张“万物并育而不相害，道并行而不相悖”，不把自己的价值观念强加于他国。中国要对人类有贡献，首先要做的就是把自己的优秀政治思想贡献给全球各族共享。“和而不同”是中华民族贡献给人类作为全球政治哲学的最高原理，也是治国理政的基本原理。中国不仅要在思想上影响其他国家，也要以治国理政为其他国家提供榜样。

5. “和谐社会”：向中国本土传统回归

中共十六大提出的“和谐社会”之理论意义在于取代“以阶级斗争为纲”。“以阶级斗争为纲”源自苏俄，是外来文明中的要素。其基础思路是，以“无产阶级—资产阶级”对立为社会的基本矛盾。这种思维模式，追根溯源，是基督教文明中的基督徒—异教徒模型。中国传统是“普天之下，莫非王土；率土之滨，莫非王臣”，全体老百姓都是子民，没有特别划一个敌人的类别。提出“和谐社会”理论是向中国本土传统的回归，而且“和谐”的概念已经被列入共同理想。共同理想最初只有“富强”“民主”两个词，后来增加了“文明”，随后又增加了“和谐”，十九大又增加了“美丽”，现在包含五个词。它是共产党的奋斗纲领，一步一步深入地消除外来文明造成的社会紧张。

6. “知耻”文化，古代的“国之四维”

2006年，国家领导人在全国政协民盟、民进联组会上发表《牢固树立社会主义荣辱观》的讲话，提出了“八荣八耻”，激起全国政协强烈反响。我的理解,“八荣八耻”可以概括为“知耻”,甚或一个“耻”字。管子有言“礼义廉耻,国之四维”,“四维不张,国乃灭亡”,将知耻作为核心价值看。近世有“孝悌忠信礼义廉耻”八个字的核心价值观,把知耻列入核心价值。孟子讲“四端”,第二是“羞恶之心”,就有知耻的含义。孟子说:“君子所以异于人者,以其存心也。”刚才讲君子和庶民都要修身,不同在于君子慎独。孟子这句话说得更为透彻,君子与庶民的区别在于“存心”,包括存养羞恶之心。存养羞恶,就会知耻。

7. 协商民主:汲取古代智慧后的时代创新

协商民主起初对应的是选举民主,或称“票决民主”。起初的议论集中于西方民主是投票与协商两种方式并存的模式。协商民主的义涵经过学者、从政者以及领导多年的讨论与思考逐渐确定。协商民主最为清晰的表述,体现在2014年习近平总书记在中国人民政治协商会议成立65周年大会上发表的讲话中,他说:“协商民主是中国社会主义民主政治中独特的、独有的、独到的民主形式,它源自中华民族长期形成的天下为公、兼容并蓄、求同存异等优秀政治文化,源自近代以后中国政治发展的现实进程,源自中国共产党领导人民进行革命、建设、改革的长期实践,源自新中国成立后各党派、各团体、各民族、各阶层、各界人士在政治制度上共同实现的伟大创造,源自改革开放以来中国在政治体制上的不断创新,具有深厚的文化基础、理论基础、实践基础、制度基础。”他把协商民主的来龙去脉表述得极其全面。我的理解,“源自中华民族长期形成的天下为公、兼容并蓄、求同存异等优秀政治文化”就是明确地宣布承接古代智慧。

协商民主的源头可以追溯到《尚书·尧典》中尧确定舜为候选的接班人的廷议。孟子与齐宣王的一次对话论及进贤,也属于协商民主的理论建设。齐宣王问孟子,怎样才能鉴别一个人是否有才能?孟子回答,要进贤的话,首先论资排辈。如不能论资排辈,则必须谨慎。“国君进贤,如不得已,将使卑逾尊,疏逾戚,可不慎与?左右皆曰贤,未可也。诸大夫皆曰贤,未可也。国人皆曰贤,然后察之;见贤焉,然后用之。左右皆曰不可,勿听。诸大夫皆曰不可,勿听。国人皆曰不可,然后察之;见不可焉,然后去之。左右皆曰可杀,勿听。诸大夫皆曰可杀,勿听。国人皆曰可杀,然后察之;见可杀焉,然后杀之。故曰国人杀之也。如此,然后可以为民父母。”(《孟子·梁惠王下》)孟子表述了进贤、杀罪人都要层层听取意见,再行研究,而后作出决断。孟子说的既是群众路线,也是协商民主。协商民主就是广泛听取意见,最后作出决断。

上述讲话,将协商渠道充分扩大到一切范围。“要拓宽中国共产党、人民代表大会、人民政府、人民政协、民主党派、人民团体、基层组织、企事业单位、社会组织、各类智库等的协商渠道”,意在“广纳群言、广集民智,增进共识、增强合力”。协商主体十分清楚,明显地承接先王之道,作了时代创新。

8. 求大同:将民族复兴融合为人类命运共同体

国家领导人多次强调,中华优秀传统文化是中华民族的“根”和“魂”。优秀传统文化是一个国家、一个民族传承和发展的根本,如果丢掉了,就等于割断了精神命脉。这是在提醒共产党员,别忘了自己归根到底是中国人。中国共产党确立了自己的根之所在。另外,国家领导人还提出中华优秀传统文化讲仁爱、重民本、守诚信、崇正义、尚和合、求大同的时代价值。宋明理学把天理“仁义礼智信”作为中华民族的核心价值。这六点就是“仁义礼智信”在当代的创造性转化。“大同”经由康有为阐发、孙中山承接,是西方文明挑战下中华文明的回应和发展,意义重大。当代领导把“求大同”列为时代价值,把共产主义理想、中华民族对美好大同的向往和中华民族伟大复兴期望融合为人类命运共同体的国际战略,清楚地表现了与先王之道的传承关系。

国家治理方面的最大难题是,在弘扬优秀传统文化的同时,开展法治建设。众所周知,中国传统的治理皆属人治,而中国面临的重要使命是法治国家、法治政府、法治社会三位一体的法治建设,在实践中磨合、探索、创新是要走的艰巨道路。这是一条充满希望的光明道路,也是充满挑战的道路。

对话

小康国内目标如何与大同人类目标对接？

1. 群众路线的基础是共鸣感动，将心比心

干春松：谢老师借《周易·咸卦》探讨群众路线问题是很有见地的。咸，多解释为“感”。咸卦的彖辞说：“咸，感也，柔上而刚下，二气感应以相与。”如果结合卦象，说的是事物之间的感应是事物顺利的基础。

我们现在强调领导者和一般群众之间的关系，最重要的是互相之间要有“感应”，尤其是领导者对于群众疾苦的感受能力。

那么，怎样才能产生感应呢？这就需要“诚”。“诚”指内外一致、真实无妄。从群众路线的角度来说，“诚”，就是要通过调查了解问题，并有解决问题的诚意，不开“空头支票”。这种态度自然会让人产生共鸣，即发生感应，由此，群众就会支持领导的决策。真实无妄，就是人前人后一个样。

谢老师也说到“君子”，君子当然不等同于干部。不过，君子要成为国民表率，这点对干部也适用。中国文化中特别强调榜样的作用，靠榜样来感召人，一旦达到咸卦说的“感”，就会让人切身体会到有着共同的价值目标，会为同一个理想共同努力，因此值得追随、效仿。

“感”是儒家学说的心理基础，“人同此心，心同此理”，强调人与人交往中的“将心比心”。对此，道家思想中也有类似表达。习主席在国庆65周年招待会上提出，面向未来，我们必须有“八个坚持”，第一个就是“坚持同人民在一起”，要坚持“以百姓心为心”。这句话来源于《道德经》中的“圣人无常心，以百姓心为心。善者吾善之，不善者吾亦善之，德善”。“以百姓心为心”就是要体察群众的需要。道家讲究虚心，就是不要有成见，不要从自己出发，要以百姓的态度作为工作成绩的标志，这才

是群众路线。儒道虽有诸多不同,但在"要倾听民意"这一点上是共同的。

2. 实现大同理想需提高自身文化软实力

"大同"和"小康"是《礼记·礼运》中对于社会发展的两种状态的描述。近代的康有为将"大同小康说"与"三世说"结合,建构起一种进化主义的历史观。此后,在很多人眼里,小康是一个现实的目标,大同则可以看作未来的目标。"大同"一直激励着近代以来的中国人,它是中国先进分子接受社会主义理想的思想基础。当代领导人也提出过"求大同"的理想。

对于这个问题,我有两个小的思考:第一,大同指的是天下大同。全面建成小康社会是国内目标,而大同则是一个人类性的目标。第二,大同涉及全球化的问题。我们身处"世界历史"的时代,比如经济全球化、环境问题的全球化,许多社会矛盾的解决都需要各国的协作,单边主义和霸权主义是行不通的。

全球化就会面临文化多样性的问题。西方在殖民主义时代,并未真正平等地看待发展中国家的文明,根据社会达尔文主义理论,主张"优胜劣汰"。就目前的状况而言,对文化多样性的尊重,尚未成为共识。甚至有人会认为文化之间会发生冲突。比如,亨廷顿认为,文明之间必定无法和谐共处,终将导致冲突。很显然,如果循着这样的立场,我们难以将大同视为全人类的理想。近期西方出现了一些逆全球化的现象,主张贸易保护,甚至将中国旨在传播中国独特文化传统的孔子学院也作为"价值输出"而进行抵制。中国认为全球化趋势不可逆转,在这个全球化的时代,应追求共赢共存,所以提出了"人类命运共同体"的理念。在这个意义上,求大同所追求的是一个和而不同的世界。

谢遐龄:您说得对,大同是要全球奔向同一目标。中国能做的事有两件:一是发展自身硬实力和软实力,达到其他国家钦慕向往的程度;二是在治国理政和处置国际事务两方面为其他国家作出榜样。大同有两个要素:一是共产主义理想,二是我们本土的传统。学者应当注意两点:

第一,如何将共产主义理想与大同的本土传统糅合。第二,要实现大同,需要各国意向一致,这还很遥远。世界大同与国家的软实力增长息息相关。软实力指的是国家的思想、理念具有感号力。比如,好莱坞电影在宣传美国理念、宣传美国价值观方面极具力量。所以,若要实现大同理想,应当在提高自身软实力方面下大功夫。

干春松:您认为,文化多样性是否会有冲突?

谢遐龄:亨廷顿认为在21世纪,基督教文明、伊斯兰文明、儒家文明会有冲突,把中国列为冲突一方。我认为,中国不会是冲突方,而是会发挥调解作用。伊斯兰文明和基督教文明具有排他性,亨廷顿说它们会有冲突,是有预见性的,但冲突并不表现在所有事务中。

3. 传统在"百姓日用而不知"中生生不息

干春松:谢老师很强调传统文化是中国文化的根与魂。那些没读过《论语》的人就不懂传统吗?古语云"百姓日用而不知",因此即使在忽视传统文化的时代,也不能简单判定传统的"中断",它还是以一种特别的方式在延续。比如说,在中国,家庭养老尤其值得肯定。在当前国家无论在资金还是设施上都难以做到完全的社会养老之时,那么,一方面,要通过弘扬孝道来鼓励民众关心父母和长辈的生活;另一方面,应该对家庭养老进行政策扶植,给予资金补贴等,而不应盲目地推进全面社会养老。

点评

从国家职能看传统文化的效用

葛荃:按照马克思主义的历史唯物论,国家职能主要是两项:一项是暴力职能,镇压敌对势力;另一项是协调—调解的职能。今天我们谈国家治理中传统文化要素,一类如“和而不同”的思想,展现了现代国家的调解职能;一类如群众路线、君子慎独,则体现了国家治理中的传统文化要素的有根有源。

“和而不同”是对战争年代“阶级斗争”逻辑的新时代转化。中国共产党在夺取政权过程中,在两军对垒时提出“阶级斗争”是有相当的合理性的。新中国成立以后,由于某种惯性思维,毛泽东得出“在拿枪的敌人被消灭以后,不拿枪的敌人依然存在”,我们要对他们进行“殊死斗争”的逻辑,从而将阶级斗争无限延伸下来。然而,国家具有调节功能。西汉贾谊就琢磨,秦朝为什么二世就灭亡了?他在《过秦论》里说:“夫并兼者高诈力,安定者贵顺权,此言取与守不同术也。”意思是,打天下和治理天下的路数是不一样的。秦朝统治者没有实施政策转换,激化了矛盾而导致灭亡。改革开放以后,中国社会基本矛盾有所变化,十九大报告里对于新时代的社会基本矛盾又作了新的表述。这是站在“和而不同”的角度,从对垒、对立的思维当中走出来,朝着比较符合现在社会发展趋势和中国人民大众整体利益的方向前行。所以,“和而不同”作为一种社会理想、一种思维方式确实有重要的意义。

关于群众路线。《周易》里除了“咸卦”外,还有“否卦”和“泰卦”。“否卦”是“乾上坤下”,意味着天在上,地在下,上下不通气。“泰卦”是“坤上乾下”,象征着阳气下达,阴气上升,上下沟通,是大吉之象。所以说,群众路线——从群众中来,到群众中去,是毛泽东把中国传统文化中最精彩的一些思想用于实践,并获得了成功,到今天十九大报告中仍然在延续这种精神。群众路线就是中国人的智慧。国家治理中的传统文化要素是“有源之水,有根之木”,非常深厚。

关于君子慎独。中国古代思想主体就是伦理政治和政治伦理,先秦诸子百家,主要是十家,大体都在说一个问题——怎么恢复秩序,把社会整治好。只不过,各家角度不同、路数不同。在治理当中,儒家讲伦理政治,通过伦理道德、君子慎独培养出来一批所谓士人,他们是掌握知识的读书人。一方面,他们能介入体制,当官参政,治理国家,构成国家权力的社会基础。另一方面,士人阶层有了共鸣,就与一般民众不同。退休的官员回到家乡,也有着相应的身份和影响,成为民间领袖。士人成为社会中的稳定性力量。修身是对于所有社会成员的要求,慎独则是对于士人——君子的特别要求。所以,"慎独"对于国家治理者即广义的干部而言是一种道德修养的传统,对于当下的国家治理非常重要。

关于人治和法治的关系。法是人制定的,是人执行的。离开人的能动性,法不过是一张纸。所以,除了法以外,还需要有完善的监督机制,需要有管理者个人的觉悟,需要有人的自律性。这一点非常重要。千万不要把法治看作万能的,人的素质、人的境界、人的自律性可能在最后关头更具有决定性意义。古代社会的治理是儒法并用,"胡萝卜加大棒",这符合政治学理论关于国家职能的判断:一方面是暴力,一方面是协调。这实际上是荀学。古代有一个说法:"《荀子》不入十三经"。谭嗣同作《仁学》,称统治中国数千年的思想是荀学。荀学恰恰是以儒为主,以法为辅,两手并用。

本次演讲所论各个环节都涉及文化自信,两位教授提到文化自信是道路自信、理论自信、制度自信的基础,这非常重要。关于文化的界定,大概有上百种,我比较推崇梁漱溟先生《中国文化要义》中的观点。我解读为,所谓"文化就是吾人所创造的一切"。中国传统文化里面有着极其高深或者说高度发达的理性精神,这种理性精神是一种文明的展现!因此,两千多年前轴心时代的治理思想至今还有价值。

解惑

提问:当前党中央在治国理政中越来越多地强调传统文化,而西方非常强调民主话语权。在与西方对话的过程中,我们是否能结合两千多年大一统的超大型国家的治理经验,完成一个单独的中国的治理体系、治理能力?

谢遐龄:你是否认为现在提倡传统是一种防御性的措施?国外对我

们有攻击、存在着不满，因此我们强调传统文化来抵御？

我刚才讲的是这样一个思路：中国在革命、建设过程中遇到的挫折，很多是因为照搬苏联模式造成的，其中有些是在第三国际代表直接指导下遭受的惨败。但每当诉诸自己传统的时候，事业就顺利前进了。过去总结，说是要与中国国情结合。现在强调传统文化有更深刻的含义，是从革命、建设、改革的全部经验中领会到，优秀传统文化是一个国家、一个民族传承和发展的根本。这是道路的确认，确保中华民族走上一条顺利发展的康庄大道。

提问：中国古代传统政治文化总体上是一种“人治”文化，而党的十八大之后，中共中央提出国家治理体系和治理能力现代化，其中很重要的一点是加强法治文化建设。那么，国家治理在发扬优秀传统文化时，如何面对法治文化的挑战，从而实现自我超越？

谢遐龄：目前，我看是传统治理中的“人治”与“法治”理想二者的“磨合”或“糅合”。中国要实现的法治与西方已有的法治必有共同点，否则不能称作“法治”；也会有一定的区别，不然不会称作“社会主义法治”。与西方社会的三权分立比较，中国也有“三权”区别，一一对应——立法权是全国人大及其常委会，行政权是国家主席和国务院，司法权是最高人民法院、最高人民检察院。与西方的区别在于，中国“三权”都是由全国人民代表大会选举确定，并接受党的统一领导。

现在的社会主义法治，必定从优秀传统文化与法治理想二者结合起始，并在实践过程中磨合、探索。不仅仅是实现途径、方案设计的探索，也包括法治理念的探索。不过，从现存的一些问题中，已经可以感悟到其原因和艰难程度。其根本原因是，我们的国民虽然在法律上被设定为自然人，但实际上还不是自然人，或者说不够自然人的水准。所以，司法实践中，告状、裁决、强制执行等等，也是训练国民成长为自然人的过程。这是一个相当漫长的过程。国民需要训练，各种职能部门也得经过训练，这个训练的艰难程度，如黑格尔《精神哲学》里的一句话——承认的过程是一场战斗。实现法治理想要经过好多世纪的流血、流汗，法庭较量，议会争辩，甚至动刀兵，是战斗过程。其最后的形态是磨合、探索的结果。任何人都有权利设想，但结果恐怕与所有人的设想都有差异。

提问：我们的习总书记曾经说过，一个国家选择什么样的治理体系，是由这个国家的历史传承、文化传统和经济社会发展水平决定的。为了推进国家治理现代化，我们应怎样弘扬和传承我们优秀的传统文化？

谢遐龄：精神文明建设要遵循科学的规律。比如说学雷锋，我上大学的时候响应毛主席号召学雷锋，遵循的是学雷锋不让别人知道的准则。这与现在有些人大张旗鼓学，生怕没人知道，全然不同。雷锋好像是做好事不留名吧，中国传统文化中做好事的最低境界是不让人家知道。为了让别人知道去做的好事，不能算做好事。最高境界是自己还不知道自己在做好事。这是佛教宣扬的境界，行善者不知道自己在行善。无心行善方是善。为了行善而行善，虽然也是好的，但境界终究差了一等。至于在放生池边买鱼放生，简单就是作恶！

回到你的问题，首先，教育部门要编好课本。课本对人的影响堪称巨大。不光是编课本，还得好好教这些孩子，最重要的不是学知识、学技能，而是学规矩。

旧传统是，孩子早上起来得给父母请安，晚上睡觉以前也得给父母请安，冬天还得给父母焐热被窝。现在是，父母早上起来给孩子做饭，再催着他们去上学，完全倒过来了。时代不同了，不必一切复古。形式、做法可以不同，但精髓不能丢，还是得教孩子规矩，尊重父母、长辈。

然而，有些事情不要从娃娃抓起，孩子太苦了！要抓管孩子的人，从幼儿教师、小学教师的培训抓起。

提问：干老师在演讲中引用了亨廷顿的“文明冲突”一词，谢老师提醒我们注意文明与文化的概念。百度上说，文明是有历史以来沉淀下来的，有益于增强人类对客观世界的适应和认知、符合人类精神追求、能被绝大多数人认可和接受的人文精神、发明创造以及公序良俗的总和。我认为，人是思想的动物，人心理上的一些因素不是文明之间的冲突。请问干老师，“文明的冲突”与“文化的冲突”之间的差异是什么？

干春松：据统计，文化的定义大概有上百种，网络上的一些内容可以不看。文化与文明的差异，关键不在于“文化”与“文明”两个概念本身。当亨廷顿提出文化与文明的冲突时，他描述的是一种从历史经验中得出的现象。世界历史上很多重大的冲突，都可能与文化间的差异有关。这种差异可能表现为宗教之间的差异，如基督教与伊斯兰教之间的差异。亨廷顿认为，现代文明与文化的冲突主要在伊斯兰教与西方文明之间。他预测，未来这一冲突主要在中国与西方之间。这样的描述非常有趣，虽然这种预测不一定准确，但应当思考其背后的价值。未来儒家文化圈与西方文化圈是否会产生冲突？我认为不会，因为中国主张和平、协调的文化。

文明的冲突其实是我们求大同的一个难处，即价值观的差异。例如，谢老师提到，一个国家选择何种治国理政的方式是由这个国家的历史决定的。这意味着选择现在这样一个治国理政的方式与我们的文明传统、价值密切相关。这说明我们国家与其他国家治国理政的方式不同，而且也不可能相同。为什么？因为历史文化不同。从这个角度，可以看出文化多样性的意义。我们强调文化多样性的时候，是在强调我们与别人不同的地方。但问题在于，我们还追求人类命运共同体和“求大同”的理念。这背后有一些问题可以讨论。一方面，我们强调我们的历史文化决定了我们要走自己的路；另一方面，我们强调共同的价值观，建立人类命运共同体，如儒家强调“东海西海，心同理同”。

所以，“文明”和“文化”概念的差异不是最关键的问题，这可以通过各种各样的辞书寻找答案。

提问：十九大报告中加入了“文化自信”这一表述，而在三个月前，全国中小学的统编教材中大幅增加了传统文化的内容。请问，您怎么看待大力弘扬传统文化跟提升国家软实力之间的关系？

干春松：建立文化自信是中国共产党对于过去一百多年历史的经验和教训进行总结后所提出的正确主张。在近代一系列经济失败之后，人们一度把失败的原因归结为文化上的问题，因此对中国传统文化采取了片面的否定态度。由此，在社会发展道路的选择上，也一直舍己从人，要么学习西方，要么学习苏联。我们曾以为，只有否定自身文化才能与这些学习的目标相接轨。至少在20世纪的大部分时间里，中国社会的发展是文明自我否定的时期，所改变的只是我们学习的对象。经过一个多世纪的摸索，我们发现这种“模仿性学习”因为失去自身的文化基础而难以获得持续发展的动力。要探索我们自己的发展道路，还得建立在自身的文化基础上。这也比较符合制度形成的原理。从制度的有效性来说，只有建立在文化传统基础上的制度上才能有更大的效能。从这个意义上说，道路自信、理论自信、制度自信、文化自信“四个自信”是一个整体，而文化自信又是前三个自信的基础。

中小学生学习传统文化，本来不是一个特别大的问题。我们上学的时候也要背诵古文。问题的关键是，在当前背景下，应该采取怎样的方式了解传统文化。课堂教育是最为重要的渠道。但目前许多人并没有完全从否定传统文化的思维定式中扭转过来，有一些传统文化教材的编写者可能是否定传统价值的人。这个问题还需要慢慢解决，我们需要做的是润物细无声的工作，一个世纪的否定可能需要一个世纪的恢复。

提问：谢老师的演讲中提到许多传统文化与现代价值的对应概念，如君子的“慎独”对应党员“三严三实”的要求，“知耻”对应“社会主义荣辱观”。按照这些对应背后转换的逻辑，请问谢老师，应当怎样看待传统文化要素与现代国家治理过程的转换？

谢遐龄：传统应该怎么学，必须先知道传统是怎么得来的。传统是我们自幼从生活中不知不觉继承下来的。我们的本质归根到底就是传统，学术术语表达为“人的文化存在”。人有三重存在：第一是自然存在，即肉体；第二是社会存在，是各种社会关系之总和及相应的权利义务；第三就是文化存在。文化存在其实就是传统在我们身上的内化。从宋儒到明儒，对人的文化存在一个基本设定，即人生而备有仁义礼智信，称作“天命之性”。他们认为仁义礼智信构成人的文化存在体，是正确的；但主张“生而备有”，不合乎我们当代的认识。我认为，文化存在是在整个社会人们相互交往中，经由感应这种认识能力逐渐累积而获得的。

所以，在我看来，传统文化要素与现代价值不是转换的关系，而是唤醒。传统文化已经是人们的文化存在，戒慎恐惧的“慎独”功夫、“三严三实”专题学习，是将人们已经具备的文化存在，或者说是其本体、本质，从不觉悟状态中唤醒、激发。

提问：马克思主义唯物史观认为，人民是历史的创造者，是推动社会进步的重要力量，这与我们刚才谈到的“咸卦”以及古代传统文化中的“民为邦本”“水能载舟，亦能覆舟”两种观点不谋而合。两种相差千年的思想可以在同时代产生共振，这不是偶然的。请问谢老师，这种包含东方智慧的文明，是20世纪马克思主义中国化产生的，还是马克思主义在19世纪形成过程中已经结合了中国元素？

谢遐龄：这个问题很有意思。我认为，这或许包含人们对马克思主义学说的误读。关于人民群众创造历史，马克思的观点是，在劳动的过程中创生社会关系，为谋生的劳动生产私有制。可以说，资本主义社会是无产阶级用自己的劳动生产出来的。这是马克思的社会理论，或者说是历史唯物主义理论。这与中国古人说的“民为邦本”全然不是一回事。马克思说的是劳动创造了历史，不仅资本主义是劳动生产的，消灭资本主义的力量也是劳动生产的。“民为邦本”是国家治理的理论，与马克思讲的历史发展动力理论不是同类问题。邓小平强调尊重老百姓的创造。胡锦涛提出“八荣八耻”的那次讲话，讲的第一个要点是尊重人民群众的首创精神。邓小平的改革措施有不少是从群众的创造中得到灵感的。《周易》曰：“易无思也，无为也。寂然不动，感而遂通天下之故。”有感必应，万事皆通，才使我们整个国家能够发展。这与马克思说的不是一回事。

提问：春秋战国时期“百家争鸣”，到汉武帝时期则推出“独尊儒术”，前者是在混战时代，而后者则是在相对和平的大一统时期。请问干教授，对于真正的治国，诸子百家是各有涉猎为好，还是独尊一家为好？

干春松：春秋战国时期，我们产生了很多不同的思想，各家都提供了一套治国理政、百姓生活的方案。但到了大一统以后,需要思想上的统一,所以汉武帝就接受了“独尊儒术”的建议。但是,即便在汉武帝去世后,后人还是在讨论一个问题,即我们国家应该以什么原则来治理。所以,历史上称汉朝制度是“霸王道而杂之”,吸收了其他家的学术,如汉初接受了黄老道学作为休养生息的政策。中国传统的政治实际上从未单纯地以某个派别的思想来治理这个国家,治理国家和国家提倡什么样的学说之间还是存在距离的。所以,在实际的治国理政过程中,即便是“独尊儒术”的汉武帝时期,也没有仅依靠儒家来治国。

根据2017年12月16日第113-5期“文汇讲堂”现场演讲整理,原文2017年12月刊于“文汇”APP、“文汇讲堂”微信公众号,删节后整版刊于《文汇报》。

哲思漫谈

成中英：是第三次谈“中国哲学再创造”的时刻了

2016年3月下旬，80岁的成中英第一次搭乘直达航班，独自从夏威夷大学飞到北京，整整11小时；随后，在北京讲学间歇，又应约南下参加上海交大120周年校庆，并做主题演讲《天地交通 人文化成：和成中英先生座谈易经哲学》。记者在演讲前一晚8点见到这位夏威夷大学哲学系终身教授，晚餐后10点采访，至深夜已过丑时，成中英虽有困意，却没刹住话题，陪同者纷纷倦意难当，而他依然话意正浓。第二天上午9点，他又和“易商”力倡者施永敏大谈“易商”。下午的座谈会5点结束，记者一路跟随他到机场，才算问完所有的问题。晚上8点，他带着好几个装满书的箱子，上了飞机。

第一次见成中英，印象最深的，不仅是他充沛的体力，还有他广博的信息和跳跃的思维。

坐在餐桌前，成中英从特朗普说到引力波，从拜访伽达默尔跳到参观托勒密当年观察月球的小屋，从康德引到王阳明，从本体论谈及“罗素吊诡”，从西雅图打工跳跃到65美元换车轴的美国古董车莱西（NASH）。谈到用了半年的微信，他好奇什么是“红包”。而这一切，还只是采访前的“开胃菜”。见他谈兴正浓，记者便抛出一些搜集来的江湖轶事试探。没想到，他居然主动呼应，宛如感触魏晋“竹林七贤”的气场，又嗅到一点博弈论的紧张气息。

成中英，作为海外新儒家的代表之一，20世纪70年代创立了国际中国哲学学会，举办了国际中国哲学会议，创办了《中国哲学季刊》，打开了中国哲学通向世界的通道；进入新世纪后，又推动了国际儒学联合会的诞生。他自己的哲学思想也不断创新和完善,20 世纪末,运用易经,创出企业“C 管理”理论。当下,他依然是国际易经学会主席。

如今,成中英在夏威夷大学哲学系每年依然给研究生和本科生上课,给本科生上“哲学诠释学”“宋明理学”“科学哲学和语言哲学”,给硕士生和博士生上“本体诠释学”“易经哲学”“儒家哲学与康德哲学”。2015 年,他上了“从狄尔泰、海德格尔、伽达默尔到奎因”这门新课,进行了一个新的西方当代诠释学的整合。他说,康德的批判哲学影响了狄尔泰,后者历史化后,又被海德格尔吸收,随后影响到了伽达默尔。在餐桌上他用 15 分钟向记者提炼了这门新课的精华。隔年,他还要为本科生上“希腊哲学”,对希腊哲学进行从神话本源到逻辑体系的整合。临上飞机时,他又告诉记者,自己还要系统地整理一部有关中国哲学史的哲学论著,为中国哲学厘定新的方向,现在已经写完先秦部分。

他已经 81 岁了?记者望着成中英汇入安检人群中的背影,想起采访中的一个问题——对于长寿的学者,学界有两种看法:一种认为,应该继续做学问,如伽达默尔,到百岁还有新思想诞生;另一种认为,应该发挥其人脉的强项,多为后学成长或为学科整体进步做贡献。您如何看?成中英回答:“两者并不矛盾,吾生也有涯而学无涯,学问和思考是无法终止的,我常能在其中乐以忘忧,欲罢不能,不知老之将至。至于作育后进,推动学科发展,我从教学以来也从未间歇。”

我走了一条反向路:先办刊后办会

文汇报:1973 年,您在檀香山创办了英文哲学杂志《中国哲学季刊》(JCP),从此打开了中国哲学走向世界的通道。1991 年,萧萐父先生在公开场合深情称赞:“成中英教授打开了中国哲学的世界窗口,向我们表明了我们中国哲学在世界上还有一席之地。”2013 年,英国伦敦大学国王学院举办了 JCP 40 周年研讨会,美国的《高等教育纪事》也对您做了长篇采访。JCP 坚持一年四期,至今 43 年,已经有 172 期,硕果累累。您的所为功不可没。您当年也自言“这是一个艰辛的使命”,目前看成果也

"远胜于一部单纯的中国哲学史"。作为创始人和永远的总编,您能否分享一下当年创办的初衷和艰难?

成中英:20 世纪 70 年代,在西方学术界,要办一本季刊式的杂志很不容易。当我意识到西方人不了解更不认同中国哲学时,就下决心要改变这种现状。如何着手?我当时采用了和别人不一样的思路——先办刊后办会。

当时,我们系里有一本系刊,叫《东西方哲学季刊》,由一位来自耶鲁大学研究印度哲学的前辈查理·摩尔创刊,"东方"主要是指印度与中国。我 1963 年 9 月就在夏威夷大学任助理教授了(当年 6 月,我在哈佛大学哲学系通过博士论文答辩,获得博士学位)。1965 年,系里举办了"东西方哲学家"会议,中国哲学家方东美、唐君毅、吴经熊、梅贻宝(梅贻琦的弟弟,墨子研究专家)都出席了(1935 年,胡适也曾参加过这个会议)。我记得,当时自己还开着德国车去机场接他们。东西方哲学家的聚会促成查理·摩尔教授创办了《东西方哲学季刊》。这本杂志是在 50 年代开始发行的。我想,为何我不能创办《中国哲学季刊》来表达和发扬中国哲学呢?所以,我就先找了一个香港来的学生,先办了一份油印的《中国哲学通讯》。凡是有汉学家的美国高校,我都寄过去。同时,我又利用机会说服美国哲学教授或学者学习、理解中国哲学。一年后,我就正式创办了《中国哲学季刊》,在荷兰出版,那是 1973 年 3 月。有了《中国哲学季刊》,国际学界就慢慢了解什么是中国哲学了。

1969 年,我应邀到耶鲁大学哲学系讲授中国哲学,同时发展中国哲学,耶鲁大学当时已通过聘任我长期任教的决定。但此时台湾大学哲学系发函邀请我回去担任系主任,进行教学改革。因为去美国留学时曾承诺他日要帮助母校发展,所以权衡后我婉拒了耶鲁大学的美意,向夏威夷大学请了两年学术假回到台大。在台大,我创办了台湾大学《哲学评论》,可以说为创办英文的《中国哲学季刊》积累了经验。1971 年,我回归夏威夷大学。当时我已经为《中国哲学季刊》积累了一年以上的英文稿件,而且品质极好。于是,我就着手去物色一家高品质的出版社。当时荷兰知名的出版社 D. Reidel Publishing 同意了我的请求,但有一个条件：亏了，你要垫钱；赚了，你分不到红利。我欣然同意了。

第一期的稿件，我到哈佛大学东亚系找到知名中国思想史专家史华慈教授。我登门约稿，他说不知写什么好。我提示他就中国哲学中的非消解性发挥。他同意了，不久写了一篇很好的中国哲学论文。毕竟，他大学本科就是学哲学的。我自己写了《论禅宗哲学的吊诡怎么理解与化除》。那时每期是 165 页，有论文 8—9 篇。办了 5—6 期后，稿源就很充足了。

《中国哲学季刊》间接促动了美国主要高校开设"中国哲学"课程

文汇报：能否介绍一下其中发展的节点性事件以及在西方世界引起的反响？

成中英：季刊出版后，让很多人慢慢地了解了中国哲学。很多人跑来跟我说，他们知道了有 Chinese philosophizing，而不是只有 Chinese thought，了解了活生生的中国人理解世界的哲学思维。简单来讲，至少有两方面直接效应：首先，"中国哲学"这门科目逐步在西方重要高校里开设了。其次，这促成了 1975 年"国际中国哲学学会"（ISCP）的创办。学会创办后，就加入有百年历史的美国哲学学会，和当时主流的实用主义哲学学会等是齐名的，是继希腊哲学学会后第一个以国别命名的哲学学会。因此，也提升了中国哲学的世界地位，进入了主流学术界的行列，同时也带动了东西方比较哲学以及其他人文学科的比较研究。当然，由此也就有了 1978 年的第一届国际中国哲学会议的召开。

《中国哲学季刊》与国际中国哲学学会的影响也是跨学科的，除哲学学者外，其他学科的人会在《中国哲学季刊》中找资料，也会直接申请加入国际中国哲学学会。现在学会一年开三次会，两年开一次国际会议，一定程度上推进了中国哲学现代化与世界化的进程。学界不少学者认为我是中国哲学国际化的创始者，想想也觉得当之无愧。

文汇报:您在1978年组织召开了第一届国际中国哲学会议,至今依然是国际中国哲学学会的名誉主席,学会的现状如何?它后来如何并入国际哲学团体联合会(FISP)的?当时是否只有华裔学者参加?2018年,世界哲学大会将在中国召开,学会有何特别计划?

成中英:国际中国哲学学会这个组织是开放性的,凡是研究中国哲学的学者都可以申请参加。最初参加学会的人不太多。1978年在康州的美田大学(Fairfield University)召开第一次会议时,只有40人。之后每两年开一次国际会议,38年过去了,已经开了19届,第19届是2015年在香港中文大学召开的。下一届将在新加坡国立大学召开,正好是20届。我做了8年的会长,然后每两年改选一次。历任会长中有中国学者、美国学者、欧洲学者,还有过一位韩国学者。

我们成立国际中国哲学学会后,就加入了国际哲学团体联合会。我个人是1965年在中国团的名义下加入的。印象最深的是1985年在蒙特利尔召开的世界哲学大会,蒙特利尔大学的校长柯西是学哲学的,他请我组织一个中西方哲学圆桌会议。我请了当时出国访问的汤一介教授参加。会上,发言者十分踊跃,效果非常好。那一年也召开了国际中国哲学第五届会议。从第六届到第九届,经历了美国加州、夏威夷,再到德国的慕尼黑,最后回到北京。在慕尼黑那次,我们得到了阿尔登基金会的资助。我请了23名中国学者参加,有人甚至借此机会去莫斯科参观了一次。会议中,包括汤一介、萧萐父、方克立等知名学者都来参加,海内外学者增进了彼此间的友谊。

1995年,世界哲学大会在波士顿召开,我们的国际中国哲学会议也在波士顿大学召开,会议的主持人之一奥尔森教授问我能否把世界哲学大会放在中国召开。我传递了这个要求,但因为种种原因并未成功。之后在土耳其等会上,我谈及此事,表示了遗憾。因为当时如果能在中国召开,那就是国际哲学团体联合会第一次到东方国家开会,但最后只好让位给韩国(韩国于2008年举办了世界哲学大会)。2013年在希腊雅典的世界哲学大会上,杜维明、王博等代表北大争取第24届世界哲学大会的主办权时,我也走上讲台呼吁投票促成。2018年,我希望举办一个圆桌会议，一如1985年在蒙特利尔。

计划以《中国哲学季刊》名义出系列丛书，介绍中国哲学的基本概念

文汇报：我们回到您创办的《中国哲学季刊》，今后有何打算？

成中英：最近我们在出季刊的同时，计划出版中国哲学系列丛书与中国哲学综论，开放给世界上中国哲学的研究者，让其自行选题，可以是经典诠释的，也可以是本体诠释的，强调深刻的理思、分析的重建，并侧重文本的深度解读。综论方面，我和顾林玉博士现在编有11个专题，从历史上的先秦到现代，从理论上的逻辑到本体学、知识论，再到伦理学与政治哲学。每个专题都牵涉到十个人的创作，用英文撰写。比如说，先秦有易经哲学、儒家哲学、道家哲学、墨家哲学、法家哲学、名家哲学；到了两汉以后，就有中国佛学、禅宗哲学、宋明理学、明代心学等。我们提出本体学、形上学、知识论、伦理学等方面的分析，类似安·托尼十年前出版的《科学哲学的伴侣书》，侧重基本概念与基本命题的介绍。

从20世纪80年代开始，《中国哲学季刊》不断举办国际研讨会，论题涵盖“本体学与诠释学”“现象学与中国哲学”“逻辑哲学与中国哲学”等，把中国哲学重新提到一个更具分析性和整体性的层面，让中国哲学发挥更大的作用。十多年前，柯雄文编过《中国哲学百科全书》(*Encyclopedia of Chinese Philosophy*)，我写了11篇，从《孟子》一直到宋明和近代哲学。

我和余英时、刘述先、杜维明在海外传播中国文化方式的异同

文汇报：您从1963年下半年便开始不遗余力地传播中国哲学。通常，大家将您、余英时、刘述先、杜维明统称为“海外新儒家”，您觉得你们之间对中国哲学或者儒家学说的传播有何不同侧重点？

成中英：余英时长我5岁，我比杜维明长5岁。大家都做了不少学

术贡献，彼此观点有同有异。余英时出身东亚系，侧重历史和思想，对传统“士的自觉”有独到论述，侧重儒学的实践，用商业伦理和马克斯·韦伯的新教伦理作比较；杜维明也出身东亚系，主持哈佛燕京学社多年，对儒学宗教性十分关注，并强调其重要性，也对东亚儒学之现代化进行了深刻研究；刘述先重视文化哲学与朱子哲学，最后从全球伦理入手讨论儒学，受牟宗三影响较大。

我也是哲学系出身，兼治西方哲学和中国哲学。在华盛顿大学读本科期间，我受三位教授影响：一位是华盛顿大学的亚瑟·斯穆里安，侧重数理逻辑；一位是牛津大学的亚伯拉罕·梅尔登，侧重当代伦理学；还有一位是教授康德美学的梅尔文·雷德，使我进一步系统地认识康德。到了哈佛大学，我进一步掌握西方哲学，从古希腊哲学到分析哲学，并重视科学哲学与知识论，受奎因的自然主义影响，但不能接受他的化除主义，一方面更深入地认识了西方哲学，另一方面也加深了对中国哲学的基础探讨。我开拓了中国哲学的理论方向，提出宇宙本体论、易学哲学、本体诠释学、中国管理哲学。最近，我更深入思考了人的真诚性和创化性的问题。

“国际儒联”源于我对日本学人利用儒学的反对，我强调要回到中国

文汇报：2014 年 9 月 28 日，孔子诞辰 2565 年之际，作为国际儒学联合会的主要创始人，您也得到了习近平主席的接见。您在 1987 年写信发出提议，信转到了国家领导人处，之后多次筹划，在 1994 年成立了国际儒联，这也是您每隔十年办一件大事的成果。现在回想起最高领导人的讲话，您如何评价当时他们的高度重视？

成中英：“国际儒联”就是我取名的。我是基于国际哲学团体联合会的创办理念，提出来要建国际儒联的。我认为，儒学富有根源性的人性理念，希望它能够成为世界人类伦理和自我认识价值的基础。1987 年，在日本筑波大学开会，日本学者提出要由日本建立一个“儒学联盟”，我

在会上提出强烈反对。日本学者说,中国大陆的儒学已经被“文革”摧毁了。我说,1985 年我在北京大学讲学,所见所闻并非如此。中国的儒学是一棵大树,枝叶看起来很稀少,但是它的根却十分牢固,我们必须维护这个有生命力的根,必须把世界儒学根植在中国。日本学者虽然没有被说服,但其动议也未受支持而被迫撤销。韩国学者回应说,我们是一个儒家文化的国家,但同意根是在中国。我就捎信给大陆有关方面,后来经过多年的筹备,到 1994 年终于成立了国际儒联。国内主持者请我带回去章程,并推选台湾地区的代表,我极为乐意地做了。最后,大家都很高兴。

其实,国家领导人,从李瑞环、李岚清、江泽民几位先生到习近平主席,都阐述过儒家思想的重要性。习近平主席更正面地、系统地进行了极重要的说明。习主席超过半小时的演讲,彰显了中国传统文化的基本就是易学、儒学和道学。我的体会是,儒学的思想是孔子一生奔波,从鲁国到列国,从人性内里激发出来的,它有很强的生命基础,自然感通人心。先秦墨家讲兼爱,法家讲法、术、势的控制,否定了人民生活的自由,只有儒家深入人心,发挥了自我管理的精神。所以,儒学是深刻体现人性的文化,有利于建立一个稳定的人性社会。我们要持续地挖掘儒家文化的精髓。我认为,这是国际儒联的发展方向。

当代汉学对中国哲学起到了普及推动作用,知晓一些中国哲学成共识

文汇报:您曾认为,随着和世界学术界的深度交流,2007 年后,中国哲学在方法论和问题意识上有了明显的加强,这是近十年来西方学界的普遍印象吗?西方学者在了解中国哲学上,在您看来,还需要如何解放思想,秉持开放心态?

成中英:的确,现在在西方高校,哲学系教授中国哲学的多起来了。重要高校的哲学系都有“中国哲学”这门课。这和我五十多年的提倡与激励有莫大的关系。在此影响下,现代西方汉学家们如安乐哲等也开始

积极地翻译或重译《论语》《道德经》等古典文献,同时我主编的《中国哲学季刊》也带动了不少西方学生去了解中国哲学。至少,要学习或者知晓一点中国哲学,是西方哲学界一个很重要的认识。至于解放思想和开放,中国哲学对西方哲学是有这样的作用的。第一次世界大战后,海德格尔翻译了老子《道德经》的前面一小部分,后来的章节没有翻译下去。我认为海德格尔基于他对“道”的了解才有新的人的存在的认识,并觉得中国哲学给了他灵感。我们作为主体性的中国哲学家,必须使中国哲学变得具有生命力、吸引力和亲和力。我们如果要把中国哲学恢复得很好,必须同时了解西方哲学,从彼此的差异里寻求共同的营养,进而将其发展成为人类的共同价值。所以,中国哲学要有这个责任,建立自己的条件,让他人来了解。

单纯靠西方哲学家了解中国哲学很困难,有效传播还是要靠中国哲学家

文汇报:据您了解,海外学者最关心中国哲学中什么话题?有可能将分析哲学、新实用主义等主流流派和中国哲学关联起来吗?

成中英:西方哲学的传统就是强调分析的整合,用分析的方法,重新认识伦理学、形上学,也找寻本体论。即使是怀疑论的方法,也是由分析而来的。分析哲学一直是欧美的主流思想。20世纪,分析哲学的强项有后期的维特根斯坦的语用分析与奎因的逻辑分析。我认为,单一地靠西方哲学家来理解中国哲学是很困难的。我问过伽达默尔,他就直言不懂中国哲学。所以,既然找不到一个伟大的西方哲学家来理解中国哲学,不如中国哲学家辛苦一些,更全面地理解了西方哲学后,重建中国哲学,提出对西方的挑战、对话与回应。因为哲学的根本目的,在我看来有五个终极:认识自我、超越自我、落实生活、认识他者与世界、创建美好社会。中国哲学可以有这个自勉,这就需要中国哲学充实到世界哲学中去。中国哲学用分析哲学的方法来析静解蔽当然是可行的,而且应该在对话与比较中广泛推行,这有利于中国哲学的发展。至于新实用主义,

如其重点在道德的“行”而不必在个人功利的“用”，也有值得探讨的一面。

为何45年中三次提出“中国哲学再创造”话题？

文汇报：您近年来一直着力倡导“中国哲学再创造”，其核心是追问当代的时代意义中的“中国哲学现代化”和“中国哲学世界化”。这两点是您在20世纪70年代执教台大哲学系时就曾萌发的想法。1985年后，您开始每年回大陆，当年在北京大学就迫切感受到学界受意识形态和思想史思维的影响，因此再次提出。而近年来的再提，已经过去了30年，您将之阐释为“中国哲学在文化中的定位、在世界哲学中的定位、在当代的时代中定位”三大任务，此时的时空转换，是不是“中国哲学再创造”的最佳时机了？

成中英：对，这是一个很大的问题了，先从我第一次萌发“中国哲学再创造”的念头开始说起。

我是1955年进入台湾大学外文系，跟随方东美先生学哲学的。与方先生同时代的哲学学人的思想反映出“五四”后中国对世界哲学的认识，以及中国哲学如何表达肯定自我的精神，是对时代要求的一个重大觉醒。当时，中国渴望成为现代国家，一切都要更新，而哲学是最能体现这点的学科。中国哲学虽有自己的表达方式，它包含在诸子百家的思考里，但却不可不叫“哲学”。比如，孟子说“尽心知性而知天”，就包含用心灵去寻求生命的真实和价值的追求；《尚书》里说“知人则哲”，知人里面包含仁，有自己，也有他人，比苏格拉底的“认识到你自己”的内涵、意义更丰富，而知的对象包含天地万物、人的经验与创造的历史、人类文明，更包含人的生命自身及其创造力。

孔子说“知之为知之，不知为不知，是知也”，知“不知为不知”也是一种“知”，这里就有“知识论”的概念。这些思考都关乎人的自觉和人在宇宙中的地位，促进了人的活动能力和生活智慧。它们和希腊文中表示哲学的“爱智慧”遥相呼应，或更充实与坚定。

但是，当代的西方哲学并不了解中国哲学。因为中国人自身没有现身说法，也没有与西方人面对面地对话，更无法达到知己知彼的境界。

其实，中西方并非不相往来，西方18世纪的启蒙运动是受到中国哲学的影响的，莱布尼兹把基督教传教士传入欧洲的朱子哲学中的“太极”叫作“神”或“上帝”，并把朱子哲学当作自然神学。易学被西方当作知识学和符号学，白晋神父和莱布尼兹多次通信讨论这些问题。另外，中国哲学对英国的经验主义也有所影响。2004年，我在剑桥大学耶稣学院里看到一张洛克的油画，想起这位西方经验主义的鼻祖曾做过荷兰的内臣，他在《政府论》里就强调了人民有自然权利，而政府应保护人民这些包含财产权在内的自然权利。这和当时传教士翻译过去的孟子思想如出一辙。当时，西方基本接受了中国人的思想，理性主义和经验主义都受到中国思想的影响，在康德身上体现得非常充分。康德哲学深得中国学者喜好和赞赏，牟宗三就是一例。究其原因，乃是因为康德哲学中原本就包含中国哲学，尤其是儒学的成分。

之后，天主教会争夺政治权力，以信仰约束理性，促使西方哲学家开始反对中国哲学。细说起来，原因有多种：传教士看到中国康乾盛世，认为是专制体制，是一个人的启蒙；黑格尔在其《历史哲学》中论说，孔子的《论语》不过是常识，《周易》不过是对自然的观察，因此将中国思想打到底谷；加之清代的训诂、整理国故，并不让你多思考，后人不读原典，如同“五四”时只看到儒家的政治意识形态。西方思想在中国哲学里找不到对应的丰富性，中国哲学处于被遗忘、被冷落的状态。20世纪50年代，大家也只关心思想史，认为中国没有哲学史。但是，细想一下，西方提倡的科学和民主，其实也不是哲学，是哲学产生后的制度影响，同样找不到自己的源头。

因此，当我去美国留学，深刻了解了西方的哲学思想后，觉得中国哲学被误读了，需要重新被认识。这个强烈感受还源自另一点，那就是我经历的生命体验。

我经历过抗战与内战，幼时生活在重庆乡下，15岁去了台湾。我从小就非常渴望在自然中寻找规律，也渴望在世界中找寻答案。我学生时代就看过《周易》，读过当代中国文学如巴金、矛盾、老舍等人的著作，同时也对英国文学、法国文学等感兴趣，对纪德、雨果、左拉等人的作品留下深刻印象。我在大学时选的课程都是文理兼备，去数学系听微积分，去物理系听现代物理，精读过张霔的《天文学导论》，也翻译过爱因斯坦的简本《相对论》。最后，我认为只有哲学才能解决我关注的诸多问题。

由于对中国哲学的生命力有所理解，我就更迫切地感受到中国哲学要用现代语言表达出来。所谓现代语言，就是概念尽量清楚的分析性语言，强调逻辑性与精确性，而不是我们直观的经验性和联想性的语言。

所以，在 20 世纪 70 年代，我就强烈感受到，中国哲学内涵丰富，需要分析之后再创造。最近 30 年，中国哲学在海外有了重大的发展，英文《中国哲学季刊》超过 43 年的发行，国际中国哲学学会长达 39 年的独立以及协同美国哲学学会的学术会议的举办，都在对其进行有力推动。

我第三次提出“中国哲学再创造”，是更深刻、更直接地提出。因为我看到中国哲学研究在当代面临不少困境与危机，人们罕作深沉的反思，很少面对根本问题，并不重视理论的建设与方法的应用，而逐渐流于传统的注释经典的形式之中。这固然有整合历史经验之功，但却发展不出更多新的智慧、新的境界。另有一个问题是，中国哲学研究往往画地自限，走不出去，无法面对外面广大的世界，更难以进行中西文明的深刻对话，为中国哲学的精神建立一个典范，贡献于世界。

总而言之，当代儒学也好，当代道学也好，当代易学也好，有了多方的文字的研究，有了历史的研究，也有了整合的甚至相对的系统表述，但却难以激发出真实的火花，在个人行为上的抉择或集体的制度性的决策上难以逾越一种闭塞、一种虚荣、一种利欲私心、一种无明的偏执。在此之际，我们需不需要重新反思，撇除名利？需不需要回归创造之源，决离网络，鉴往知来？再作一番新的整理、新的超融，扩大境界，更好地体系化，显现更大的视野？这就是我第三次提出“中国哲学再创造”的意义所在。

四种文化各有侧重，历史、气候原因不可割裂；不同人群适合不同文化

文汇报：您提到“中国哲学再创造”的一个维度是要寻求在中国文化中的定位。在您看来，世界上有四种不同的文化：具有外在科学性的希腊文化，具有文化超越性的犹太教、基督教与伊斯兰教文化，具有消解内外之道的印度佛学文化，还有就是具有创合内外之道的中国文化。听起来，中国文化更为高级。怎样理解这四种文化在当今世界的和谐共处？中国文化的这个特点又源于中国哲学的“一本多元的本体精神”，能否具体解释一下？

成中英：哲学在文化中能起到规范和理想化的作用，没有哲学家和哲学思考，文化会流于形式或易于偏颇，甚至会消亡。所以，要树立具有哲学性或者宗教性的文化，这样就能起到自觉规范的效果。但并非每个民族都有富有生机、活泼、繁荣的文化传统，历史和文明发展到一定程度，哲学就会僵化而陷入不自觉的生活习惯、社会规范和宗教教条之中，从而缺乏自觉的、批判的、思索的精神。

更重要的是，哲学必须追求超越自己的规范，追求世界性与深沉的、动态的普遍性。在我看来，这也是一个理想，人类对世界的了解永远有着差距。能否具有普遍性，需要经过经验的检验，逐步成长为具有精华的启蒙性并为人所接受。如果成长过程中有矛盾，就要通过适当的对话来达到经超越自我而回归的自觉性。

在我看来，几大宗教中的“上帝”概念并不是孤零零和固定的，在现代性与理性的冲击下，有识之士也在提倡解放神学、他者神学等，希望通过博弈、竞争、争论达到某种改良或某种统一，希图重新建立一个较为明晰的真理形象。如果不能做到这一点，就往往会落入坚持既得利益与特权，以压力、暴力与武力的方式谋求保存或机会性的扩展的负面范围。最不幸的是以宗教为基础的恐怖战争。

每个文化内部也是通过交流来逐步改进的。文化并非价值判断，只

有洁净精微的明智哲学思考才能作出真实的价值判断。比如佛教中，天台宗和华严宗都认为自己是最高点，这已经很不容易，都包含一定深刻的哲思。至于有没有最高点以及谁是最高点，还需要作进一步的思考。这只有在创化与提升过程中决定，先形成内在标准，成为典型，但不必否定他者，不必否定多元的可能及其转化。中国文化有自己的标准，这个标准有其卓然不易的一面，也有其与时俱进的开放性，更有其内在的活力，首先要求自觉，然后要求启迪群体，并与他者和智者对话沟通，交互发明，建立共识，形成"保合太和"之智，大利天下。

西方文明在近现代因其科学与技术的先进，形成权势，傲视天下，独揽群伦，不知反思，不知与人为善，不知善为何物，其实已构成一种偏执与封闭，其危可知。

我说的四种文化，在各方面有不同的优点。从文化的共同性和对人性的了解而言，每种文化会有一种整体的、完美的、理性化的思考。比如，基于地域特点，希腊文明发皇于海洋与岛岸之中，具有探险、征服的冲力；犹太文明从两河流域走出来后，具有信仰精神；中华民族作为农耕民族，气候稳定的天然要素使她具备平和气象，重视稳健成长；而印度文明处于早期热带，对真实世界具有迷幻意识和消除实有的冥思。文化反映在客观历史上受生态的影响，存在的时空变化也在不断地融合之中。从全局视野来看，地域特殊性衍生出来的具有特殊性的文化，当然要适合当地人更好地发展，否则就不合适继续存在，但不能因人的特殊性而忘却其共性与理想性。

中国的典型文化是由易、儒、道构成的，是一个动态的宇宙结构，体现在天人合一、内外合一、情境合一与知行合一诸方面，不拘于精确的地理定位，因此具有模糊的创造性，这也反映了其具有的包容性。易学、儒学、道学融合了佛学与佛教，面对西方的超越宗教（所谓 Abrahamic religions，其中也含有西方的新宗教）能否加以有效地融合而不为其所消减，正是当前中国文化面临的重大考验与挑战。如果中国文化不能自觉地奋起，只着眼历史而不敢面对未来，不能把文化的哲学智慧从历史中复活为未来发展之资能，带动最原型的生命力，即使具有天生丽质，未来也将被埋藏于历史的尘埃之中。

从教育层面而言，外在科学的文化可以形成有用的知识结构，军事、政治、经济都需要知识。中国的知识结构中缺少理论科学系统，但儒家文化一向尊重知识学习。今天的知识越来越深化，外在科学技术文化是现当代人的文化，奠基于18、19世纪的理性启蒙哲学，但却逐渐忘却了宇宙与人的本体性，也忘却了人的主体性，形成了一代一代更新的机器文明，依赖机器（以及以后的机器人）到不可自拔的地步，模糊了人的意识，不知人为何物，因为人已沦落为人的机器、机器的人了。在此危机意识之下，中国文化的优越性在于反思自身，把知识从无主体状态还原为有主体状态，把只知主体的人还原为以本体为基础的价值与知识的对应，形成可行能行、可信能信的智慧共同体，而非单纯的知识共同体或独群的信仰共同体。

一个人类智慧的共同体可以涵盖科学知识，也可以涵盖各种合乎行为智慧的宗教信仰，以易学对宇宙动态的体察赋予客观世界以整体发展的生命意涵，以儒学自我的高度自约以及对他者开阔的但不失正义公平的包容赋予人类主体世界以平等自由的信赖，这样的世界智慧共同体，难道不是人人都希求的生活世界吗？我在此没有时间对各种世界观与人生观进行内在的透视，促进其精华的发扬而消除其有害于人与己的毒素，但这样的讨论最好以适宜的真诚对话进行。形成一体的易学与儒学强调人的真诚性与创化性，当然也包含对人的宽容与仁慈，强调家庭伦理与世界伦理的共通性。这也是今天回归中国文化精神的重要观点。

21世纪以来，西方有另一种意见：家庭已经解放了，由于同性化，连核心家庭也将化为无。但我仍然愿意指出，这一社会现象只是文化中的逆势发展，终必为文化中顺应自然的自觉的顺势发展所融合。这是中国文化的基本信念：文化是在解构和建构中形成的。从历史来看，中国文化四方而平稳，既有超越也关注生活，兼具内在性和外在性，故能对世界、人类做出大贡献。

又有人认为，中国文化的敏锐度、发展力、创造性不够，只知“坐而论道”，不知“起而行之”。显然，中国文化中这些历代积淀形成的陋习或习性必须与其他优质文化进行竞合，必须虚心学习。学习是第一步工作，还需要学而博之、审问、慎思、明辨，而后得到创新活力的理念，并笃实践行，这才是中国文化发展之方。至于西方人是否也应该向中国文化学习，回答是肯定的。必须认识到传统的西方人具有浮士德精神，印度人具有冥思玄想的能力，而且现代的西方人与印度人都很聪慧，他们早就在向中国文化中的智慧与现代中国人的刻苦耐劳学习了。当然，我们还是要强调探讨哪一种文化适合哪一种群体生活。允许不同的人走不同偏向的路，给予最大的期待，并行不悖而又殊途同归。

中国哲学中的"和生和共生"智慧可化解西方极端组织中的宗教仇恨

文汇报："再觉醒"是您一再提倡的一个概念，文化和哲学领域都是如此。您因此提到，中国哲学具有非常深刻的"自我超越、自我创造能力"，面对人类的困境，有能力再造思维，克服困境。不知道这样的思想是否得到世界哲学界和西方思想界的认可？比如说，当前面临的极端组织"伊斯兰国"（ISIS）这样的恐怖团体，其背后可能是对人类普世价值的挑战，中国哲学如何提供智慧呢？

成中英：对于"伊斯兰国"（ISIS）组织的产生，我认为要了解其根源。伊斯兰极端分子感到生存危机，有损尊严，是因为两次海湾战争让他们承受了压力，已经形成的叙利亚国、阿富汗国的稳定性被破坏，因而释放出与常态不一样的仇恨、残酷、冷漠，对异教徒毫无同情和基本的尊重。此时，人类在应对恐怖主义之余，仍要认真检讨其前因后果，从而进行深度的改良与教化，这样才能最后脱离困境，解除真正的威胁。这些话，西方人也许听不进去，但却不能不听，问题不在于认同不认同，而在于对于对错曲直的分辨。儒家强调要有良知，对暴力非常谴责，更反对暴虐无辜，但往往疏于说理论证。如何能在说理论证的基础上说服西方，也说服暴力分子，是对中国文化智慧发展与应用的考验。

在西方，宗教的仇恨一直无法化解，因之宗教斗争也就难以消除。

“十字军东征”就是这样的一报还一报，这是西方的悲剧。因此，作为哲学智慧的中国文化，必须面对的是神权启示的西方宗教文化，强调和生与共生，更进一步强调一体共源、互助分享、协力共成。我认为中国文化是可以做到的。应以仁者、智者、勇者之教来消除宗教仇恨，消弭极端宗教于未然。消除暴力与不义的战争是中国文化中本质的信念与能力。

本体知识论的实践价值还在于要通过知识的不断组合促进人类进化

文汇报：您提到，中国哲学在知识论上比较薄弱，这和您提出的五大危机中的知识危机是什么关系？您独创了本体知识哲学，在这里，如何可以看到“中国哲学再创造”的可能？

成中英：本体知识哲学在中国很早就出现了，如《周易》中说的“知周乎万物，而道济天下”，“通乎昼夜之道而知”，此“知”是“我观我行，故我知”。在西方，早有理性知识和感性知识之分，但一直有冲突。感觉论谈观感的，“我感故我在”；另一种理性知识的极端说法是“我思故我在”，宗教信仰者则说“我信故我知”。到了康德时，认识到自主的自我，才将两者融合起来。至近代，思的结构已经动摇了，感觉的世界也缤纷杂陈。知识上有混淆，故科学家想在科学认识中寻求统一的知识论。爱因斯坦就有此想法，他要培养出对宇宙根源的认识，指向一个律则峻然的客观世界，但粒子世界与混沌的气的世界却显出相对的不稳定，无固定的秩序可言。如何找到一种知识的统一呢？我在我的“科学哲学”课上，发展了一套重要的哲学本体论的存在分层：量子世界、物质世界、生命世界、人类世界、心灵世界。这些层次的发生及关联是十分复杂的，此处不拟细论。由此世界存在的层次分野，某个层次要对应同一层次与不同层次的知识，对应同一与不同的特殊需求，从而形成了我说的本体知识论或本体知识学的结构与网络，在此也无法细论。姑借华严宗所说的“因陀罗网”以示明之。

中国如何和西方知识语言对接？比如，“物”“生”都有着自己的逻辑，需要借助科学知识来丰富自己的知识体系。而西方有自己的再发展需要，如德国柏林大学中有“知识论研究中心”，知识分子还需要进一步沟通、相互理解，以使知识达到某种价值目标。我们需要和谐、活力的人类共同体，要掌握知识的幅度和开放性、动态体系来对应所讲的问题，无论是经济、社会或政治问题，其目的都在于寻求人类文化的进步、人类生命的安顿与循善的福祉。危机不断，不是让我们绝望，而是让我们随时不断地创化。这也是中国哲学中本体知识论的再创造。中国哲学再创造者，创知以创智，创仁以广爱，创勇以厚生利用。

冯契先生在一个月的讲授班中，几乎每天都来，有时会参与交流

文汇报：您从 1985 年后，就和上海哲学界有密切交往，和王元化、冯契等大学者都有深度交流。您的印象中，改革开放以来，当前的上海学术人或者哲人和上个世纪的学者有何不同？从国际交流角度而言，是否更具备优势？

成中英：我 1985 年到了北大。1986 年 1 月 2 日，复旦大学召开“中国文化与现代化”研讨班，朱维铮先生邀请我参加，那时认识了王元化先生。那一年，冯契先生在华东师大为我开了一个“中西哲学讲授班”，向全国招生。那时，哲学虽不是很发达，但学者们学新思想的欲望却很强烈。1987 年，在冯契先生的安排下，我在华东师大开班，用一个月时间讲授“中西哲学的会通”，后来东方出版社以《论中西哲学精神》为题出了书，销售得很快。这个课程是有历史性的，因为它是第一次引进广幅度的当代中西哲学及其比较，不含任何意识形态的预设，也不考虑意识形态的作用。我认为这是冯契先生的智慧所在，也是王元化先生崇尚知识、尊重价值的心态的反映。因为据我理解，王元化先生也主动支持这项讲学兼培训计划。记得是那年 6 月的梅雨天，华东师大安排了一个大的教室，也在招待所腾出了一个单元。我住在招待所，每天到教室去，

上午上课，下午讨论。听课的学生与学者很多，冯契先生每天都来，有时是参与下午的讨论，他常发言，非常投入，我相信对他构思自己的“智慧说”哲学有所助益。还记得，就是那一年，我在上海动物园第一次真切地看到了熊猫，以前只在马戏团看到过。随后，华东师大还安排我去南京大学访问。当时的讨论会上，刚刚毕业的学生很多，学习非常认真，讨论也很热烈。我的讲题几乎是全覆盖，从形上学、本体论、知识论到诠释学，提供了中西哲学会通在现代化上的一条路径。后经由青年教师李志林根据同学的录音整理，再经过我对文字的修改与内容的补充，1991 年出版了《世纪之交的抉择：论中西哲学的会通与融合》一书，再版时就是上面提及的《论中西哲学精神》。那年正是我组织的第七届国际中国哲学学术会议在德国慕尼黑大学召开，我邀请了 23 位大陆学人，在会上将此书赠送给每一位。

在上海，上一代的学者如冯契先生、王元化先生，除勤于治学外，都是心胸宽厚、通情达理、真正关怀社会与国家的知识分子与精英。这一代的上海学者，不少是我那时班上的同学，大多已成为当前甚有成就的学者、名流，如杨国荣、潘德荣、童世骏与陈卫平等君。难能可贵的是，他们仍能保持乃师的精神，尊师而重道，敬业而奋勉，皆能讲学于美国与欧洲，沟通中西，自成一家，不仅为上海，也为全国年轻的学者树立了良好的学术模范与典型。我回想起 1987 年上海之夏的开班，深以为慰。

要做到中西会通，须避免早期留学生的时代病；要由专到面，由面到体

文汇报：对于职业化分工下的做学问，比如像您这样努力做到中西兼通，您有何建言？

成中英：我觉得学中西哲学特别需要注意两点：第一是专，不只是专到一个人的点，而是要扩而充之，延伸到相关的层面与体，要避免早期中国留学生面临的时代病；第二，所研究的问题往往只深入到面，也要关心

到一个体,而且还要找到对应的基点。我勉励新一代的学者中西兼顾,如此才能做到中西交流,发挥中国文化与思想的影响力。

文汇报:谢谢您梳理了中国哲学通向世界的重要历程以及您所作的不懈努力,也谢谢您分享了自己的最新研究和对"中国哲学再创造"系统的深度思考。

采访于2016年3月24日,成稿于2016年4月与5月,终稿于2016年6月30日,感谢成中英先生于夏威夷和北京的修校。原文2016年7月4日刊于"文汇"APP、"文汇讲堂"微信公众号。

邱仁宗:“跨人文”“后人文”是对人文主义的丰富吗?

中国古典小说《西游记》里的孙悟空和美国科幻电影《终结者》中的“终结者”可被认为都属于“后人类”(posthuman),拥有远远超越人类的能力以及迥然有别的形态。一些科学家、哲学家和未来学家认为并预测作为“后人类”之前的一个种类——“跨人类”(transhuman),随着医学和科技的进步,尤其是能够使人的能力超越其作为人类这个物种正常范围之上的增强技术的应用,已经在一些功能方面局部出现并将会更多来到我们中间。面对在2000年后已经越来越多出现在学术界的“人的增强”“跨人文”(transhum anism)、“后人文”(plsthumanism)等概念,我们是否可以提出这样的问题:在未来,我们在人、跨人文和后人文并存的世界里,该怎么谈人文主义?它们是对人文主义的丰富还是反动?

在2015年9月16日至19日于北京大学召开的国际哲学学院(International Institute of Philosophy,IIP)院士2015年年会暨“人的维度”国际哲学研讨会上,14个专题演讲中,至少有6个聚焦或涉及了跨人文和后人文现象。这场首次在中国召开的IIP年会中,与会的中外哲学院士中一半以上研究科学哲学,不少是各国生命伦理学家。尽管“跨人文现象”及其讨论不是第一次出现,但各国哲学家不同角度甚至有争论的立场给人带来了启发,也丰富了对人自身的维度以及与社会、宇宙互动的理解。就此话题,记者专访了与会的IIP院士、北京协和医学院生命伦理学研究中心学术委员会主任、中国社科院哲学研究所邱仁宗研究员。

“跨人文”“后人文”概念的提出与界定

文汇报:邱院士,您是中国科学哲学和生命伦理学学科的创始人和奠基人。难能可贵的是,您从20世纪80年代便开始密切跟踪前沿科学技术的发展,之后一直拥有话语权,在国际学术界同步“发声”。本次IIP年会的“人的维度”这个话题下,法国、比利时、摩洛哥和中国等科学哲学家不约而同都关注了“跨人文”“后人文”现象的哲学意义,一时间,让人感受到很浓厚的科学氛围。首先,我想请教一下,“跨人文”“后人文”这两个概念在学界是何时提出来的?

邱仁宗:也许可以说,跨人文或后人文的思想来源于人类的早期。公元前2000年前的《吉尔伽美什史诗》以及中国古代的道家,追求长生不死,就是这种思想的萌芽。尼采的“超人”一说是哲学思想的来源。1923年,英国遗传学家霍尔丹首先提出跨人文主义的基本观念。达尔文的“战友”托马斯·赫胥黎之孙朱利安·赫胥黎在1957年以“跨人文主义”为题发表文章,被公认为跨人文主义的奠基人。然而,唯有出现人类增强的技术,即研发出新兴的人工智能、基因工程、神经科学技术、纳米技术等能够使人类的能力超越人类这一物种的极限(即技术奇点)的技术之后,“跨人文”和“跨人文主义”的概念才得到一部分科学家和哲学家的认真考虑。1998年,世界跨人文主义协会(World Transhumanist Association)成立。2002年,该协会修改并采纳了《跨人文主义宣言》,强调其宗旨是合乎伦理地使用扩展人类能力的技术,同时认为人类最终会过渡到“后人文”时代,后人文将极大地扩展目前人类的能力。到2005年,该协会有众多会员,遍布一百多个国家。牛津大学人类未来研究所是跨人文主义研究的积极推动者,曾多次在世界各地组织学术研讨会。2006年8月,在北京举行的第八届世界生命伦理学大会上,该所哲学家们专门组织了一场关于“增强”的卫星会议。萨沃莱斯库指出,即使一些功能增强会改善人的生活,在决定是否增强时,有一些伦理考虑(如自主性和公正)也是必须关注的;曾提出“存在风险”概念(全球智能被消灭的风险）的博斯特罗姆提出了一个判断增强长期效应的方法；汤布里尼则指出，应用基因技术必然导致医疗卫生的不平等，但这不是拒绝这项技术的理由，基因干预不是破坏自主性，而是增强后代的自主性。专家们最后讨论了认知增强技术可能的社会影响，例如，这类技术是否会扩大贫富之间或有无贫富之间的差别，从而使这些可能的社会影响成为禁止或限制这些技术的论据。

文汇报：我们先要从概念说起，"posthuman"翻译成"后人"或"后人类"，字面上暂时没有异议。但是，对于"transhuman"，我目前看到的就有好几种译法，网上有人把它译成"超人"。从字面意义上，"trans"是有跨界的含义的。在这次 IIP 年会上，北大同译组的教师都译成了"跨人"或"跨人类"。我也看到您 2008 年发表在《哲学动态》上的论文中提及它时，译作"过渡人"。究竟译成什么最合适？

邱仁宗：译成"超人"显然不合适，因为美国电影《超人》（*Superman*）播放在前，并广为熟知。"transhuman"也不是这个概念上的意思。我在 2008 年发表论文时译成了"过渡人"，是有些意译，取其按跨人文主义者认为"transhuman"是人类这个物种进化为"后人"的过渡阶段这一意义而言的。这样用"过渡人"，显然在特殊语境中比较贴切，但公开这么称，又显得转弯太多。在 IIP 年会上，北大资深同传者都译成"跨人"，虽然并非很贴切，但是语义上也成立，我们姑且以此作为中文讨论的基础吧。

文汇报：在 IIP 院士大会召开前一天，我曾就这些概念请教过您，三天半的会议结束后，印象更深了。会议上并没有涉及概念界定，都直接进入哲学意义的讨论，但厘清内涵对我们在哲学层面理解很有帮助，您可否再分享一下对此的科学界定？

邱仁宗：就人（human）这个物种（Homo sapien，即智人物种）而言，"transhuman"还是属于人这一物种，但通过药物和机械的辅助，已经使得人的某些功能超过了人原本的极限。比如，目前已经发明了一种药，可以让人不睡觉或少睡觉，美国赴伊拉克的一些飞行员已经服用，并取得良好效果；非洲截肢运动员装上了义肢，可以奔跑超常，也是一例；通过服用一种属于利他林的药物，不但可以帮助孩子摆脱多动症，也可以使正常人拥有超强注意力；利用纳米技术也许可以让士兵的皮肤抗子弹，目前也正在研究之中；至于在脑中嵌入芯片来增强脑的记忆功能，目前已经在小鼠的脑子里取得成功，嵌入芯片的小鼠能够很快走出迷宫，但是人的脑子是否能够复制这种技术，还需很长时间的探索，因为一方面人脑更复杂，另一方面是否允许做这类实验，涉及争议极大的伦理问题。

“postman”不是我们通常意义上所说的属于人类这一物种的“人”（human），但是可以是“person”的一种，即一种非“human”的“person”。由于中文在这个词意上的单一，很难一一对应，在港台地区常常会将“person”翻译成“位格”。如果一定要举个形象的例子，那么孙悟空和电影中的“终结者”就是属于后人类，他们已经不是23对染色体组成的身体，可以由非构成人体的碳氢氧有机分子构成，也可以是用电子元件构成的（如有智能的机器人），或是拥有人脑结构和功能的动物人等。

文汇报：20世纪80年代，我们在看《未来世界》时，觉得这就是科幻片，现在想想，可能是人类世界的未来时了。那么，目前我们和这两种人是什么关系呢？

邱仁宗：《未来世界》中模拟得惟妙惟肖的机器人，似乎智能并不比“自然人”或“生物人”高，因此似乎没有资格被称为“后人类”，那是一般的机器人，但也应该被看作非人类的“person”。在我看来，“跨人类”（transhuman）是“人”（human）的进一步进化，可视为“人”（human）和“后人类”（posthuman）的中间阶段。

文汇报：如IIP研讨会上所言，技术派赞成“后人文”现象，认为这是人类的整体提高，不仅有生物学意义的“增强”，也具有社会学和政治学的人文价值。这里就一定会涉及何谓人，您在IIP会议上的主题发言里也论及human life、human being、human person。

邱仁宗：你说的技术派所言，我认为根据不足。严格说来，“后人文”更多的是属于科学幻想的语言，还不具备可进行科学和哲学论证的基础。我坚持认为，哲学是理性的和规范性的学科，虽然它不属于科学这类学科,它的论断不能单单凭借观察、实验证据来证明或证伪。然而,它必须考虑到科学的发展或人类经验的累积。否则,哲学是天上飞翔的风筝、不着边际的玄想。究竟什么是“后人文”,现在莫衷一是,怎么就能断言“后人文”是“人类的整体的提高”,而不是“恶魔的现身”呢?“后人文”已经不是现在意义上的人类,怎么能说是“人类”的提高呢?虽然都隶属于人的大序列,但还是有差异的。

从基础来讲,先要有 human life。基因本质主义者认为,人从受精卵开始,因为那时就形成了一套新的基因组、胚胎、胎儿,因而也就是人;人是不应该被杀害的,所以胚胎研究、人的治疗性克隆、利用胚胎进行基因编辑研究以至于人工流产都应该禁止。但这种说法不能令人信服。例如,一个人死后,他的细胞可以冷冻保存在试管里,这些细胞内都保存有他那套基因组,能说这些细胞都是他这个人吗?所以,我们必须区分:人的生命(human life),如细胞、受精卵、胚胎、胎儿等;人(human being、human person)。人的生命不可能享有与人一样的道德地位和权利。作为人(human being),他是人这个物种(即“智人”)的一个成员,只要一出生就是,因此可以说是“生物的人”。但作为 human person,则必须具备生物学条件(23 对染色体、人的身体、人脑)、心理条件(自我意识的潜能)和社会条件(处于人际关系之中,具有社会交往的能力或潜能,扮演社会角色)。因此,human person 可以说是“人格的人”或“社会的人”。然而,我们如果要谈到 person,那就要允许非人类的 person 加入,这些实体具备上述的心理条件和社会条件,但不一定具备 23 对染色体、人的身体、人脑等生物学条件。他们可以由电子元件构成(如智能机器人或电影中的“终结者”),可以是拥有非人动物身体的高智能生物(如孙悟空),或由并非是碳氢氧分子构成的有机体等。

文汇报:您这样一分析,大家理解得就更深刻和感性了。从人这个物种来看,必须是生物基础+心理基础+社会条件所构成的。因此,和我们目前的人一样,“跨人”是 human being 或 human person,而“后人”是 non-human being 或 non-human person。所以,以此来看,我们有必要重新审视植物人的伦理意义,他们是不是有尊严的人?这和"人脑即人"的论点有点相似。

邱仁宗:对的,这里确实涉及丰富复杂的生命伦理学讨论。目前有一种神经还原论,认为人就是脑,"我们就是我们的脑"。于是,人脑就是成为一个人的必要和充分条件。假设一个婴儿从小在狼群长大(狼孩),他不具备人的意识和自我意识,但仍有一个虽不发达但确实是人的脑,能说他是人吗?自我意识必须在脑、身体与环境的相互作用中形成。下列的思想实验可说明这一点:甲的身体破坏了,大脑是完好的;而乙和丙大脑死亡了,但身体是完好的。如果把甲的大脑左半球植入乙颅腔内,将甲的大脑右半球植入丙的颅腔内,那么按照神经还原论的观点,乙和丙就是甲。甲如果犯罪应该判 20 年,那么乙和丙至少每人要服 10 年刑期。这显然是不合理的。因为接受甲大脑左半球的乙和接受甲大脑右半球的丙,已经成为两个不同的人。乙 2 和丙 2,他们有各自的人际关系,有各自的社会角色,有各自的生活。因此,乙 2 的身份既不同于原来的乙,也不是甲;丙 2 的身份既不同于原来的丙,也不是甲。甲在移植后已经死了,他所犯的罪也就该结案了。

人的"增强"所代表的技术主义带来的伦理困境

文汇报:您 2008 年那篇论文的题目是《人类增强的哲学和伦理学问题》,是根据 2007 年 5 月在厦门大学举行的第十三届全国科学哲学学术会议的大会发言重新整理、补充的。这次 IIP 年会上,法国国家科研中心科技哲学研究所的主任让·伽永做了《优生学和人的改善》的演讲。法国国家咨询伦理委员会副主任阿里·本玛克洛夫是一位生命伦理学家,他的演讲题目是《超人主义和人的增强》,两人分别提及"improvement"和"enhancement"这两个概念。阿里·本玛克洛夫还提到,作为官方首次亮相,上述概念是出现在 1995 年,2000 年后业界普遍接受和使用上述概念。您能否首先为大家辨析一下"treatment""improvement""enhancement"这一组概念呢?

邱仁宗：对于人的"治疗"（treatment）、"改善"（Improvement）和"增强"（enhancement），在英语中有不同的对应含义。"治疗"是将受到障碍的功能恢复到正常范围（如校正近视眼）；"改善"是改进、提升人的功能（如改善视力），但并未超出作为人类这个物种的正常功能范围；而"增强"是使功能超越作为人这个物种的正常或健康的功能限制（如可以像猫一样具有夜视能力）。我同意两位哲学家的观点，用于医学治疗的，恢复正常功能之外的，对于人类生命、功能、情感的提升，都是一种"增强"。伽永从优生学角度，给予了细致的分析。他同时提到，2004 年后，不同著作对"enhancement"这个概念作了及时修正，突出了通过技术干预改善人的能力这一点。

文汇报：对于科学技术尤其是基因技术给"增强"带来的益处，现在普遍得到赞同，我们在前面讨论的"跨人文"的种种优越于现有人类的功能也都是通过"增强"实现的。我注意到两位学者讨论到的哲学意义，他们都联系了达尔文的进化主义带来的影响，人的"进步"的概念在 19 世纪时也被提及，峰值段是在 1820 年左右。值得指出的是，伽永教授认为，这个概念是从对于人作为一个整体物种的提升意义上加以肯定的，主要体现在基于基因技术的对人的潜能的改善上。阿里·本玛克洛夫教授也强调这种增强属于人的改善的积极一面，"提醒我们技术不是新鲜事物，人类有很长时间都在控制技术，现在的问题是怎样加快"。他甚至举例《爱丽丝梦游仙境》中，爱丽丝发现自己可以变换新的样子，"整个故事展示的是人类怎样像人类一样改变自己的潜能，改变自己的行为"。因此，这位"巴黎十二大教授"之一认为，跨人主义实际上是向后人文主义的过渡，是朝完美的方向来设计人类。您怎么看"增强"背后的哲学意义？

邱仁宗：哲学家有责任和义务批判性地思考"跨人"或"后人文"等未来学的现象，必须认真地思考一些科学的和伦理的问题。例如，给某个基因进行修饰或改造是否会影响其他基因？因为一个整体人类基因组是一个系统工程：一个人的身高是 1 米 65，这与心脏、血液循环、呼吸、消化、肌肉骨骼等系统都是相关的,通过基因工程将他改造成身高 2 米,那么其他系统是否能受得了?就目前的科学技术而言,改变人的基因有两类:体细胞的基因改变和生殖细胞的基因改变。目前不少哲学家以及各国政府都支持前一种,而反对改变生殖细胞基因,更反对为了非医学的目的而增强性状,即反对"设计婴儿",这样做就会改变人的本性。哈贝马斯曾论证说,人的本性在于"有能力成为他自己"(being-able-to-be-oneself)。伽永在主题发言中也曾指出,哈里斯、福山、桑德尔、美国前总统小布什等都有不同看法。

现实中,这的确是很微妙的。我刚才列举了增强种类中的一种——基因的增强。目前还有其他五种类型都可以做到增强:认知类的药物增强、情感的药物增强、体力的增强、生物电子的增强、延长生命。其中,生物电子的增强就包括使与不同地点的人进行无形交流成为可能,即电子思维(cyberthinking),也可以将人脑神经元网络内发生的过程植入电子介质内,这样就有可能克服死亡,他就是"后人"。那么,他能否与自然人、GM 人(转基因人)、嵌合体人和平共处呢?

文汇报:对,您刚才对于改变基因的认识,似乎更符合中国传统哲学的"整体"概念。这类技术当前的确也在每个国家都引起了不同的争议。阿里·本玛克洛夫教授来自法国国家咨询伦理委员会,他就给出了一个关于羞涩的案例。1970 年前,法国社会都认为"羞涩"是一种病,要用药物来治疗,它是给社会带来焦虑的根源,应该到了吃药控制这种坏情绪的时候了。阿里·本玛克洛夫还提到,英国政府允许英国艺术家尼尔·哈比森在护照里显现他的人工眼,因为他有一种罕见的基因病,只能看到黑白色。人工眼被投入他的大脑,里面有个摄像头,让他能听到不同的声音,甚至看到红外线和紫外线。这里就是既治疗又超越了。作为生命伦理学家,您怎么看各国的不同对待?

邱仁宗:你刚才讲到"整体"概念,的确有这样的哲学传统。从伦理层面,我认为,各国的不同态度里固然有一个传统文化和技术进步之间的认知差异,但是恐怕都离不开法律监管,而监管的原则又和人的尊严、权利密切相关。哲学家安纳斯曾引用“人类本性的改善如果威胁到人权,就应当被《国际法》禁止”来表示反对。看来,人类的“增强”,一旦到达“跨人”和“后人”阶段,必然有诸多伦理道德的争议。

文汇报:2016年3月,“阿尔法围棋”(AlphaGo)作为人工智能的代表,以4比1战胜了世界围棋冠军李世石,这可以看成“后人”对人类的补充,还是挑战?

邱仁宗:“阿尔法围棋”是不是“后人类”需要进一步研究。从目前的资料来看,它是凭快速计算、不会因疲劳影响技术技能发挥以及不存在心理压力而取胜。单凭这些优越之处还不足以说“阿尔法围棋”就是一个后人类。正如前面所说,作为一个非人类的person,或其性状和能力超越人类的“后人”或“后人类”,必须拥有自我意识和社会交往的能力或潜能。没有资料证明“阿尔法围棋”有此能力或潜能,也不具备相当于人类生物学层面的物质层面,它只是一个超越人类能力的程序软件。

新人种是人文主义的丰富吗?

文汇报:是啊,这里就引出一个“人文主义”的概念。这是IIP 2015年年会中提出的哲学话题,新人种的出现是对人文主义的丰富吗?人文主义本是伴随着欧洲启蒙主义产生的概念,在比利时哲学学会主席、布鲁塞尔自由大学哲学教授、生命伦理学家吉尔伯特·霍托伊斯看来,跨人文主义和后人文主义是对传统人文主义的一种发展和丰富。因为跨人文能够依据科学技术来改变自己的认知和能力,因此就包含自由主义、宽容、多元、多样性等理念,这种探索其实是反对现代化而在后现代化的立场上给予科学技术以价值观。“因为人类的主体是多元化的,后人文主义更加符号化、更加具有文化。”传统人文主义范畴内的人种、性别和各类偏见会随着人的品质的提高而不复存在。由此,他认为,过去的人文主义比较关注象征性的进步,但忽略了物质技术的重要性。

阿里·本玛克洛夫则以中世纪阿维森纳提出的假设来作哲学上的

解释。当时，阿维森纳假设，在未来，人的器官都分离并飘浮在空中，和灵魂分离，心或者意念是一种信息流，可以和各种灵魂对接。这和您刚才分析的电子思维很相似。这位分析哲学家和罗素研究专家进而阐述可能到来的跨人文时代和后人文时代。从社会层面而言，获得增强性的药物，是一个民主考量，必须满足所有人；从政治层面而言，詹姆斯·休斯说过民主主义者如果要拥抱跨人文主义的话，必须具有的前提是要保证自由、就业。在这点上，在向记者强调自己是科技哲学家而非科学家的法国生物进化论者伽永教授指出，跨人文和后人文的范畴中，人的提高不是通过社会改革带来的，而是通过科学和技术来改善的，而且是整个人的种群的改善。其中，法律和科学是核心。您怎么看待这些观点呢？

邱仁宗：对后人文时代是对人文主义的丰富这一观点，我并不认同，因为这个时代毕竟没有真正到来。我注意到他们的逻辑，都是从生物学家赫胥黎和德日进的“自我超越依靠生物技术”思维演进而来。当代的生物学家尼克·博斯特罗姆博士提出了未来的四种可能性：第一，人类物种灭绝，这是技术的风险。第二，循环性灾难，人类文明突然中止了，这在人类历史上有很多先例。第三，人类、自然和社会的进化无论从内还是外，进入终止阶段。第四，后现实主义的进化，就是人类自身生长和演化了，也就是出现“后人文”了。对于外国同行提出的这些思辨，我有两个基本的思考点：其一，有些赞成人类增强的论证缺乏说服力或根据不足。如詹姆斯·休斯说“我们全都要求基因和电子的增强”，这个“我们”是谁？对于发展中国家来说，我们全都要求的是过一个正常的、健康的、有尊严的生活。其二，假设现在有个科学家发明了某项增强的技术，那么我们应该将此留给个人来作出选择的决定，还是应该加以管控？如果要管控，根据什么标准？

IIP 和中国的关系以及 2018 年世界哲学大会

文汇报：的确，这将是一场漫长而有意义的哲学上的同步争论，甚至斗争。虽然最后并没有达成任何一致意见,但有许多观点和信息由此而得出。研讨会上,相互讨论甚至争论的氛围很浓。您是IIP的院士,这个组织1937年成立于法国,是国际哲学界最高的学术组织和资深荣誉团体,得到联合国教科文组织、法国国家科学研究中心和法兰西学院的支持,被坊间誉为国际哲学界的“参议院”。您怎么评价这样的“对话”氛围?

邱仁宗:在国际院士会议上,这种“对话”是很常见的,也是主色调。我于2001年被IIP院士大会选为正式院士。在2015年年会上,另一位IIP院士杜维明先生高票当选IIP董事会副主席,值得庆贺,这是中国院士首次入选IIP高层。中国哲学界的同仁们,以前“独白”比较多些,新世纪后略有改观。我自己的体会,一定要多参加国际研讨会,在交流沟通中争取话语权。

文汇报:1955年以后,IIP每年在不同国家举行一次院士大会,这是首次在中国举办。我在会议期间也采访了本届大会主席、土耳其马尔提普大学兼人权研究中心主任伊尔娜·库苏拉蒂,她曾是被誉为哲学界“众议院”的国际哲学团体联合会(FISP)的前主席。她提到了哲学的“独白”问题。自从英美分析哲学和中国哲学两大主流阵营越来越清晰后,世界哲学界一度曾学院化地“独白”,但这几年的话题又回到对现实的关注上,您是否有这种感受?

邱仁宗:我也有同感,之前在法国参加的年会的主题是“哲学与世界”,我还应邀作了关于“中国人口政策”的报告,提出了“有效但不符合伦理”的评价,这给第三世界尤其非洲等国家的人口发展带去很大的启发。比如,2016年将在伊斯坦布尔召开的年会主题是“价值和意义”,将聚焦讨论包括恐怖主义等现实和理论问题,对其意义作深入探讨,以此影响现实世界。

在我的记忆里,一般这样的年会都是30人左右参加。只是为被邀发言的人提供交通费,其余的参会人员需要自理交通费。这几年,欧美国家科研学术经费削减得厉害。此次在中国开年会,能有大部分人参加,是很不错的。年会每年也是不同领域、不同兴趣的人参加。此次年会,研究分析哲学的人就来得很少。你说的两个阵营的情况的确也存在。

文汇报:这次巴黎方面把年会搬到中国召开,和北京大学已经获得 2018 年第 24 届世界哲学大会的承办权密不可分,首次落户中国的学术盛会的主题是"学以成人"(Learning to Be Human)。这次 IIP 年会期间,也举办了"中国哲学"专场,就是希望中国哲学的智慧能贡献更多力量。为此,中国哲学界也成立了五人组委会——北京大学高等人文研究院院长杜维明,北京大学哲学系系主任王博,中国社科院哲学研究所所长谢地坤,中国现代外国哲学学会理事长、北京师范大学哲学系教授江怡,复旦大学哲学学院院长孙向晨。这次"中国哲学"专场中,九个协办方的哲学同仁也纷纷出谋划策,同心协力答好 2018 年世界哲学大会这张"卷子"。您觉得中国哲学界应该作哪些努力?

邱仁宗:总体来讲,世界哲学大会选择的地点在慢慢朝亚洲转移,2003 年是土耳其伊斯坦布尔,2008 年是韩国首尔,2018 年选在了中国北京。这是对欧美中心主义的一种纠正。这当然和中国总体经济实力的快速提升密不可分。2015 年,国际历史科学大会在中国山东隆重召开,这是国际历史科学委员会自成立以来首次在亚洲国家举办的大会。这两次大会都是中国人文社科界值得高兴的学术盛事,也是中国影响力的体现。我想,这是一次很好的全面对话,是中国哲学和世界哲学的对话,是中国和世界的对话,也是中国人和全球人的对话。我们要抓住这次机会,学会对话,这里既有准备中对话质量的提升,也有辨析中的学习。当然,这种对话只是学术沟通的起步,关键是通过这次契机,真正在科研学术上确立自己的权威。

原文写于 2015 年 10 月,刊于《哲学分析》2016 年第 2 期,作者为《文汇报》记者李念。

杨国荣：原创性是中国哲学的话语权之本

尽管自16世纪末起，利玛窦、维科、莱布尼兹、狄德罗等西方传教士和学者已经在使用“中国哲学”一词并研究中国思想，但中国学人在1910年才延用日本人西周从古希腊的“爱智慧”（philosophy）翻译过来的“哲学”一词，并在北大等高校开设该课程。一个世纪后的2018年，世界哲学大会首次在中国北京召开。在这一百多年间，中西方哲学界经历了怎样的“对流”？中国哲学和哲人在国际哲学界拥有怎样的话语权？

教育部长江学者、华东师范大学哲学系终身教授杨国荣强调，新时代下，中国哲学和哲人具备独特的优势——“比起当代西方哲学家主要限于自身的单一传统，中国哲学家具有并更注重多元的思想资源”。在杨国荣看来，如何运用人类文明发展过程中积累的多元智慧进行创造性思考，是当今的哲学探索所无法回避的问题。近代以来，在世界哲坛上存在“不对称”现象，中国哲学家非常热忱地吸纳西方哲学智慧，而西方哲学家对中国哲学缺乏深入的了解。进入21世纪后，中国哲学家开始有意识地运用中国哲学智慧为当今世界性难题“把脉、问诊”，他们的研究工作逐渐受到国际哲学界的重视，中国哲学家也逐渐在国际哲学界赢得声誉。

2016年9月，杨国荣获选国际哲学学院（IIP）院士。在杨国荣之前，已有两位中国哲人荣膺IIP院士，一位是2001年当选的中国社科院哲学研究所的邱仁宗，另一位是2010年当选的北京大学高等人文研究院院长杜维明。IIP于1937年成立于法国巴黎，是国际哲学界高层次学术组织和资深荣誉团体，素有哲学界“参议院”之称，由来自四十多个国家的杰出哲学家组成，阿佩尔、哈贝马斯、塞尔、普特南均在其列。杜维明在美国即为IIP院士，2009年从哈佛大学回国坐镇北大高等人文研究院后，才转为中国组。因此，杨国荣是近十多年中，中国本土哲人中第二位获选院士。

杨国荣致力于中国哲学、中西比较哲学方面的研究，他的获选标志着中西哲学对话朝前再迈一步，有望进一步促进中西哲学的交流和融合，呼吁更多的中国哲人参与世界性论题的讨论，这也将有助于消弭世界哲坛上的“不对称”现象。中国哲学家将以平等、自信的姿态与西方哲学家切磋思想、奉献智慧。

突然收到邮件，细节却“浑然不知”

谈及自己的获选，杨国荣用“浑然不知”形容。“他们并没有陈述具体的获选理由，这封来自法国的邮件只是说，‘在院士大会上，你被选为院士，谨表祝贺’。”

2015 年 9 月，IIP 院士年度大会在北大举办期间，邱仁宗院士曾告诉《文汇报》记者，新院士遴选工作由哈佛大学教授专职审核，资格之一是必须有六篇国际刊物发表的论文。采访中，杨国荣推测着分享了自己有限的“所知”。IIP 院士的提名至少需要两个来自不同国家的 IIP 院士的推荐，2012 年杨国荣曾被通知提交相关简介，此后在 2016 年 9 月获得当选通知前，他并不清晰具体程序。

在 2016 年前，杨国荣已有一些英文论文发表在相关的杂志上。2012 年，美国学术期刊 *Contemporary Chinese Thought* 出版专辑（Special Issue）Yang Guorong's Concrete Metaphysics（《杨国荣的具体形而上学》），该专辑还收录了杨国荣的简介以及他的三部具体形而上学专著（《道论》《伦理与存在》以及《成己与成物》）导论的英译。2016 年 4 月，他的著作《成己与成物》由美国印第安纳大学出版社出版，归类在“世界哲学系列”中；另一部著作《人类行动与实践智慧》则由荷兰博睿学术出版社出版。有一百多年历史的印第安纳大学出版社非常注重分析哲学之外的学派，曾出版过海德格尔除了《存在与时间》之外的主要著作；博睿学术出版社历史悠久，1683 年创立于荷兰莱顿，另有美国波士顿分支，主要出版人文领域的学术成果。

国际话语权取决于扎实的原创工作

谈及国际话语权,杨国荣指出,所谓占据国际话语权;历来就不是仅仅表达意愿或呼喊口号这么简单,这一过程一方面离不开文化背后的国家的综合实力,另一方面更需要有原创性的思考。

2013 年,他当选为国际形而上学学会主席,成为该学会首位华人主席。国际哲学界如何评价这位中国学者,国内知晓并不多。《成己与成物》英译本的出版,推进了中西思维的双向沟通。爱尔兰科克大学哲学系资深讲师梅勒在该书英译本序言中说:“杨国荣是我们这个时代最具创造力、最为卓越的中国哲学家之一。他是一位真正的‘中国’哲学家,并非因其国籍、血统或工作地,而是因其哲学工作的性质。除了有赖于西方哲学经典,杨国荣充分运用中国哲学传统丰富的思想资源,而且囊括这一传统的各个时期和所有流派。他的哲学既扎根历史,又以未来为指向。像中西方一切体系的哲学家一样,杨国荣相信哲学可以将自身重建为综合的世界哲学,这样的哲学能够在动态发展的具体形上学之中融合。”

杨国荣的哲学研究风格较为鲜明,业界普遍认为,他的哲学兼有分析哲学和欧陆哲学的特点,以逻辑分析见长,与分析哲学有共同语言,这就使得他的哲学研究所具有的特点比较容易为国际哲学界接受。采访中,杨国荣向记者分享了《人类行动与实践智慧》一书的撰写心得:“并非仅仅通过西方哲学的视域回应西方哲学的问题,而是同时用中国哲学的视域回应这些问题。”该书所涉及的行动哲学是现代哲学家一再讨论的话题,分析哲学侧重于语言的逻辑分析,其考察往往基于各种逻辑假定,忽略了人类行动的现实过程,同时对人类更广意义上的实践领域并不关注。而杨国荣在注重逻辑考察的同时,运用多元智慧资源,引入了“实践智慧”的概念。亚里士多德曾涉及此概念,康德也有“实践理性”的提法,而杨国荣的工作既丰富了“实践智慧”的概念,又对广义的“行动理论”作了拓展，这在西方学者看来是具有原创性和启发性的。

治学不怠背后的兴趣与责任

2011 年，杨国荣的《道论》获首届思勉原创奖。2015 年，在中华孔子学会换届会议上，他被推举连任中华孔子学会副会长。正是由于在哲学理论研究方面的建树，他受到国内及国际哲学界同行的赞誉。对此，杨国荣谈了勤奋背后的兴趣与责任。

杨国荣注重研读哲学史上重要哲学家的著作，有些著作会反复读。他很早就勤于做读书笔记，为硕士论文准备的读书笔记能装下几麻袋。从 1978 年进入华东师范大学学习，并成为冯契先生招收的第一个博士生，到 1988 年顺利通过博士论文答辩，杨国荣经历了整整十年的“寒窗苦读”。他曾回顾这一时期，“其间虽远未达到董仲舒那种‘三年不窥园’的境界，但独坐苦思，孤灯命笔却也是习以为常之事。作为人世间的凡夫，当然也难免时有寂寥之感，而此时聊以自慰者，则唯有志于道之‘孔颜之乐’耳。”带着这样的“孔颜之乐”，他强调阅读经典的重要性：“一定要逐字逐句地读哲学经典，掌握现成的结论、知道已有的观点并不够，还要下深刻的功夫去经历哲学家的思维行程，由此获得哲学思维的训练。这里没有捷径。史与思无法相分，创造性的哲学研究，基于两者的互动。”

2018 年 8 月，第 24 届世界哲学大会将首次在中国召开，作为 IIP 院士，杨国荣应邀参加并将作有关“自然”的主题发言。他将继续同杜维明等中国当代著名哲人一起向世界彰显中国哲学的丰富意蕴。

性理原创论建设赢话语权，“不对称”现象改观显实力

1. 没有原创性的理论建设，中国哲学很难取得话语权

文汇报：在您之前，邱仁宗和杜维明已先后当选 IIP 院士，是否意味

着中国哲学在国际哲学界的话语权越来越重了?您认为这个话语权与哪些因素密切相关?

杨国荣:关键在于中国当代哲学家潜下心来作一些创造性的研究。真正地在国际哲学界获得一席之地,参加各种国际学术会议或在学术会议上的发言、交流仅仅是一方面,关键还是要有原创性的理论建树。如果你不能提出一套理论,不能针对当代的问题给出自己独特的理解、看法、回应,所谓的话语权也只是表面的。

2. “不对称”现象随着中国综合实力提高有所改观

文汇报:近代以来,中国哲学界开始主动吸收西方哲学思想,但是西方哲学界对中国哲学的态度一直没有呈逆向热情。这种情况在当下有所改观吗?

杨国荣:总体上,一种文化在国际上获得普遍认可,不仅取决于文化本身,与政治、经济、军事等因素也紧密相关。

改革开放以前,外国学者对中国文化的关切往往源自一种类似人类学家的好奇心理,缺乏思想层面的关切。现在有一些改变,逐渐有一些西方哲学家开始从理论层面、智慧层面关注中国文化。这种变化同中国近四十年以来经济、政治、军事等领域的进步分不开。

西方第一流的哲学家也许对中国哲学开始有一些兴趣,但他们对中国哲学缺乏深入的了解。由于语言方面的困难,他们只能借助汉学家的二手资料,而汉学家的介绍和探讨不一定是原汁原味的,这方面的限制直到现在都没有多大改观。莱布尼茨所在的启蒙时代,中国哲学曾被引介到欧洲,似乎呈现出短暂的思想交流。但从黑格尔开始,主流的西方哲学便趋向于贬抑或漠视中国哲学。人们津津乐道的海德格尔受到老子影响,事实上被夸大了。而另一方面,中国哲学家自近代以来都很热忱地去了解西方哲学,这种了解一代比一代深入。所以,我说这两方面是很“不对称”的。但是,对中国哲学家而言,这倒是一个很好的契机。

西方哲学囿于单一传统，中国哲学展现多元智慧

1. 分析哲学和欧陆哲学都遭遇资源瓶颈

文汇报：能否具体说说？

杨国荣：哲学思想的推进离不开多元的哲学智慧。在单一的传统之下，思想资源会受到明显的限制。当代西方哲学家基本上都没能超脱古希腊的哲学传统，不断地在古希腊到现代西方哲学的单一传统里兜圈子。源于现象学的海德格尔尽管对中国的道家哲学有过兴趣，但其根底仍是西方的传统，他之前研究苏格拉底的思想、考察康德和尼采哲学等等，都体现了这一点；分析哲学在将古希腊以来注重逻辑分析的传统发挥到极致的同时，又陷入了思想的碎片化之中。不接纳其他文明的思想资源，其发展潜力必然受阻。事实上，自奎因、罗尔斯、罗蒂、诺齐克等哲学家谢世之后，西方哲学界很少出现真正意义上的哲学家。尽管可能有不少出色的“专家”，但“专家”不同于“哲学家”。分析哲学自限于语言的牢笼，现象学陷入了“意识”之域，近年来成为“显学”的政治哲学、伦理学则囿于特定的社会领域。哲学作为智慧之思，需要追问“性与天道”等根本性问题。

2. 从熊十力、冯友兰到当代中国哲人，呈现多元视野

文汇报：也就是说，中国哲学家较西方哲学家更开放包容，这反倒构成中国哲学的优势？

杨国荣：从中国近代以来的哲学家中可以看到一种可能性，即运用多元智慧资源，借助多元思想传统，进行创造性的哲学思考。这种情况不同于西方哲学家仅仅守着单一的西方哲学传统。实际情况也印证了这一点。

近现代以来，像熊十力、冯友兰这样的哲学家都具有独特的哲学品格，他们的哲学既不是传统意义上的中国哲学，也不是对西方哲学的重

复。他们之所以能对哲学问题有自己独特的理解，从源的角度来说，是因为他们扎根于中国当代社会；从流的角度来说，是因为他们自觉地运用多元智慧。

熊十力并不精通外语，也没有留学经历，但这些都不影响他对西方哲学的了解。这里有必要对“了解”作一下区分，一种是专家式的了解，一种是哲学家式的了解。从专家式的了解来说，熊十力关于西方哲学的了解可能没有“专家”那么细致“到位”，但是他有一种哲学家式的直觉，可以整体把握西方的哲学观念，这不同于技术性的表述。梁漱溟的情况也有类似之处。冯友兰则曾留学美国，对西方哲学有更细致、更深入的理解。

这些哲学家既对西方哲学有不同程度的了解，又有着深厚的本国传统底蕴，他们因此能够在不同的哲学传统和多元智慧中进行创造性的哲学思考，这是中国哲学家的一个优势，这种优势现在依然在延续。

科学解决具体技术疑难，哲学考问基本生存问题

1. 当今国际时局牵出康德“永久和平”、宋儒“为万世开太平”和传统“大同”理想的思考

文汇报：您一直关注元哲学问题，探询何为哲学、哲学何为。哲学对于哲学家是一种思想劳作，那么对那些有自觉意识的普通民众来说，怎么去认识哲学对当下的现实关怀？当今国际时局风起云涌，全球化逆潮、难民潮、恐怖主义不时出现，这个时候，哲学应该会有一种清醒的“压舱式”的作用吧？

杨国荣：总体上，它的功能同具体科学和具体社会科学不一样。

以政治领域为例，政治学和政治哲学都关注政治领域。政治学是一门社会科学，它需要对政体、国体、各个机构的设计提出很具体的规定，比如政体应该怎么设计、政权应该怎么运作、政府应该怎么轮替等。它做的是很具体、很细微的技术性的工作。而政治哲学不是这样的，它是

对政治领域中一些根本性问题的思考。比如，关于政治的正当性，什么样的政治形态是正当的？怎么去判断它是正当的？关于政治运作的有效性，到底什么样的政治形态运作起来更有效？关于一般的政治规范，其合理根据何在？

其他领域也是如此，像国际关系，可以由社会领域当中的具体科学——包括政治学、国际关系学——来解决。而哲学恐怕并不关注这样一些具体的问题，它更多的还是关切总体上的价值方向和价值目的。在全球化时代，联合国、欧盟等国际组织自身的限度，以及运行过程中出现的问题，使传统哲学关于人类"大同"的思想获得了新的意义。此外，基于各种形式的民族纷争、宗教分异以及意识形态的对抗而形成的国际冲突，使张载提出的"为万世开太平"或康德的"永久和平"是否可能和如何可能，也成为具有现实意义的问题。同样，在更具体的科学形态中，诸如基因、克隆、赛博格(Cyborg)现象以及其中的伦理问题，也是哲学面临的新问题。哲学离生活并不远，尽管它不研究具体学科中的特定对象，但总是无法回避涉及人类发展方向的诸种问题。而哲学家的使命在于，在借用哲学解释和说明世界的同时，又努力多方面地实现其规范作用——引导人们更好地思考和行动。

2. 只要有人类存在，就有哲学的永久追问存在

文汇报：哲学追问那些根本性问题，这些问题在每个时代又有不同的变体，所以每个时代还是需要对它们重新阐释？

杨国荣：这就是哲学问题的恒久性吧。哲学和科学不一样，某个科学问题解决了，以后就不需要再讨论了。亚里士多德的一些科学假说，在伽利略时代已被证明是错误的。所以，作为科学家，亚里士多德在历史中逐渐退隐。但是，作为哲学家，亚里士多德却无法被遗忘，我们总是会不断地向他回归。这是哲学和科学不一样的地方，科学呈现出一种前后推进的过程：以前的科学家被后来的科学家超越，后面的科学理论能涵盖、超越前面的科学理论。对于哲学，你却不能说当代哲学家一定比古代哲学家高明。

哲学永远不会无事可做,时代需要哲学。哲学总是要关切人自身和这个世界,总是需要追问一些根本性的东西,只要人类存在,那么对人为何存在、人应该如何存在的发问就不会停止。当然,这样的追问又必须建立在可靠的基础之上,后者既涉及现实的背景,又关乎严密的逻辑分析。

原文2017年2月刊于"文汇"APP、"文汇讲堂"微信公众号,作者为《文汇报》实习生高烨、记者李念。

哲人求索

杜维明："做"儒家哲学
——人类意义的普遍价值

2010 年，哈佛大学为东亚语言与文明系教授、原燕京学社社长杜维明召开了隆重的学术研讨会，祝贺他七十大寿及荣休之喜。这一年的 9 月 28 日，孔子诞辰日，北京大学高等人文研究院挂牌，杜维明成为创建院长，开始了古稀之年的"创业维艰"。

在 2012 年龙年，杜维明本命年之际，三联书店出版了 20 世纪 60 年代至 80 年代末的"杜维明作品系列"八卷本，大量英文著作修订后得以再版。在总序里，杜维明回忆了 1981 年再次坚定走"笔耕凝道"的路，但不放弃文明对话的工作时的心情："根本的理由是我主动自觉地选择了一条自以为符合儒家身心性命之学的'做哲学'(doing philosophy)的道路。我坚信有历史意义的思想必然能够感动一群人融汇成一股具有群体性和批判性的自我意识。"

带着这样的志向，几十年来，杜维明不仅在西方世界对话轴心文明大师，实现儒学的现代化转化和内在超越，而且回到儒学发源的原点体知儒学的知行合一。他在开展了"文化中国""文明对话""启蒙反思""世界伦理""印度启示"等话域后，最终在 21 世纪提出"精神人文主义"这个主题，为全球困局提供理论和思想资源。他还不遗余力地将世界哲学大会引进北京，画出了一条清晰而独特的学习者的开放式闭环之路。

台湾开蒙：与牟宗三、徐复观、唐君毅的师生情谊

"吾十有五而志于学……"《论语 · 为政》里的这句话，就是少年杜

维明的真实写照。

十四五岁时，杜维明刚上中学，正好有机会跟周文杰先生读“四书”。当时周先生身边仅有四五个学生，如私塾一般。杜维明回忆说：“最初读《礼记·大学》，我并不懂，讲到‘身修而后家齐，家齐而后国治，国治而后天下平’，我觉得有道理。然后说到修身要诚意，我觉得这是我要的。”从此以后，这种感觉化成意志，相伴至今。

尽管找到了感觉，但在杜维明心里，并没有对儒学无条件地盲从。“去哈佛求学时，我抱着寻找真理的态度。比如说，我对儒学很认同，但如果有别的思想能说服我，我会另作选择。”

周文杰先生带着弟子们去听了东海大学中文系牟宗三教授的课。牟宗三是熊十力的弟子，徒如其师，想做一个“有创见的思想家”。牟宗三的质疑精神深深地影响了杜维明，后来他放弃台大，进了东海大学中文系，系主任是徐复观。对徐复观，杜维明感言：“情感上，我和他最亲近。”

听了牟宗三一个假期的课后，还是高中生的杜维明在台北近郊的淡水河畔竹林里得以与仰慕已久的唐君毅先生喝茶。杜维明清晰地记得那一天是1956年8月25日。此后的学术交流延宕到美国的伊利诺伊大学香槟分校、哥伦比亚大学、香港新亚书院、夏威夷大学……唐君毅先生当时的感叹始终声犹在耳：“中华文化花果飘零，我们需要灵根再植。但只要从心灵层面认可儒家、研究儒家，中华文化就不会死。”

此话已经过去六十余年，三位恩师业已作古。这些年来，杜维明席不暇暖，环球奔波，不仅在文化中国发扬光大了这种认可和研究，还将其扩大到了世界各大轴心文明的视域内。

西方对话：从哲学、宗教学中寻求认同

1988年，杜维明48岁，当选了美国人文与科学院院士，获取这一殊荣的主要理由是他在西方世界对以儒学为主的中华文化的传播和弘扬。1962年负笈西学，1968年获取哈佛大学东亚语言与文明系哲学博士学

位后,杜维明在普林斯顿大学执教 4 年(1968—1971),加州大学伯克利分校教学 10 年(1971—1981),哈佛大学耕耘 30 年(1981—2010)并担任哈佛燕京学社社长 12 载(1996—2008)。在两希文明的传统中,“儒家的话语”如何获得新生命、新资源是杜维明思考的核心内容,他也不断地与知识界、学术界、思想界以及更广泛的社会领域进行着对话与交流。

在伯克利期间,杜维明的学术重心是对儒学第三期的传播。《青年王阳明:行动中的儒家思想》一书的雏形是他的博士论文。后来,杜维明发现,要深研王阳明,绕不过朱熹。“不掌握朱熹的问题意识,即无法精切地理解阳明的晚年定论。”因此,他开设了细读朱熹、王阳明和刘宗周《人谱》的研讨课。1981 年,他写就朱子的文字因为电脑故障不慎丢失,虽然以后再也没有重写,但他将朱熹头像特制在领带上佩戴,与朱子“同行同为”。由于获得美国学术联合委员会(ACLS)的长期资助,他在伯克利主持了系列“儒学研讨班”。在杜维明的回忆中,这样的岁月充满了温馨,每周五报告 45 分钟,评讲 15 分钟,还有在 1729 Spruce Street 杜宅的思想沙龙,和第二天教授俱乐部的“会读”等等。1977 年,戴震逝世两百年,他应美国人文联合学会之邀主持了一场国际学术会议,凝聚了倪德卫、墨子刻、余佐翰、陈荣捷、徐复观、冈田武彦、余英时、狄百瑞等中外儒学大家。除了学界外,在艾思本人文中心(Aspen Institute),与更广泛的公共知识分子的交流,也深化了他对儒家现实性和公共性的体认,“加深了我展现儒家人文精神的信心”;而长达十年对新加坡儒学运动的体认,呈现在《新加坡的挑战》一书中,也探寻了儒学复兴的全球意义。

更值得一提的是,在伯克利期间,杜维明受宗教社会学大家罗伯特·贝拉等人之托,组建了伯克利本科生的宗教学专业。在美国和西方社会,宗教学的影响远远大于哲学,在筹办过程中,杜维明对如何让儒家身心性命之学进入美国大学教育也有了深切的体会。亚里士多德的伦理、保罗的爱、马丁·路德的信、佛的慈悲,都是儒家对话可获得的精神资源。1981 年回到哈佛后,他接任了宗教委员会主席一职,对宗教研究倍加重视。此后,持久的宗教对话一直跟随着杜维明的弘道。

在有关以创造转化为自我认同的儒家思想的梳理中,杜维明和文化人类学巨擘吉尔兹、北美宗教学大家 W. C. 史密斯、宿儒史华慈、芬加勒特、杨联陞切磋而颇有所得。与普特南、泰勒、桑德尔等学者的交流、会晤，亦让他强化了与西方哲人探索新知的意愿。

习儒一甲子，对杜维明影响最大的人是孟子。孟子曾说，“君子有三乐”，“得天下英才而教育之”为一乐。在哈佛燕京学社社长任上，杜维明享受了此乐。作为每年有数百万美元科研经费可以调配的社长，他推动了大量国内高校的文史哲新锐与学术带头人前往哈佛大学访学，有的学者甚至来访多次。这一名单上总共有一百多位人文学者和重视文化的社会科学家，他们在海外找到了更翔实的资料，开拓了更广阔的学术视野。哈佛燕京学社也成了中美学术交流的主力平台。杜维明还资助了国内文献资料的学术研究、庞朴的简帛研究网站，《中国哲学史研究》《当代》《燕京学报》《中国学术》等都受惠于此。读冯友兰书、听张岱年课、三次赴哈佛大学的清华大学国学院院长陈来这样回忆道：“确立儒学的文化自觉，杜先生的确对我起了很大的影响作用。”

回到北大：灵根再植

北大对于杜维明来说，是记忆，是现实，更是未来。2010 年，受两任北大校长邀请，他开始坐镇高等人文研究院。

1978 年秋季，杜维明首次回国，随同美国国家科学院的海洋学代表团到中国进行一个月的学术交流。1983 年，他第一次踏入北大，参加汤用彤先生冥诞九十周年纪念学术会。1985 年春，他以富布莱特访问学者身份，在北大哲学系开设了“儒家哲学”的大班课，并参加了刚成立的中国文化书院的学术活动。在北大讲儒学，1923 年的梁漱溟是第一人，杜维明则是第二人。当时中国的阶级论观点尚未褪去：孟子是唯心主义，朱熹是客观唯心论，王阳明是主观唯心论。但在哈佛，杜维明的“儒家哲学”课受欢迎程度是创纪录的，最多时有数百人云集课堂。“他们因为不了解就有好奇心，反而带着‘同情的理解’。”杜维明解释。陈来在《关于杜维明与“儒学第三期”》一文中对当年的讲课这样评价：“1985 年开始就有文化热了,这个时候他主要讨论的是文化问题。庞朴先生七十年代末写了孔子的文章,李泽厚先生七十年代末也写了孔子的文章,但是整个八十年代以来,批判儒家的多了起来。杜先生的功绩在于把海外包括英语世界对儒家思想与现代化的关系、所谓儒家人文主义的各个侧面等等带进来,作为当时文化热讨论里面的几大热点之一,使讨论更加多元化了,使得文化热不仅仅都是反传统的,而多了一个传统的声音。”陈来认为,这个声音从20世纪90年代至今,了解的人越来越多,“儒学第三期的意思就是儒学仍有当代意义,仍然可以进行现代转化”。

斗转星移,25年后,北大作为哲学的学术、教学重镇发展更为繁荣,西哲、马哲、中哲各路中坚力量云集。

在2011年的采访中,杜维明向记者畅谈了自己的理想:一是继续推进各个文明的深度对话,可以延请诸如伊斯兰文明的研究学者驻校授课,惠及学人;二是培养一批有国际交流能力和影响力的中国学者;三是将北大提升为哲学领域的国际学术交流中心。

并不熟悉国内学术运作环境的杜维明在探索适应中逐步向着使命而去。

很快,局面打开了。

除了延请以傅高义、福山、贝拉、阿瓦尼、浦安迪、孔汉思、斯维德勒为代表的海外高端学者来北大讲学交流,并常年在燕园推动以《大学》为核心的经典会读外,在有着“天地之中”之誉的河南登封,以华夏文明与世界文明对话为主题的“嵩山论坛”在2017年9月17日已经举办到第六届,主题是“成己成人:共建天下文明”,而2012年第一届的主题是“从轴心文明到对话文明”。在第一届“嵩山论坛”上,研究东正教的俄罗斯科学院院士、数学家赫鲁济,研究基督教的美国坦普尔大学教授斯维德勒,研究道教的波士顿大学科恩教授,在有着千年历史的嵩阳书院里共同对话。北大高等人文研究院提出倡议,主张“嵩山论坛”作为一个总结历史、关注当下、放眼未来的人文平台,旨在通过对话解决争端和冲突,为全球社会走向“对话文明”创造条件。而儒学则要从自己的角度来思考与每个人息息相关的世界性问题。

和世界文明对话的同时，杜维明也倡导商业文明伦理。他担任长江商学院长江人文委员会主席有年。北大世界伦理中心与长江商学院共同举办的“儒商论域”论坛 2017 年也举办到了第五届。杜维明将自己学习的维度扩展到了更具实践性的商业领域。

作为嵩阳书院院长，杜维明组织的纯学术的研讨会每年也在北大和嵩阳书院持续地举办，凝聚着更多的学界众人参与到对话和交流中。

雅典竞争：世界哲学大会落户北京

如果说在海外的对话中提升以儒学为主的中国哲学是由外而内的路径，那么申请具有 118 年历史的世界哲学大会落户北京召开，则是一个由内而外的传播。对于中国哲学，对于世界哲学，这都是双赢的提升。对于这项百年工程的推进，杜维明不遗余力，奔走了十余年。2017 年 8 月 13 日于北大召开的第 24 届世界哲学大会启动仪式上，杜维明被聘为 2018 年召开的学术盛会的学术委员会主任，中外学者以持久的掌声感谢着这位奔波之人。

中国近代全方位向西方学习，高校的学科设置也不例外。“哲学”作为来自日本人的译名和西方人的学科设置，更有着浓郁的“取经”色彩。中国哲学在经过法国启蒙思想家短暂的肯定后，便受到黑格尔的蔑视，中断了正常的海外传播和评价。世界哲学大会始自 1900 年的巴黎，当时正是工业革命蓬勃向上之时。世界博览会的举办如火如荼地影响着世纪之交的西方社会，而由巴黎举办的世界哲学大会也在西方世界内部提供着学术的交流。罗素就说过，第一届世界哲学大会改变了他的一生。

1998 年，在哈佛燕京学社社长任上的杜维明应邀参加了在波士顿举办的世界哲学大会，并用英文做了关于“儒家核心价值”的主题演讲。2007 年，杜维明邀请世界哲学大会的主办方——国际哲学团体联合会(FISP)董事局和韩国哲学大会地方委员会成员到哈佛燕京学社召开研讨会，题目叫“21 世纪哲学的再思考”。在学术研讨之余的行政会议上，杜维明表达了中国申办世界哲学大会的意愿。按照 FISP 的规则,举办地在前一次大会上由 102 个会员组织投票决定。2008 年,世界哲学大会首次走出欧美,移师亚洲的韩国,被选为 FISP 指委的杜维明将中文申请为大会官方语言。

2013 年 8 月 8 日,雅典。由杜维明、王博、刘哲、王建宝组成的北大团队有些诧异。本以为没有申办竞争对手,不料韬光养晦的巴西如同黑马般杀出,显示了全民出动的志在必得。能否拿到举办权,就看第二天的 15 分钟主题陈述了。北大团队几乎一夜未眠,有人修改文本,有人制作材料。第二天,杜维明镇定自若地作了主题陈述。他强调了三点:(1) 中国需要哲学。150 年的救亡图存之爱国心使得社会精英都忙于做拯救国家的政治家,而今社会回到了“五位一体”(经济、政治、社会、文化和生态)的人之全面发展阶段,必然会涉及对人生价值的追问、世界观的认同。(2) 西方哲学需要走出象牙塔。虽然当代有哈贝马斯、德里达、福柯、罗尔斯等杰出大家,但比起政治学、社会学、经济学和自然科学上的人才辈出,哲学则显得淡泊,必须显示出影响力和公共性,而中国能提供丰富的资源。(3) 哲学本身必须全球化。“哲学的太阳”从希腊升起,不能从希腊落下,要落到多个文明大国,包括中国、印度和非洲、拉美。

在论辩阶段,杜维明站起来回答了 25 次辩难,包括“能否保证不出现雾霾”“能否保持学术的独立性”等。最后,中国以 56 比 20 稳获世界哲学大会举办权。而在之后的 FISP 指委换届选举中,31 人当选,其中秘书长卢卡 79 票,杜维明 65 票,第三名是 40 票。

在 2017 年 8 月 13 日的倒计时启动仪式上,FISP 主席、爱尔兰皇家院士莫兰教授赞许道,由儒家学者杜维明提出的以“学以成人”为主题的北京大会是一次“真正的尝试”,走出了以希腊为核心的狭隘的西方哲学进路。FISP 秘书长、北京大会指委会主席斯卡兰蒂诺教授则感谢北京大会为世界哲学共同体克服文化偏见与思想僵化提供了独一无二的契机。“我们越来越意识到:离开中国在哲学、文化以及精神方面难以估量的文化和理论遗产,我们通常所谓的‘哲学’就是极其有缺陷的。”

杜维明对主题“学以成人”阐释道,这是理论和实践的结合,是认知,也是行为。这也是他对世界哲学多年观察后得出的结论：哲学不仅仅是理性思辨、自我反思、追求真理和意义的学问，也是做人的学问。

这或许是一次回归本源的世界哲学大会。公元前5至8世纪，轴心文明之一的中华儒家学说诞生于中原。而今，中国哲学将走向更广阔的视域，儒家也将为其他文明提供更丰富的思想资源。

思想贡献：儒家的精神性人文主义

对儒学精神价值的探索，是杜维明确立的为学方向。那么，我们要以怎样的表述和内涵来承载儒学所蕴含的人文特性？尤其是进入21世纪后，人类面临的共同困境与日俱增，作为人类方向指引的哲学该提供怎样的可选答案呢？

自2014年起，"精神性人文主义"一词出现在杜维明的演讲中的频率增加。2016年3月，在华东师大举办的"桑德尔与中国哲学"国际研讨会间歇，杜维明向记者表达了自己的思考过程："我一直在想儒家精神性人文主义的内涵和它对其他文明的解释力，每次都有些推进，但与诸文明的关系始终没有最终打通。这次基本理顺了。"

人类发展至今，下一步该向哪个方向而去呢？在杜维明看来，包含着仁爱的文明能否延续，是人类自救的前提。"对人的思考将成为全球思想界的共业。"他的反思并非杞人忧天。在与全球各界人士的广泛交流中，这类反思不断得到呼应。2015年，联合国提出了"2030年可持续发展议程"，联合国气候变化大会达成了《巴黎协议》。当年7月，受法国总统奥朗德之邀，杜维明参加巴黎"气候良知峰会"，与四十多位人类思想界代表一起出谋划策。他指出，人类的处境发生了前所未有的变化，"它不是过去问题的延伸，因此要特别呼唤人的自觉，新的人文主义"。

杜维明认为，精神性人文主义区别于西方的凡俗人文主义，包含自我、社群、自然、天道四个维度。"这是我在21世纪的学术奋斗目标，我希望它能成为一个话题，能否形成还要看实际情况。"

2015年，国际哲学学院（IIP）将年会首次放在北大召开，主题是"人的维度"。面对高科技，"精神性人文主义"的演讲再度引发与会三十多名IIP院士的极大关注。那次年会后，杜维明也以高票当选了IIP副主席（共有两名副主席）。■

在2016年3月的采访中，杜维明非常诚恳地说自己对健康的管理不力，"我总觉得自己精力不够，应该做的和能够做的，理想和现实之间有差距"。1966年，完成在哈佛大学的四年学业时，他描述了自己立志于儒学这一具有"全球意义的地方知识"的豁然开朗："这一灵感触动了我身心灵神中的每一个部分，调动了我每一个细胞的能量。"20世纪70年代，他撰文表达了身处异国对"如何"做儒者无例可循的一种恐惧和敬畏："无论如何，要花上三四十年功夫，才能把此刻的心境真正定位。"如今，"做"儒学哲学内在的生命激扬终于"真正定位"了。然而，"知其不可而为之"的奔走践履将继续伴随生命历程，促他不断去求证儒家"极高明而道中庸"的境界。

原文2017年9月刊于"文汇"APP、"文汇讲堂"微信公众号，作者为《文汇报》记者李念。

郭齐勇:从“认同”走向生命的实践

70 周岁前 17 天,山东曲阜,第八届世界儒学大会上,武汉大学国学院院长、教授郭齐勇荣膺“世界儒学研究杰出人物奖”,此前共有杜维明、安乐哲、陈来等 9 人获此殊荣。郭齐勇发表获奖感言时表达了两个意思:儒学是生命的学问,将“活到老,学到老”;继续培养后学,扶持民间儒学。

8 天后的 9 月 28 日,孔子诞辰日,记者随郭齐勇教授爬上珞珈山上的武大国学院,他的膝盖在暑期中刚被警告严重受损,可是依然一步一步缓慢地在绿树掩映下拾级而上,一格又一格,将 50 级石阶留在身后,如同他近 40 年的治学之路,笃实稳健,而持续勤奋后方看得好风景。进入山腰间的国学院办公室,他问同事的第一句话就是:上午樱顶的孔子祭奠仪式如何?办公室的墙上,前辈、美学大师刘纪纲狂放的书法“子在川上曰:逝者如斯夫,不舍昼夜”挂匾凝望,似乎在向记者透露这位国学院掌门人的认同与实践之路。

温情给予的底线,特殊岁月的认同寻找

黑格尔曾说:“人不能脱离他的时代,正如不能脱离他的皮肤一样。”迷茫中寻求认同,伴随着郭齐勇的少年和青年,甚至蛰伏到他的学术研究中。而特殊年代给予他的磨难,一旦被超越,就成了不可或缺的财富。

1. 少年世界观遭受冲击,寻求身份“认同”中的人性复苏

2017 年 4 月 18 日,郭齐勇和二哥、北师大教授郭齐家一同出席岳麓书院讲坛,兄弟会讲《中国式家庭教育:从传统走向未来》。谈到家庭给予的影响,郭齐家教授总结道:“应该说,我祖父、父亲不是精英,而是生

活化的民间下层儒商。他们都遵守儒家的思想道德,诚实不欺,公平守信,还热心公益,乐施不倦。他们总是以仁义忠信来教育我们。”

循着这场演讲,记者和郭齐勇教授一同驰回武昌城边的成长岁月。

“因为我比大、二、三哥小一截,并没有机会得到祖父的蒙读训练,但是‘三百千千’常在母亲口中念叨,‘黎明即起,洒扫庭除’等随口而出,自小便得耳濡目染。”毕业于武昌高级商业学堂的祖父曾任湖北美专总务科科长,迫于生计而转为经营木板寿材和粮食生意。新中国成立后,担任过武昌区政协委员的祖父不仅在街道办夜校,还在家里亲自敦促孙辈们每天写大字、小字,做十几道数学题,背诵古诗文和新诗文,“俨然一个民间私塾”。这个耕读之家,辈分按照《大学》中的“正修齐治平”排列。

然而,因为经商的父亲曾做过资方代理人,20 世纪 60 年代,郭家被划为“黑五类”。“由于有七位子女,我印象中都是父母在贫寒中如何节衣缩食,缝缝补补,孝敬老人又抚育我们。”

“1965 年,我正在读高二,非常苦闷,和老师说想去参加新疆建设兵团,以证明自己对革命的忠诚。”省重点武汉十四中的校长阻止了这位品学兼优学生的冲动。1967 年元旦,因出身而被屡屡排斥在红卫兵之外的郭齐勇和其他三位同样处境的同学,扒火车去了乌鲁木齐。由于那年新疆建设兵团不再招人,四人又被迫返回武汉。

对于那段“被抛”岁月的处境,在 1996 年的回忆文章中,郭齐勇用《永久的悔》来自我反省,他严厉地自我剖析:“十分可悲的是,我个人在这种局势下陷入严重的精神自戕、肉体自虐的境况中,陷入了偿还原罪的苦闷和折磨中。”带着这种等外公民的救赎之心,他曾按照班里红卫兵的勒令信,让家里祖父母、父母集合起来,高喊“老子反动儿混蛋”等十几条口号。“这些跪着造反、扭曲人性的心态和行为,虽然发生在非常岁月中,自己尚不足 20 岁,然至今我仍不能原谅自己。”

尽管急迫地追寻“认同感”,但是“应该说,童年时所受的仁义礼智信的耳濡目染和家庭的温情,还是让我们保留了做人的底线,并没有走远”。已届古稀,郭齐勇平淡叙述中省去了诸多波澜壮阔的心路。寻求“认同”之路在此后的两年下乡、八年工厂做工中继续,“我感受到最多的还是一种温情”。这种亲人和人际中的温情,如同童年成长中埋下的善的基因一般,为他日后投入新儒家和哲学研究植下了“灵根”。

谈到十年社会最底层的生活,郭齐勇冠之以“人性的复苏”。

1968 年 11 月,身为班长的郭齐勇和班委带队来到湖北天门县若干公社安营扎寨。当知青们按照斗争“地富反坏右”的精神做批斗时,农民们会善意地说,“他们都是地主的二代、三代了”。1969 年早春,皂市白湖围垦时,“五类分子”跳入刺骨的水中作业,农民们总想办法让他们早点上来。看到知青们猛干时,他们也会揶揄:别把一辈子的饭一口吃完了。“民间生活把我们内在的四端之心启导了出来。从这个意义上说,我们接受的是无言的再教育,是实际的人生,是良心的复苏。”郭齐勇回忆中告诫自己,做“独立不苟的平民知识分子”,不要脱离中国文化的乡土之根。

2. 八年工厂做工,学马列,好感于哲学,在武大学报发论文

如果说两年的农村生活让人性得到复苏,那么八年的工厂时光,郭齐勇等人则是幸运地得以补回了荒废的学习。

1970 年 7 月,郭齐勇被招入地处应城的新成立的湖北省化工厂,和他一起的有周边四个县的 800 名知青。他参加了厂里的工人理论队伍。“我们很幸运,一批五七干校的成员在工厂主事,其中宣传科长是武大政治系毕业、《江汉论坛》主编荣开明,而世界史专家吴于廑的公子也在工厂。”在武汉十四中就一直是学生文艺期刊主编的郭齐勇,在天门乡下的茅屋油灯下,翻阅《〈黑格尔法哲学批判〉导言》等哲学书,他完全不懂。1972 年,在新华书店购得一本汪子嵩、张世英、任华等编著的《欧洲哲学史简编》,他如获至宝,并逐步爱上了哲学和追问。他与同事合写的一篇评《水浒》的文章,在修改后竟然发表在《武汉大学学报》,这更鼓励了他的学习热情。他又响应号召,认真研读六本马列著作和《毛泽东选集》第 1 至 4 卷,并延伸阅读了侯外庐、任继愈、王夫之等的作品。

恢复高考时,已是电气车间班长、三级工(每月工资有 40 多元)的郭齐勇一心想报考武大中文系。相比哲学,他的笔头更亲近文学,曾写诗歌和杂文而获奖。那是个人人皆文艺青年的时代,凡是能看到的俄苏文

学作品和西方现实主义、浪漫主义思潮的作品，都成为知青们踊跃传阅的读本。“我反复读了鲁迅很多书，尤其受他杂文的影响。”1978 年 3 月，他报考武大，被分到哲学系。

从此，郭齐勇在哲学系这个“小门”里继续寻找着学术的“认同”。

萧萐父引领入学术之门，由独辟蹊径到使命自成

在每一篇记者能读到的哲学史家萧萐父先生的追忆文章中，郭齐勇都有类似的叙述：“没有恩师，就没有武汉大学的中国哲学学科，也没有我。”他将业师对自己 30 年的无言之教概括为三点：一是人格成长，“为学不作媚时语，独寻真知启后人”，与利禄之徒划清界限；二是学习能力，八十多岁依然保持学术的朝气、敏锐和激情，无私关心、培养学生；三是才情万丈，喝酒、赋诗、书法无一不精，满腹人文修养与质素。

1982 年 2 月至 1984 年 12 月，郭齐勇成为萧萐父、李德永、唐明邦三位教授的入室弟子。本科时，萧萐父常把自己的文章、会议论文交给郭齐勇学习。郭齐勇的一篇有关王夫之的习作，经萧萐父指导后改为三层结构，在 1983 年的《中国哲学》第 10 辑发表。他后来颇有难度的《尚书引义》读书笔记又在指导下提交全国王夫之讨论会，于 1984 年正式发表。就在恩师点点滴滴的手把手垂教下，郭齐勇的学术能力快速成长。

1. 以“熊十力”气场“赶走”了司马迁选题，武大哲学系成了新儒家研究重镇

还在作为本科生旁听研究生课程时，郭齐勇听到萧萐父提及熊十力的《体用论》，当天他即在图书馆翻阅，不禁完全被吸引了。在准备硕士毕业论文的 1984 年年初，郭齐勇鼓足勇气向三位导师提出，不做司马迁选题，改为“熊十力思想研究”。这在当时是非常之举，一则很少有人研究熊十力，二则新儒家还是一个并未完全解禁的禁区。

萧萐父先生完全支持，他开出一串北京的前辈学者的名单给勇气不凡的郭齐勇。于是，1984 年 4 月 1 日，郭齐勇来到北京木樨地，91 岁的梁漱

溟先生热情接待了这位后学。梁老对熊十力先生的轶事如数家珍，晚年著文《纪念熊十力先生》时，一定要评说一下熊先生理论上的不足，否则对不起学术事业。此后，郭齐勇六访梁府，感受到其巨大的人格感召力。梁老亦为郭齐勇自费出版的硕士论文著作《熊十力及其哲学》题笺。

最初的硕士论文还受极"左"思潮禁锢，停留在熊十力的辩证法领域，随着受到熊先生道德人格的熏陶，郭齐勇的研究逐步扩展为全面的研究。1987 年随萧公读博后，郭齐勇继续以"熊十力研究"为博士题目，不仅导师萧萐父，作为校外评审或答辩专家的周辅成、任继愈、冯契、石峻、朱伯崑、吴林伯都给予了悉心的指点。有幸的是，博士论文 1990 年通过后，改名为《熊十力思想研究》，于 1993 年 6 月列入国家哲学社会科学重点项目——"现代新儒学研究丛书"之一。1995 年，该书获得原国家教委首届人文社会科学研究优秀成果之著作类二等奖。从 1990 年开始，萧萐父先生亲自主持了《熊十力全集》的搜集、整理、编校工作，郭齐勇自是主力军。全集凡 500 万字，九卷，十册，用了 12 年时间，终于在 2001 年出版。

在萧萐父先生开阔的胸襟下，武大哲学系成了研究新儒家的重镇，有郭齐勇研究熊十力，李维武研究徐复观，田文军研究冯友兰。

当记者询问，此后的熊十力研究是否还会有学术潜力时，郭齐勇非常肯定，"只要有新资料在发现，就有研究天地"。提及史料的考据和挖掘，郭齐勇由衷地感谢萧萐父先生的指点。当年，他和景海峰在导师的支持下来到上海。熊十力先生从 1954 年 10 月起定居上海直到 1968 年 5 月 23 日去世，重要的《原儒》(下卷)、《体用论》《乾坤衍》等都是在沪期间写成并出版的。

"我们赶到时，淮海路的寓所已经收回，物件堆放在长宁区房管所，旧藤椅、旧皮箱和生前手稿书籍都堆在一个角落里。"那次访问故居的收获是极大的。郭齐勇和景海峰两人不辞辛劳地整理旧物，至少有三大发现：第一，发现了一封熊十力 1954 年通过郭沫若转给中央的信的原稿，信中提出了对新中国文化建设的看法，其中包括让梁漱溟去主持恢复后的勉仁书院，同时也提出"马克思主义宜中国化"的主张。其二，找到了熊十力在西南联大时获发的教授聘任书,平息了此前的猜疑。其三,也是最重要的,找到了誊抄整理好的完成于1963年的《存斋随笔》,这是熊十力解释佛教十二缘生的札记,"也是他生前最后一本书"。这些发现也奠定了两位年轻学子在熊十力研究上的地位。而更受感染的是,他们从熊十力家人口中得到一些晚年描述。在熊先生居室里,挂着三幅大字写的君师帖,孔子居中,阳明居右,船山居左。被抄家时,熊十力跌跌撞撞走出门外,喃喃自语:"中国文化亡了,中国文化亡了!"

"熊先生有道的飘逸、禅的机趣外,更多的是儒的真性。"郭齐勇在2011年再版的《熊十力哲学研究》新序里这么评价。在他的内心,正是由熊十力的研究而深受其原创思想、光辉人格感召,逐步加深了对儒家哲学的"认同"。

2. 遍访名师,聆听真传,参与开放的海外学术交流

因为研究熊十力,郭齐勇得以遍访学界前辈,学术眼界大为开阔。1985年、1988年、1995年是他学术史上特别重要的年头。

1985年春,郭齐勇出席了汤一介先生创办的中国文化书院在北京举办的第一届中国文化讲习班。"这是自己一生中最幸福的时光。"他亲耳聆听了梁漱溟、冯友兰、张岱年、周一良、侯仁之、金克木、季羡林、任继愈、汤一介、李泽厚、庞朴、吴晓玲、孙长江、丁守和,以及来自海外的魏斐德、杜维明、陈鼓应、成中英、邹谠等先生的演讲,可谓一睹名家风采,大开研究视域。是年12月,在湖北黄冈举办了盛大的"熊十力诞辰百年国际学术会议",郭齐勇协助导师接待了海外名家。

1988年冬,在香港法住文化书院举办了"唐君毅思想国际会议",师生同获邀请。"我们和台湾'鹅湖学派'中壮年学者林安梧、李明辉有了良性互动。此后的1991年,我还代导师接待了同作熊十力研究的林安梧教授访问武大。"

1995年夏,师生又受邀一同参加了在美国波士顿大学举办的第九届国际中国哲学大会,方克立、汤一介同时前往,这是萧萐父先生第三次访美学术交流。武大中国哲学学科的对外开放,也因萧公成了典范。

1999 年,郭齐勇得缘和历史系合办了“郭店楚简国际学术研讨会”,知名的国际汉学家瓦格纳、史景迁、蒲柏瑞、艾兰、杜维明、池田知久、工藤元男等均到场。已经转向先秦经典导读与研习的郭齐勇备受导师虚己容物、开放创新之风的感染。

3. 回到源头的先秦哲学,《中国哲学史》的创新及学术版十卷本的担当

参与 1999 年“郭店楚简国际学术研讨会”,是郭齐勇学术的一个延伸点。浸润在新儒家代表人物熊十力先生研究之中十多年后,他对马一浮、梁漱溟、钱穆、徐复观、唐君毅、牟宗三均有自己的解读。越是深入解读这些存在差异又有共同问题意识的大家,他越迫切感受到先秦儒学的重要。1990 年初,应庞朴先生主编的“中国文化通志” 丛书之邀,郭齐勇与人合写了《诸子学志》一书,为此打下了基础。

在讲解中国哲学史 20 年后,郭齐勇萌发了自己撰写《中国哲学史》的念头。这与其说是一份学术的进取,莫若更贴切地说,是他自己对中国哲学发自内心的认同,以及认同背后的一份梳理责任,如他所说的“守先待后”,即在目不暇接的现代化后,守住民族精神的根本,守住老一辈学问家和哲学家的气节良知,守住先圣先贤的绝学,在守中争取有创获,以待来贤。这样的念头已融在《熊十力哲学研究》一书中。“这本书其实也是谈中国哲学的书,其中包含了我对儒道释、诸子百家、宋明理学与现代哲学的理解和分析。”

2006 年,57 万字的《中国哲学史》作为普通高等教育“十五”国家级规划教材出版。该书出版后,销量极好,历年印刷近七万册。南京大学的李承贵教授抑制不住内心的激动,在 2007 年 5 月的《哲学研究》上给予了高度评价,认为该书有四个有机结合:哲学问题与作者理论、中国意味与西方方法、因事设论与学术创新、旧经验与新成果。

自 20 世纪以降,撰写中国哲学史者不乏大家和名家,前有胡适、冯友兰,新中国成立后又有任继愈、冯契、萧萐父等,同辈中也有复旦大学张汝伦等集体编著的两册《中国古代哲学史》。当记者询问与先贤时贤

的差别时,郭齐勇认为前辈的著书中,侧重逻辑和历史的统一,这个思想至今还很有意义,但他们并没有凸显经学的学术史意义;萧萐父、冯契非常注意哲学史发展的圆圈,有始有终地逻辑推进。“而我侧重在用中国哲学的问题、特色、方法的样态恢复中国哲学本来面目。”中国哲学是富有精神生命和天人合一智慧的学问,同时也是实践的哲学。郭齐勇将中国哲学精神归纳为七点:存有连续与生机自然;整体和谐与天人合一;自强不息与创造革新;德性修养与内在超越;秩序建构与正义诉求;具体理性与象数思维;知行合一与简易精神。

金岳霖曾在区别自己的知识论哲学和中国哲学时说,中国哲学里有人,而我的哲学里没有人,只有知识。中国哲学家本身就是其哲学的一部分。在《中国哲学史》出版一年后,凭着这种激情和哲学实践的使命,郭齐勇组织同仁承接了江苏人民出版社的项目,编撰十卷本的大型《中国哲学史》(学术版)。先期约稿的叶秀山《西方哲学史》和赖永海的《中国佛教通史》均在五年计划内面世。“我们磨了11年,到年底会交稿,这不同于社科基金项目,没有资金保障,但著作仍需要爬梳史料、有新见解,慢工出细活,尤其要有牺牲精神。”郭齐勇介绍,自己撰写第一卷先秦哲学,吴根友、丁四新、丁为祥等各主持一卷。作为主编,他尤其费心策划了在断代史中无法体现的《古代科技哲学卷》《少数民族哲学卷》。“我聘请了特殊人才吾淳、萧洪恩参与。”

这部600万字的学术集册许是郭齐勇晚年的学术重头戏。自1984年底留校算起,30余年,由新儒家熊十力研究入手而认同,继而投入中国哲学的源头先秦诸子的深耕,若干本熊十力研究的专著,力作《现当代新儒学思潮研究》,《中国哲学史》的个人撰写及集体项目的学术版十卷本,其中有守成有创获,可谓“守先待后”。

儒家伦理的辩论:“亲亲相隐”之十年争论廓清源头

2015年1月17日,郭齐勇在贵阳孔学堂做演讲,题目是《“亲亲相隐”与“大义灭亲”的伦理与法理之反思》。他娴熟地引经据典、缜密推理、中西比较，让听者大为触动。而这份娴熟，不仅来自他的学术功底，更来自长达十年的“学术公案”的争鸣。

2002 年前后，刘清平教授发表数篇文章批评儒家血亲伦理是导致徇情枉法和任人唯亲的腐败现象的温床，《长江日报》上“儒家是腐败的根源”的标题触目惊心，文章直指儒家将家庭私情凌驾到了社会公德之上。郭齐勇首先回应，亲人间检举告发有违伦常，损伤维系家庭和社群伦理的基本纽带。尔后，杨泽波、龚建平等加盟论战，对方则有穆南柯、黄裕生等助阵。2004 年，郭齐勇汇编出版了论战文章及海内外学者的论文集《儒家伦理争鸣集——以“亲亲互隐”为中心》。2006 年，邓晓芒就此问题重新讨论，胡治洪、丁为祥、陈乔见等继续回应，双方就“亲亲相隐”、《游叙弗伦篇》解读、中西方容隐制度及其对中国文化的评价继续展开讨论。2010 年、2011 年，双方分别收录辩论论文，结集出版。

2012 年 3 月，第十一届全国人大第五次会议通过了对《刑事诉讼法》的修改决定。新《刑事诉讼法》第 188 条第 1 款规定：“经人民法院通知，证人没有正当理由不出庭作证的，人民法院可以强制其到庭，但是被告人的配偶、父母、子女除外。”有关“亲亲相隐”的内容被纳入法律条文了，郭齐勇为自己为法理提供的学理依据感到欣慰。

面对这场长达十年的“笔墨仗”，有人直呼浪费学术资源。面对记者，郭齐勇不以为然，他富有逻辑而平直地阐述了自己的理由。首先是文本的误读澄清，让学人了解孔子、孟子、苏格拉底、柏拉图观点的正确解读。其次是中外法制史考察，自古以来就是重视“亲亲相隐”的。最后是在现代法律和伦理中的意义。郭齐勇尤其提到中外古人智慧的相通，从生命的源头而言，家庭就是赋予我们亲情滋润之地。如同孔子委婉地提倡“父子互隐”，同一时代的苏格拉底也劝谏游叙弗伦不要去告发误使奴隶致死的父亲。而孟子提出了更现实的解决方案，不告父亲，自己辞官。“把‘亲亲相隐’看成儒家主张腐败的铁证，不仅在理论上犯了范畴错置的谬误，在实践上也减轻了当今体制与贪污犯的责任，把账都算到儒家、传统文化身上了，由古人代过。”

在 2015 年的演讲中，郭齐勇并不否认当今社会法制的重要性，但指出“防腐败的同时,还要保护人情,没有真情实感的公共理性和法治建设会迅速被工具化或者虚化”。

这场论战背后是郭齐勇和同道们对儒家伦理在当代社会可资参考的理论勇气和挖掘深度,也是儒家传统文化在当下创造性转化的生动例子。郭齐勇通过学理论辩和人大提案的推进,也看到了认同的扩大和力量:“儒家不仅有一个知识系统、一个价值系统,更是一个信仰系统。”

播撒“读书种子”:国学院垂范全国,山长批评乱象

作为一个知识体系,只需做个学问家;作为价值体系,则需内心认同后的实践;作为信仰体系,在前两者的基础上,需要灵根再植的系统培育。为此,21 世纪后,郭齐勇培育精英、扶持民间儒学“双箭齐发”。他当起了武汉大学国学院院长和经心书院荣誉山长。

2001 年,在武汉大学人文学院院长任上的郭齐勇以卓越的管理才能率先创办国学试验班,以续张之洞 1890 年开创的两湖书院的国学文脉。这是中国高校首家国学本科试验班,2005 年起,挂靠中文系招收硕士生;2007 年,挂靠哲学系设立首个国学博士点和硕士点。2010 年 6 月 25 日,武汉大学国学院正式挂牌。郭齐勇将院训定位于取自《论语 · 述而》中的“志于道,据于德,依于仁,游于艺”。

国学院办公室的戴芳介绍,国学院采取小班教学,每次在 20 人内,至今培养了 234 名本科生、50 名硕士生、17 名博士生。仅 2010 级本科毕业生中,就有 6 名被海外名校录取,4 名被国内名校录取,中央电视台、湖北电视台争相报道。在挂牌几天后的北大儒学院成立仪式上,郭齐勇强调“国学研究是中国现代化的内在需要”。两年半后,全国首届国学院院长会议在中国人民大学召开,郭齐勇肯定了 20 余家高校国学研究院(所)或国学院的成立,但也指出了学科正名的现实压力。

面对记者,郭齐勇老话重提。“我并不想扩大招生和规模,一方面,国学宜静心潜读;另一方面,没有获得‘户口’,即便招生容易,找工作也受到限制。”他笑了笑说,国学院的学生不多,就是如马一浮先生所说的

培养“读书种子”吧。

尽管有着现实的暂时羁绊，但郭齐勇在国学院成立之初的愿望依然得到了实现。首先是对“国学热”浪潮的严肃的教育回应。其次是对大学文科教育模式的反思和超越。苏联教学的“概论加通史”和西方现代分科制将文史哲分割，都存在一定弊端，他希望探索出一套新的模式。最后是对复合型人才社会需求的认识。学生不仅要熟读“小学”“经学”，还要掌握两门外语。

除了“读书种子”的培养，郭齐勇更是认识到民间儒学的重要性。向来批评“国学虚热”的他却主张重建祠堂、恢复书院。2015 年在上海举办的中国民间书院首届高峰论坛上，郭齐勇提出了规范性的指导，比如书院必须有学规、规制等等。“凡是有利于正讲国学，我都予以学术上的适当支持，但是坚决杜绝打着国学的旗子敛财、误人子弟的事情。”

“儒家学者要眼中有民，努力到民间去，弘扬儒学，把会议儒学、书本儒学转化为民间儒学、生命儒学。”郭齐勇提出另一种认同：“儒家或儒学，特别是民间的儒家或儒学，在文化身份的认同、维系世道人心乃至社会制度层面的改革等方面，都大有用武之地。”■

在写稿的国庆假间，郭齐勇静悄悄地度过了 70 周岁生日，唯有弟子们的赋诗微信祝贺。

郭齐勇曾在“世界儒学研究杰出人物奖”获奖感言中说了一句，“不要晚节不保”，引得众人哗然。他说，这主要指的是坚持人格操守，不为名利所累。他的导师萧萐父是榜样。郭齐勇与恩师萧萐父心气相通，早已看淡名利。

“儒家是生命的学问，也是学问的生命，像儒家那样生活”，“世界儒学研究杰出人物奖”的获奖感言是从郭齐勇心底流出的，更是“深度认同”后的知行合一。

原文 2017 年 10 月刊于“文汇”APP、“文汇讲堂”微信公众号，作者为《文汇报》记者李念。

黎红雷：培育企业家，不做“老板”，做“老师”

2017年9月17日，一份由博鳌儒商论坛提供的公共产品——以“德以治企、义以生利、信以立世、智以创业、仁以爱人、勇以担当”六大标准为核心的“博鳌儒商榜评估体系”在上海发布。作为该体系的发起人，黎红雷在发布会上掷地有声：“儒商不是一种身份，而是一种行为；不是一种荣誉，而是一种责任；不是一种境界，而是一种担当”，流露出他对中国企业家弘扬儒家商道智慧的期盼。

发布会次日，记者来到黎红雷下榻的住所。伴着不时爽朗的笑声，带着海南口音的黎红雷打开了自己久远悠长的记忆库，“一切都是因我的好奇心而起的嘛”。从求学时期儒与商的思索到如今企业儒学学科的创立，从学术上的创新钻研到培育数以万计企业弟子的累累硕果……一句简单的开场白、一副特有的沉厚嗓音，黎红雷三十余年“好之不如乐之，乐之不如行之”的治学研究经历一一展现。

追根溯源：企业文化背后是“德治”的儒家思想

古人有言“半部《论语》治天下”。大到国家，小到家庭和企业，归根结底都离不开“德治”二字，这是传统文化和企业管理殊途同归之处。自小深受传统文化的滋养，让黎红雷的思维多了一分创新的底蕴，也让他的学术研究最终“九九归一”。

1. 工厂八年，再到学校，深耕比较哲学

1970年，来自海南省琼海市大园古村的黎红雷正值18岁，他怯生生地走进了广西百色造纸厂，成为一名年轻的学徒工。两年半的学徒期，

五年后的转干，在这段时间里，敏而好学的黎红雷完成了从学徒工到正式工人再到车间主任的转换。这份在企业的工作，黎红雷一做就是八年。“这段经历对我整个人生和学术有着至关重要的影响，做车间主任整天跟员工打交道，如何才能让下属心服口服，是非常考验智慧的事情。那些年里，我成长了很多。”黎红雷感叹。直至 1977 年底，国家恢复高考，自小被称为“读书种子”的黎红雷自然毫不犹豫地选择参加高考这一难得的机会，并以高分走进了广西大学的校门。此后，世界为他打开了一扇崭新的窗户。

一杯清茶的回味中，黎红雷回忆起自己求学时期的青葱岁月。那时他入读的是广西大学中文系理论写作专业，一年后才改为哲学系哲学专业，主修的是中外比较哲学。沉浸在中西哲学家思想的汪洋中，黎红雷度过了惬意的大学时光。1982 年 1 月毕业后，他便留校任教。1983 年 9 月，黎红雷考取了中山大学硕士，研究中国近现代哲学，继续在比较哲学中深耕，《中法启蒙哲学的比较研究》是他的硕士论文。成绩优异的黎红雷毕业后再度留校任教。1987 年，他成为中山大学招收的第一位哲学博士(在职)。洋洋洒洒十万字，短短一年内，他的博士论文初稿《天火的燃烧——西方思想与近代中国思潮》渐露雏形。从本科读到博士，扎实的哲学功底为黎红雷日后对中外思想的融会贯通打下了不可或缺的基础。

2. 学术转折，参观企业的意外收获

一次企业参观，成为黎红雷通往管理哲学研究的契机。“1988 年正逢企业文化热，系里组织我们这些老师去企业参观。在座谈会上，一名企业家说‘企业文化是我们企业家自己做出来的，和你们专家学者没有关系’。”在返校的路上，这句话如同魔咒一样回响在黎红雷的耳边。他一路深思。“这和我当年在企业工作时候用的那套思想不就是一回事嘛。后来回去，我开始一路查，决心一定要查出一个水落石出来。我翻阅了第一本关于企业文化的书，也就是 1982 年小肯尼迪等人写的 *Corporate Cultures*，还有《日本的管理艺术》等等。我发现美国的 corporate cultures（企业文化）其实是从日本学来的，即日本的‘社风’。”

20世纪50年代初，日本的工业还比较落后，日本企业松下、索尼、本田等专门邀请美国质量管理大师戴明博士多次到日本讲学，他手把手教日本人什么是企业、什么是管理、什么是质量等等。所以，戴明对日本的影响甚大，以他名字命名的“戴明品质奖”至今仍是日本品质管理的最高荣誉。60年代，日本的经济突飞猛进，美国特意组团前往日本参观，探究为什么日本企业发展得这么好。日本人当时很诧异，“我们的管理都是跟着你们美国学的啊”，那到底是什么地方不同呢？一位日本企业家认为：“日本和美国的企业管理有95%是一样的，还有5%不同，我们有社风，包括社训、社歌、仪式等东西。”

那么，“社风”背后是什么？其实就是儒家的“德治”！一路“追查”的黎红雷对自己的这一发现产生了浓厚的兴趣。虽然当时已经着手准备博士论文，但黎红雷震撼于这些发现，直接去找导师要求更改题目：“我找到一个很好的思路，现代企业文化用的就是儒家的思想。我要研究儒家思想是否可以应用到现代企业管理中去。”敢于质疑、打破砂锅问到底的执着精神为黎红雷开拓出一条学术新路。

3. 填补学术空白，专著《儒家管理哲学》问世

那时候的中国，企业文化才刚刚萌芽，“儒家管理哲学”的概念还没有人提出，连其导师也未曾涉及该领域的研究，黎红雷的这一设想可谓相当超前。“当时北京大学的赵靖教授曾写过《中国近代经济思想史》，我为这个新研究课题向他请教，没想到他立马回复我：‘太好了，你这是填补学术空白啊！’于是，我就开始了系统性的研究。但真正做起来也不容易，毕竟我不是学管理的，要知道儒家思想是否能够运用到现代企业管理中，起码要知道现代企业管理到底讲些什么。”一贯雷厉风行的黎红雷花了一年时间专门研究现代企业管理理论。当时大多数西方管理学著作还没有中译本，而黎红雷在中学学的是俄文，英文底子并不厚。在短短一年时间里，黎红雷下了“铁杵磨成针”的功夫，去管理学院资料室查找资料，阅读全英文版的著作，翻着字典一个单词一个单词地查找，最

终把企业管理的相关知识理顺搞清了。与此同时，黎红雷还将美国人写的 *Corporate Cultures* 编译为中文，取名《美国企业文化》，并根据自己的实践和理解写了一本《企业文化概论》（这两本书均于 1989 年正式出版）。

“我们儒家讲的是治理国家，治理企业也一样，需要把‘人’的问题解决好，本质上就是对人性的管理。”研究透彻了的黎红雷对于儒家管理思想的兴趣更加浓厚了，其 25 万字的博士论文《儒家管理哲学》分为两部分：第一部分从管理的角度看哲学的“四论”，即本体论、认识论、方法论和价值论；第二部分则从哲学的角度看管理的“六观”，主要聚焦于管理的本质观、人性观、组织观、行为观、控制观、目标观等。“当时我讨教了两位老师，一位是执教于美国夏威夷大学哲学系的成中英教授，1979 年他在台湾地区发表过文章《论中国管理哲学》；另一位是台湾交通大学管理学院的曾仕强教授，他在 1981 年出版了专著《中国管理哲学》。”

1991 年，黎红雷通过了博士论文答辩。1993 年，黎红雷的专著《儒家管理哲学》正式出版，在其博士论文的基础上又增加了五万字。导师李锦全以及成中英、赵靖教授分别为该书作序并给予了很高的评价，其中赵靖教授特别提到了黎红雷的学风：“通读其数十万字的博士论文原稿，竟然没有发现一个错别字和错误的标点符号，这在当今是很难得的，文章的思想更是具有很强的创新精神。”对文字的尊重，黎红雷归结为曾经“在中文系学习训练的结果”。

4. 赴美取经，协助成中英完成“中国管理哲学”架构

1994 年，黎红雷决定前往美国夏威夷大学跟随成中英教授从事比较管理哲学的博士后研究，在做学术之余更将中国哲学带到了世界。“现代企业的管理，虽然我们总体上是向西方学习，但我们有的西方未必有。”黎红雷向记者解释道，比如“自我管理”是德鲁克在《有效的管理者》一书中提出来的，他说一个不能把自己管理好的人很难设想其能当个好的管理者。而这个思想孔子两千多年前就已经提出来了，“修己安人”“正己正人”等等皆是此意。感慨中国文化博大精深的黎红雷还是作了理性的选择，“不管如何，美国毕竟是现代管理理论的发源地，我要

去美国学习取经”。

一年多的博士后生涯里,黎红雷的主要任务就是协助成中英教授完成“中国管理哲学”的架构。虽然成教授从1979年就开始写作相关文章,但论述还很零散,也没有专著。黎红雷便从搜集整理他的几十篇文章开始,将英文的翻译成中文,并协助提炼完善C理论等。让黎红雷印象最深的莫过于偶尔给美国本科生上中国哲学课,他在教室黑板上首先画一个太极图,“这就是我们中国人的哲学图腾,阴阳结合,生生不息。在没有文字表述之前,古代中国人就是用这个图形来表达我们的哲学思维”。随后,他又在旁边画一个分割圆形,一半白,一半黑,“这是你们西方人的哲学思维,不是白的就是黑的。中国的哲学和你们的不一样,但这两种哲学各有千秋”。迥异的思维让美国学生萌生了兴趣。

协助成中英完成书稿《C理论:中国管理哲学》之后,黎红雷也面临着“留还是回”的抉择。“我想了很久,做中国哲学的还是回国发展吧,回来有事可做!”这个决定不仅改变了黎红雷的学术道路,更影响了之后中国一大批中小企业家的经商之路。

牛刀小试:一心向学,“被迫做官”搞改革

2017年9月,教育部公布“双一流”名单,中山大学哲学系赫然上榜。如今的中山大学哲学系人才济济、生机勃勃、闻名遐迩。看到这些,了解其发展历史的人,都会提到黎红雷的贡献。黎红雷曾经担任中山大学哲学系副主任七年、系主任十一年,为这个系的发展奠定了坚实的基础。而当年他这个哲学系系主任其实是“激将法”所产生的。这是他第一个尝试运用管理哲学的地方,也为之后成功培育企业家埋下了种子。

1. 整顿系风,行政管理显奇效

1995年,黎红雷赴美归来。“哲学系副主任的任命书其实在我去美国之前就已经下来了,我回来直接就职。虽然中间有可以到外面从政的机会,但我没有去,我还是喜欢做学问。”黎红雷悠悠地说道:“1999年

底，哲学系物色新的系主任，当时校长找我谈话，希望由我担任。当时我还是想一心做学问，校长对我说了一句：'听说你是研究管理哲学的，如果你连管理一个系都不敢接，那你这个管理哲学还有什么用？'"激将法下，2000 年 1 月，黎红雷成为新的哲学系主任。"在其位，谋其政"，黎红雷的管理哲学也有了用武之地。

上任之初，黎红雷就做了几件"大事"——引进人才并整顿办公室。黎红雷表示，办系，人才最重要。黎红雷先后从美国、法国、加拿大、中国香港以及国内各著名高校引进了二十多位关键岗位的人才。"竹外桃花三两枝，春江水暖鸭先知。""有心栽花花不开，无心插柳柳成荫。""无可奈何花落去，似曾相识燕归来。""接天莲叶无穷碧，映日荷花别样红。"黎红雷引用诗句分别展现人才引进过程中的甜酸苦辣，当然，更多的是充满着喜悦与自豪。

人才来了，如何留得住？除了大家熟知的"事业留人，感情留人，待遇留人"之外，黎红雷还特别提出"服务留人"。黎红雷决定整顿办公室，搞末位淘汰，重新竞聘上岗。"以往办公室是为系主任服务的，现在开始要跟着我为老师们服务。我当时定的治系方针是'公正、效率、和谐'，所有老师的出差、办会、报销一律由办公室负责，一下子效率提高了，风气也大变了。摆脱了这些琐事，教授们才有可能一心一意搞学问。"

在黎红雷的治理下，哲学系的面貌焕然一新，在学科评估上的成绩也节节攀升。早期中大哲学系在全国排名第 8，教育部 2005 年第一次学科评估上升到了第 5，2009 年第二次评估排名第 3，黎红雷的治系成效十分明显。

2009 年初，任期届满的黎红雷准备交班，新的系主任人选也已经公示。但在校长的挽留下，黎红雷延后了两年多，直到系友捐建的哲学大楼建成竣工才退下来。"俾精神共家园一体，名师与大楼齐辉"——黎红雷撰写的哲学大楼碑记让他颇为得意。如今，无数学子来来往往，感受着大师和大楼的风貌，这也是黎红雷送给后学们的"礼物"。

2. 教授《弟子规》,以“清醒剂”醒人

“弟子规,圣人训;首孝悌,次谨信……”2017年9月1日上午10点,中大哲学系2017级百名本科生齐聚哲学楼八楼礼堂,聆听老系主任黎红雷的开学第一课“《弟子规》与大学生”。这是该系自2005年以来一直坚持的“规定动作”。课上,黎红雷给出了三道题:第一是“计算题”,让同学们计算上大学四年预计要花费父母多少钱;第二是“思考题”,思考自己将来如何回报父母;第三是“课外作业”,把开学第一课的感受写一封信给自己父母。看似简单的一课,效果却出奇的好,很多父母给系里写信,“这么多年来第一次收到孩子的信,满是对父母的感恩之词,把孩子交给你们培养我太放心了”。在黎红雷看来,在以自我为中心的权利意识过分泛滥的今天,《弟子规》所强调的人的义务意识不失为现代社会难得的一副“清醒剂”。

黎红雷将自己编写的《弟子规行为准则》和《国学经典九百句》送给同学们。他告诉记者,《弟子规》的核心精神是“感恩爱众,自律自强”,学会感恩,就要从身边最亲近的人开始。“不仅仅是《弟子规》,还有各种经典书籍,我最早在开学第一课上讲的是《中庸》,并且将其列入学生的必读书目,因为我们中大的校训‘博学、审问、慎思、明辨、笃行’以及我们哲学系的系风‘尊德问学’都来自《中庸》。从2001年开始,在开学时就给每位学生发一本《中庸》,我还专门开设了‘《中庸》精读’这门课。到毕业时,学生要把《中庸》背出来,我才给他发毕业证书。”黎红雷笑言。现在,这一做法已经在中山大学全面推广,2013年是《弟子规》,2017年是《大学》,为的就是让学生们不要“忘本”,接上五千年中华文明这个“根”。孔子的教育理念是“学以成人”,自小浸润家风家训、为传统文化所感染的黎红雷,对当代学子的“成人”教育有着天生的使命感,“为往圣继绝学”已经成为他和中山大学同事们念兹在兹的终身事业。

星斗浩瀚:展商道智慧,以儒家思想培植企业

“一直以来,我都坚持这样的理念,源远流长的中国优秀传统文化应当而且可以转化成现代人可以践行的智慧。”三十多年来,黎红雷痴心不改,走出“象牙塔”,扎根大社会,在企业儒学、乡村儒学、青少年国学教育方面深耕细作,久久为功,受到学术界和社会大众的充分肯定。

1. 扶植华商书院等六大机构,赋予企业家“文化资本”

自1993年起,黎红雷开始陆续在各种企业家学习班、MBA班上讲课,开启了儒家商道智慧的传播之旅。此后,华商学院、海南省青少年教育基地、博鳌儒商论坛等品牌陆续叫响,而黎红雷也多次受邀赴美国、加拿大、日本、法国、德国、希腊、意大利、新加坡、越南等国家讲学。

黎红雷任中大哲学系系主任期间,先后扶植了六家培训机构,其中以华商书院最有“名望”。2006年,黎红雷受教育部委托撰写的《中国管理智慧教程》出版,作为管理院校学生的教材。“教材拿来培养学生,学生成为老板至少要五年、十年,那我还不如直接培养老板。”在这样的初衷下,华商书院在当年的9月28日,即孔子诞辰日成立,12月1日在曲阜正式开学,至今已经开办编制班73期,编外班26期,培育弟子五千余人。2013年5月,黎红雷受哈佛大学之邀前往做报告,其中一场“中国企业家的国学教育”便是以其提议创办的华商书院为例。

华商书院的独特之处在于,它是中国唯一只为董事长、总经理开放的书院,也是中国唯一采用“实地游学”教学方式的书院。书院通过品读国学经典,探讨古代治国之道,兼修现代企业治理理论。黎红雷向记者介绍,华商书院提倡重视实践教学的风气,鼓励各班级组织学员企业互访,支持各地校友会组织已结业学员的后续学习,让学员感受到“一日进华商,终生不毕业”的熏陶,实现从“草根”到“君子”的转变。

十余年间,华商书院学员中诸多中小企业发展壮大以至于上市,背后都有儒学和国学思想的指引。“我们培养的都是中小企业的老板,当

时开办的时候还没有一家是上市公司，现在已经有几十家成为上市公司了。”企业越走越正、越做越大，黎红雷也随之有了越来越多的企业家“铁杆粉丝”。但在学术与商业的分岔路口，黎红雷始终不忘初心。“做老板的不做老师，做老师的不做老板，我的本分就是帮助企业家成长。”孟子言“得天下英才而教育之”，黎红雷享受着这样的人生三乐之一。

2. 复建“世德园”，以文化涵养青少年

“少年兴，国家兴。”在向企业家弘扬商道的同时，黎红雷不忘关注青少年群体的传统文化教育。对于2010年开始创办的海南省青少年教育基地，黎红雷更是倾注了大量的心血和深沉的情感。“我来自海南省琼海市大园古村，那是一个有500多年历史的传统耕读文化古村，村里人不多，只有46户人家，200多人，在‘吃番薯饭也要送仔读书’的古训激励下，明清时先后哺育出了3位举人、9位贡生和63位秀才。近百年来，大园古村共哺育出了153位大学生，其中有4位博士。我本人就是在这里接受启蒙，从小吃百家饭、读百家书长大的。”四书五经、乡风民俗，深厚的文化土壤滋润着黎红雷的成长，也造就了他儒雅的性格。2010年春节，黎红雷回家过年，竟发现古村早已物是人非，大人们热衷于挣钱、打麻将，孩子们无书可读。这一幕让黎红雷备感痛心，“绝不能让村里五百年的文化根基断送在我们这代人手上”。

深感责任重大的黎红雷开始为之奔波，召集村民恢复传统，收集家风家训，建设文化长廊，复建昔日的祠堂兼学堂“世德园”……2012年春节，面貌一新的大园古村被海南省文明办挂牌为“海南省青少年教育基地”，此后每年举办夏令营，平时举办阅读班、书法班，并以此为基地，带动全省青少年乃至社会公众的国学教育。如今，大园古村已经蜚声全市、全省乃至全国，2017年9月还被国家农业部命名为“中国美丽乡村”。目前，当地政府正在投入重金打造，使其成为万泉河边一张亮丽的“文化名片”。

3. 发布“博鳌儒商榜评估体系”，首创精神财富评价

20 世纪 80 年代，张岱年先生用他的大历史观远见卓识地展望，中国将迎来理性纪念和研究孔子的新时代。1985 年，由张岱年受聘担任所长的“中华孔子研究所”在北京国子监成立。约五年后，正式更名为“中华孔子学会”。从 2005 年开始，汤一介先生接任中华孔子学会第二任会长，黎红雷为副会长之一。2015 年，学会在上海召开，决定成立儒商会，黎红雷兼任儒商会会长。

如何建立学者与企业家交流的平台，“打通最后一公里”，将儒学界的研究成果转化为企业家的实践智慧？黎红雷萌发了举办儒商论坛的想法。在哪里办呢？黎红雷想到了自己的家乡。海南省琼海市正是大名鼎鼎的“博鳌亚洲论坛”永久会址所在地。“我们就办‘博鳌儒商论坛’！”黎红雷的想法得到国际儒联、中国孔子基金会、中华孔子学会这三大国家级儒学组织，以及海南省当地政府的大力支持。2016 年 12 月 28 日至 29 日，以“儒家商道智慧与现代企业管理”为主题的博鳌儒商论坛首届年会在海南博鳌隆重举行，汇集了来自北大、清华、人大、复旦、中大等高校的数十位专家学者和三百多位企业家，哈佛大学荣誉教授、北京大学高等人文研究院院长杜维明发表了视频讲话，学者与企业家们同台论道，收获满满。

中国的企业家，特别是改革开放早期的民营企业家，在他们创业的时候，基本上没受过什么现代管理科学的教育。那么，他们到底靠什么办企业？对此，黎红雷给出了一个答案：“文化资本”，并为此进行了广泛的调查和深入的研究，以揭示当代中国企业家的文化基因和财富密码。2017 年，黎红雷新著《儒家商道智慧》由人民出版社出版，引起学术界与企业界的巨大反响，被誉为“企业儒学的拓荒之作”。

走别人没走过的路，让别人有路可走。“古往今来，只有人评价物质财富，比如福布斯排行榜，但从来没人评价过精神财富，它很难评，但我就要做好这件事。若这个体系建立起来，不仅有益于中国，还将影响未来整个人类文明的发展。”历时半年，先后征求了海内外一百多位学者以

及上千位企业家的意见,九易其稿, 2017 年 9 月 17 日,黎红雷携其团队正式向海内外公开发布“博鳌儒商榜评估体系”,为当代企业家运用儒家商道治理企业提供了一条便利可行的操作途径和严谨规范的评价体系。其中,最核心的评价标准“德以治企、义以生利、信以立世、智以创业、仁以爱人、勇以担当”,更是黎红雷希望看到的现代企业家的君子风范、儒家风貌。2017 年 12 月 16 日举行的博鳌儒商论坛 2017 年年会正式公布“博鳌儒商论坛人物榜”。榜单共评选出 10 名典范人物,23 名卓越人物,78 名标杆人物,345 名精英人物颁奖。

做第一个“吃螃蟹”的人,黎红雷乐此不疲。■

路漫漫其修远兮,遵循着儒家思想的道路,黎红雷一步一个脚印,把儒与商融会贯通,将古人智慧实践于现代企业管理中,经世致用,知行合一。好之、乐之,更起而行之。黎红雷曾在博鳌儒商论坛首届年会上赋诗一首:“海浪河波一线连,商儒携手更无间。济民济世思同向,立命立心责共担。端木生涯存旧典,陶朱事业续新篇。放观玉带滩头外,碧水蓝天点点帆。”无人走过的路,正在脚下。

原文 2017 年 10 月刊于“文汇”APP、“文汇讲堂”微信公众号,作者为《文汇报》记者袁琭璐。

安乐哲：把“和”带出唐人街的西方儒者

2013 年开始的四年，频频的荣誉奔向夏威夷大学哲学系教授安乐哲，它们来自东方，也来自西方：2013 年，获中国文化部最高奖“孔子文化奖”；2014 年，当选国际儒联副会长；2015 年，得北师大“会林奖”；2016 年，受聘三年期美国智库博古睿研究院中国中心负责人一职，获评山东省“儒学大家”，受聘五年期北大人文讲席教授。

“你离中国政府太近了，成代言者了！”来自西方同行的质疑声中，安乐哲听出了“批判、独立、自由”等暗含的逻辑。

从 18 岁踏上香港这块东方的土地，安乐哲研习中国哲学 40 年，对于儒家智慧“和”有深刻体悟。和而不同，和合共生，这是西方二元对立思维所匮缺的元素，而他知行合一，将“和”的准确含义带出唐人街，带到西方知识界。为此，安乐哲自称是一个西方的儒者，如同一位中国的海德格尔研究者，只是他的中文名字告诉世人：他研究并热爱。

东方有传奇吗？哲学博士学位由十三年、五校组合学习而获

如今和安乐哲打过交道的人，都能感受到他的幽默和浓郁的儒家风范。殊不知，这位加拿大多伦多出生的美国学者，少年时代曾以被列入“垮掉的一代”（Beatniks）为荣，而撞上东方两千岁的“孔子”，遂拜为一生之师。对榜样的痴迷，让他花了十三年，辗转五个高校，获取中国哲学博士学位。

1. 曾经是避世一族的少年反叛诗人

安乐哲的父亲爱写推理小说，虽然在苹果园里耕耘，但依然笔耕不

辍。许是家庭的写作基因，六个孩子之一的安乐哲在高中时就迷上了写诗。20 世纪 60 年代末，英国的甲壳虫乐队以摇滚乐引领了世界的时尚。1965 年，在温哥华的黑天鹅餐厅，时尚的行为艺术极受年轻人追捧，读高中的安乐哲在那里写诗，同伴画画、唱摇滚，如同今天的鲍勃 · 迪伦，远离社会以示反叛。“我们是真的 Beatniks，看后来的嬉皮士，就觉得很假，他们故意把牛仔裤弄破了，其实是装穷，而我们才是本真的披头士精神。”2017 年 10 月 10 日，在复旦假日皇冠酒店的房间里，安乐哲接受采访，很是娴熟的普通话，以元反叛精神自居的会议口气中，依然还能还原出当年的激情。

“其实很空虚。”青春无国界。1966 年春天，安乐哲只身来到美国加州的雷德兰兹大学（University of Redlands）攻读西方哲学。因为学校会邀请诗人来讲课，这让新生安乐哲觉得很过瘾。但是，读了几章柏拉图后，安乐哲便窘于自己贫乏的经历，苏格拉底的“认识你自己”依然无法从书本飘到内心。一天下课，他看到学校广告栏里贴出了到香港中文大学交换的项目。香港，那么遥远，酒吧、鸦片……瞬间，这些东方元素都灿烂而浪漫。安乐哲为之兴奋，即刻申请。

不久之后的夏日夜晚，18 岁的安乐哲从尖沙咀弥敦道旅馆里开始看陌生世界。而一年后，他的母亲还固执地认为香港就是日本。那时，很少人对中国有兴趣。

2. 不会说中文，跟劳思光细读一年《孟子》

1963 年，香港中文大学合并新亚书院、崇基书院、联合书院而创立，唐君毅受聘文学院院长和哲学讲座教授，该校成为新儒家云集之地。安乐哲来到时，唐君毅、牟宗三等都在此，钱穆刚刚启身前往台湾。在新亚书院，他听新儒家大师的讲座，第一次知道了孔子和他的修身、弘道、平天下学说，眼前一亮，这显然不同于柏拉图、亚里士多德的思想。“知之者不如好之者，好之者不如乐之者。”同学们给他取中文名字：安乐哲。没想到，这成了他余生的写照。

夏末的第二学期，安乐哲转到沙田的崇基书院，跟随劳思光讲师学

《孟子》。一袭长袍的劳思光，中国翰林之后，其优雅的气度很快吸引了安乐哲。这位年长 20 岁的学者，1946 年入北京大学哲学系进修，1949 年随父母转至台湾大学，1952 年获哲学学士，1964 年因为反对国民党独裁统治而转移至香港中文大学担任哲学讲师。“劳思光早期思想接近德国观念论，对康德道德哲学非常有研究，但他不愿意是个康德主义者。同样，他也不愿意自己是位新儒家。”2017 年 5 月，香港中文大学发起了纪念劳思光教授九十冥寿学术研讨会。安乐哲应邀参加，在同学录的编写中，“我发现自己其实很受劳思光的影响，只是没有意识到榜样已经在身上烙下印记”。安乐哲站在新建的劳思光铜像前，感谢恩师开阔的东西方双重视野培育了他的学术基因。

安乐哲在香港期间，恰遇对外国留学生的排外运动。“去沙田校区，香港同学们一定要护送，还常让我住在他们家里，免遭冲击。”这让他感受到家庭的温暖。日后采访中，他总爱说，儒学是一个生生不息的活的传统。“在西方，成功也是个人的，很少和家庭有关。”他告诉记者，与这些同学是终身的友谊。每次，作为学者的他总会在港受到经商同学们的款待。

书本的知识和现实的体验，也更坚定了安乐哲自己的学术目标——读中西哲学比较，尽管那时他并不会说几句中文。

3. 台大两年，方东美棒喝，杨有维相伴

1967 年夏天，踌躇满志的安乐哲踏上“克里夫兰总统号”轮船，途径旧金山，返回温哥华，他手里捧着刘殿爵的《道德经》英文版。刘殿爵，这位西方世界大名鼎鼎的中国古籍翻译者，以后成了他生命中最重要的一部分。为了学习中国哲学，他转回了总部在温哥华的英属哥伦比亚大学（UBC）学习。20 世纪 60 年代的西方高校中，尚无“中国哲学”这个科目，仅在哈佛大学等少数高校有东亚系。但是，他目标已定。没想到，为了修满本科和硕士的中国哲学学分和西方哲学学分，他辗转了五城五高校。

在温哥华，安乐哲开始学说中文。20 个同学中，16 个是出生在加拿

大的华人，他们会讲粤语，但不识汉字。19 世纪英国著名的汉学家理雅各 25 年间系统翻译了四书五经 28 卷，但他并不会讲中文。在 UBC 跟随伦敦大学毕业的讲师读中文的同时，安乐哲完成了学士学位。读了一年研究生后，1970 年，他前往台湾大学修读中国哲学。

在台大哲学系，他遇到了讲道家的陈鼓应，但方东美先生的课给他留下的印象最深。那是方东美在台大 1973 年退休前的几年，曾经参加过五四运动的他是唐君毅的老师，也是一位才华横溢的诗人，将原始儒家、原始道家、大乘佛学、新儒学视为中国哲学的四大传统。“我非常喜欢方东美先生。”因为特别想得到肯定，安乐哲将自己在《中国哲学问题》杂志上发表的《庄子的性概念》一文拿去请教。安乐哲透露，当时他找到了心理系的杨有维替他把文法全部修改过，文章看上去很漂亮，自己也有些小得意。然而，一周过去了，两周过去了，“方先生并没有搭理我。我便主动去问他”。回忆起这位导师给予自己的当头棒喝，安乐哲至今心存感激，“年轻人不要这么早出名，40 岁前不宜发文章”。

杨有维，谙熟中国古文典籍，尤其是道家。后来虽离开台大，但他以学问和友情陪伴安乐哲直至生命终点。

回到 UBC，安乐哲获得了硕士学位。然后，他又去日本的大阪大学和东京教育大学学习了两年中国哲学。在东京，他联系上了自己仰慕已久的伦敦大学亚非学院刘殿爵先生。

4. 伦敦获博士，师从刘殿爵、葛瑞汉

安乐哲把自己的硕士论文寄给刘殿爵，希望能跟着他做博士。刘殿爵是伦敦大学首位华人中文讲座教授，获格拉斯哥大学文学和西方哲学双硕士学位，他是香港著名的翻译家、汉学家，译著均在企鹅出版社出版，在西方世界非常畅销。其《道德经》（1963 年）、《孟子》（1970 年）、《论语》（1979 年）三部译著是西方学者研究中国哲学的必读经典。安乐哲回忆初次见面，为了给刘殿爵留下好印象，“我特地了解了加州大学一位学者对道家的看法，有点卖弄式地向他讨教这个新理论。刘老师很有兴趣地给我介绍”。但是，接着是另一幕。刘老师问他对《淮南子》有兴

趣吗？看过几遍？他的回答很支吾。“要看原典。”自此，安乐哲跟着刘殿爵，扎实地研习小学功夫和文本细读，以至于他后来的著作中都散发着对中国传统文本的敏感和英文文字的独特理解。

1978 年底，安乐哲去夏威夷大学，刘殿爵去香港中文大学。此后好几年的暑假，安乐哲都会到香港，在刘殿爵的书房，和他一起细读《淮南子·原道》，两人的合作成果是《淮南子》的翻译。在单独翻译了《孙子兵法》后，他又和刘殿爵一起翻译了《孙膑兵法》，这两本书都成为美国军界和民间研究中国古代军事思想的重要参考书。“在伦敦，我们轮流在唐人街坐庄吃中餐。”终身未婚的刘殿爵的学养和风度深深感染着安乐哲。

刘殿爵的治学思想，安乐哲在伦敦大学期间结识的亚非学院古汉语教授葛瑞汉身上也感受到了强烈呼应。葛瑞汉谙熟中国先秦思想，也写过二程著作 *Two Chinese Philosophers: The Metaphysics of Brothers Cheng*，他提出的互系性思维对安乐哲影响颇大。

“我的五个老师，都是一流的，我很幸运。”安乐哲多次和媒体分享过“自己是跟着哲学家拿到的博士学位”的荣誉，劳思光给予其东西方双视野，方东美让其正确处理名利，刘殿爵教授其深厚的小学功夫，葛瑞汉给予其互系性思维的启迪，而杨有维是其深谙经典的终身师友。从这一点讲，13 年中师承如此之多的优秀导师，安乐哲的确让人羡慕，但幸运更是坚韧信念的馈赠。

安氏翻译词汇表：向西方澄清基督教化的中国哲学

1978 年圣诞节后，安乐哲愉快地来到夏威夷大学，开始了他长达 38 年的教学、研究生涯。1993 年到 2009 年，他逐年与合作者重翻经典，包括《孙子兵法》(1993 年独翻)、《孙膑兵法》(1996 年与刘殿爵)、《论语》(1998 年与罗思文)、《中庸》(2001 年与郝大维)、《道德经》(2003 年与郝大维)、《孝经》(2009 年与罗思文)。他要努力建立“哲学翻译”，“没有一位哲学家向西方受众阐释经典，这是中国哲学的匮乏”。

1. 将汉学纳入“哲学”视野

20 世纪 70 年代，安乐哲求学之时，西方正是汉学家的天下。因此，安乐哲曾大量阅读汉学家的成果（包括早期传教士的译著）。然而，随着对中国哲学研究的深入，他发现以往的翻译中存在严重的基督教化和东方神秘化，而这样的翻译导致西方学界对中国哲学存在很大的误会。去过五个高校求学，安乐哲强烈感受到非西方哲学地位的被矮化。“我的幸运在于，来到港中大后，我同时开始学习西方哲学和中国哲学。”此话是指他没有受到“盎格鲁-欧罗巴”拥有哲学专利的西方中心主义观念的影响。当然，同时，非西方国家对自己所在国的文化的自我殖民化在 20 世纪末也非常严重。安乐哲常引用美国哲学家、心理学家威廉·詹姆斯的说法：“欧洲人说，我们（美国人）听，这似乎是一件很自然的事情。”非西方哲学研究者也在听众之列。

在安乐哲看来，许多翻译是欧洲基督教文化的强势臆断。比如，“天”被翻成“heaven”（天国），“天命”被翻成“mandate”（上帝的命令），“道”被翻成“the way”（上帝指示世人之路），这些都使得西方人认为中国哲学也有个上帝和上帝的启示。中国文化的“德”不是西方宗教意义上的“virtue”（德性），而是“excellence”（优秀品质）和“efficacy”（有效性）；“仁”不是宗教情感利他主义的“benevolence”，而是带有模范与本人所做意味的“authoritative conduct”；“义”也非西方宗教意义上的“righteousness”，而是“appropriate/fitting”（合宜）。

“我尊重传教士的良苦用心，也佩服汉学家们对语言、历史、文学及文化的精道知识，但是哲学家有责任去寻找并理解那些不常见的设想。要警惕文化简化论和种族优越论。”为此，安乐哲形成了一套比较哲学方法，他主张要作负责任的比较文化研究，须使用“归纳概括”方法，而且比较文化研究离不开“类比”。安乐哲在《儒家角色伦理学》一书中阐释了跨文化在合作性、共生性、演变性原则下，如何“按照儒家自己的视角对待儒家传统”：每一传统必须在自己的文化资源中找到一套词汇。同时，翻译的字面意思本来就是“二者之间的妥协”，如庞德所说，创造总是在伴随中发生。接着,安乐哲肯定类比的重要性,“双方文化在直观地相互‘鉴赏’,在持续的对话之中,以彼此创造性地解读对方,带动对方本身意义的增值”。

2.《中庸》《道德经》新翻的“负责任”

2001 年对于《中庸》的翻译,便是安乐哲中国哲学经典独特方法论视角的成果。2006 年获得夏威夷大学哲学博士学位的中国人民大学教授温海明是安乐哲唯一的一位中国博士,他向记者介绍,《中庸》译本出版后,2002 年春在西雅图专门召开了安乐哲比较翻译方法研讨会。安乐哲将“中庸”翻成“Focusing the Familiar”,有中文的“切中伦常”之意,而不是用亚里士多德的“Doctrine of the Mean”(均值说),因为后者无法表达儒家注重经验的意味。对于“诚”,安乐哲将之翻成“creativity”,摒弃了之前的“sincerity”(真诚)或“integrity”(正直)。这个翻译突出事物生生不已的过程性、作为关系的场域性,以及在此场景中形成自己的独特性和一以贯之性。温海明评价:“这种理解使得美国学界意识到中国哲学里天地人共参的协同创生意义对促进西方哲学研究有着独特的借鉴作用。”

利用最新出土文献的成果,对儒家经典进行过程性阐释,也是安乐哲的比较哲学的特点。《道德经》一书在 2003 年出版,该译文大量参考了 1973 年马王堆汉墓出土的帛书、1993 年的郭店楚简。这本书的副题是《道不远人——比较哲学视域中的〈老子〉》,书末附了《太一生水》14 条竹简。记者阅读时,能感受到安乐哲语言的诗意和跳跃。他对于道家的“无”的概念作了系列辨析,消除了西方人的误读。安乐哲将“无为”翻为“nonassertive action ”(非武断的行为),“无知”是“unprincipled knowing”(非抽象原则性认知),“无欲”是“objectless desire”(非目标性欲望),与以前所翻的“no-action”“no-knowledge”“no-desire”完全不同。

“为何要翻译拥有最多英文版本的《道德经》?”“序”开头就设问,除了出土文献的贡献外,“西方人远没有认识到《道德经》带有的深远的哲学价值”。安乐哲自问自答。

多年锤炼，安乐哲和学术伙伴们形成一套哲学翻译框架：解读背景的哲学导论、主要学术术语演化的哲学术语表、自觉的阐释性翻译、一个中文勘本。

《儒家角色伦理学》：与三位西方学术伙伴的集体智慧

《儒家角色伦理学》书稿是2008年安乐哲在香港中文大学做“钱穆讲座”时的成果结晶，英文原著在2011年出版，中译本于2017年5月出版。“尽管我被当作唯一作者，但事实上，这本书融入了我所有合作伙伴的智慧，应该把他们的名字都写在封面上。”除了五位难忘的恩师，郝大维、罗思文甚至刘殿爵都是他至今难忘的学术伙伴。这也是安乐哲学术拓展的特点和学术路径智慧。

1. 为何选择合作伙伴?

当安乐哲发现了中国哲学在西方知识界传播中的弊端后，他开始琢磨自己的学术行进方式。如何在西方学术阵营里破除几百年的误解？他选择了在西方学术体中既具有权威又对中国哲学带有同情的学者。“这种合作关系，是我职业生涯的标志，也是我践行儒家哲学的经验。”安乐哲认为，儒家强调个人在家庭关系中成长，成仁成圣，在知识生产中尤其如此，“没有谁能仅靠自己就成事，联合是不争的事实”。

郝大维是受过芝加哥神学院和耶鲁大学系统训练的西方哲学家，两人的“郝安”模式维持了近1/4个世纪。安乐哲在读研究生时，便从《东西方哲学》季刊上得知了比自己大10岁的郝大维。后来，同样的模式构成安乐哲与第二个合作伙伴罗思文的紧密关系。罗思文是分析哲学家，在麻省理工学院师从当代世界一流语言学家诺姆·乔姆斯基。那时郝大维正努力超越怀海特对永恒客体及上帝原初本性的认识，对中国哲学中的“过程世界观”逐渐感兴趣，他与安乐哲综合运用文献学和哲学的研究方法。“郝大维带给我们的是新颖的观点和丰富的想象力，而我带去的是对中国古代哲学的掌握，让我们的研究更加可信。”郝大维撰写的

《罗蒂传:新实用主义的先知和诗人》(*Richard Rorty: Prophet and Poet of the New Pragmatism*)的写作也间接地影响了安乐哲对美国实用主义的理解。

罗思文深受维特根斯坦的“语言的界限就是世界的界限”的影响。他认为,中国的世界观无论体现在个人还是语言上,都始于本体论的平等性和具体语境,而动态关系是放在首位的。在汉语世界里,自然的宇宙秩序被理解为人类事件相互关联、互为情境的一门学问。

这两位杰出的西方哲学家给安乐哲带来了莫大的鼓励。

2. 知识和思想体系共享的快乐

自1987年至1998年的十多年间,安乐哲和郝大维以“令人羡慕”的协作方式,创作出自称为“中西思想比较三部曲”的《通过孔子而思》(*Thinking Through Confucius*)、《期望中国:中西哲学文化比较》(*Anticipating China: Thinking Through the Narratives of Chinese and Western Culture*)、《汉哲学思维的文化探源》(*Thinking from the Han: Self, Truth, and Transcendence in Chinese and Western Culture*)。事实上,“郝安”模式不仅为安乐哲自己所骄傲和感恩,也为学界所称道。曾在牛津大学做博士后研究的华东师范大学副教授陈乔见,2006年在武汉大学读研究生,曾系统地听了一学期安乐哲讲授“中西比较哲学”课程,他将三部曲中彰显的中西哲学重大差异归纳为三个方面:理性秩序与审美秩序、超越性与内在性、诉诸定义和本质与诉诸范例和历史传统之间的差别,前者在西方传统哲学中占主导地位,后者为中国哲学的主导思维。

不仅在西方同行中,在中国学者陈来、郭齐勇身上,安乐哲也感受到了切磋的快乐。尽管《儒家角色伦理学》一书遭到了郭齐勇、黄玉顺等学者的诸多“指正”,但安乐哲乐见其成。“我很高兴,说明我没有说清楚。所以,我很快有了一本回应与扩展的书要出版,搜集了50篇讨论的文章。”安乐哲向记者透露,这也是一本合著,是他与第三个合作伙伴——香港理工大学贾晋华的合作成果。另外,两人合著的《李泽厚与儒学哲学》中文版已出,英文版将在2018年出版。

在2013年“孔子文化奖”获奖感言里，安乐哲将荣誉归功于恩师、学界同仁和前辈、满腹才华的学生以及中国式的人的关系。他说，师友们构成我学术的家庭。人之造就而成，实为“合多而一”，天事人事皆为“一多不分”。

世界文化新秩序，让西方理解东方后的“一多不分”大家庭

人生充满着一些巧合。如果当初不去夏威夷大学，安乐哲向西方学术界澄清中国哲学误读的愿望是否能如此顺利？如今，安乐哲和中国、西方同行一同面临着世界文化新秩序的建立却是不争的事实，这也给“夏威夷学派”提供了发挥比较中西哲学与文化学术优势的更好机遇。

1. 在夏威夷大学显峥嵘

1978年，在美国高校里，唯有夏威夷大学哲学系拥有关于中国、日本、印度以及伊斯兰教、佛教的课程。该系第一任系主任是陈荣捷，第二任是作南亚研究的查理·摩尔。1965年，系里举办了“东西方哲学家”会议，方东美、唐君毅、吴经熊、梅贻宝悉数到场。“1936年建系，1939年召开首届东西方哲学大会，那时只有9个人；而2016年，我主持的第11届，已经有来自40多个国家的340人参加。”安乐哲感慨自己欣逢发展的黄金期。

1965年聚会的一大成果就是由摩尔教授创办了《东西方哲学季刊》。1987—2016年，安乐哲担任该季刊主编长达18年之久。1963年就来到夏威夷大学的哈佛大学哲学博士成中英受摩尔影响，在1973年3月创办了《中国哲学季刊》，1975年又创办了国际中国哲学学会（ISCP），因此在夏威夷大学有着良好的多元文化交流氛围。“我去对了地方。”坊间将成中英教授开创的诠释派称为“夏威夷儒家学派”，主要成员有安乐哲、郝大维、田辰山等。其中，安乐哲及其弟子又将之发扬光大，形成比较中西哲学阐释的中国哲学研究方法论。

对此，当过9年中国研究中心主任且是《中国研究书评》（*China*

Review International)杂志创刊主编的安乐哲更强调孟子的三乐之一:我最骄傲的是,38 年执教培养了 40 多位博士生。20 世纪 70 年代末,比较哲学的博士生工作很难找,但是今非昔比。安乐哲告诉记者,他的学生分布在美国、冰岛、新加坡、中国等国高校。“最早韩国人并不认为儒学是自己国家的传统,后来高丽大学的李松焕在夏威夷大学读博后找到了工作,就成了榜样,一下子又有 13 个人来读博士。”

2014 年,安乐哲在夏威夷大学成立了世界儒学文化研究联合会,韩国、中国、日本、越南和一些欧洲国家的学者纷纷加盟。“2015 年的年会有 75 人参加,2016 年在越南有 60 人参加,2017 年在香港理工大学举办。”这也为他的国际合作拉开了序幕。

在自己的学术研究领域,儒家和美国实用主义的比较研究一直是安乐哲的专长。在他看来,对欧陆哲学持有一定批判态度的美国实用主义真理观、杜威的社群主义,在全球化下,和中国儒家思想有着相通之处。“我下学期要在北大开的课程就是‘儒家和美国实用主义’。”安乐哲也盛赞去过夏威夷大学访学的复旦大学杜威中心名誉主任刘放桐的合作务实性。杜威讲座、“儒家和美国实用主义”国际研讨会 2017 年秋冬在复旦大学先后举办。

2. “拿政府的奖,就不能说真话了吗?”

在中国获得这么多荣誉,安乐哲一直感到是一种责任,更是给予和他相关的学者的集体肯定。事实上,和荣誉一样多甚至更多的是他在中国的工作。

在尼山圣源书院,安乐哲已经连续 7 年担任“中华文化跨文化讲习班”一到两个月的短期授课老师。讲习班学员一半来自中国各高校,一半来自海外高校,他们来学习用英语解读中国经典,让儒学及中国哲学讲它自己的话。

曲阜孔子研究院的安乐哲儒学大家“翻译中国”项目,也在 2016 年启动,主要是将当代杰出儒学及中国哲学家的学术成果翻成英文,“孔子文化奖”获得者作品的翻译是第一批。早在 2015 年,安乐哲就和记者提到了北大、纽约大学双聘教授张旭东已经在着手翻译150本中国经典书籍。安乐哲觉得尽管各个项目启动速度不一，但都对中国哲学和中国文化走出去大有裨益。

对于有人质疑他“成为中国政府的代言人”，安乐哲有话要说。“听说我要离开夏威夷来北大，一个政治学老师就来说：‘那你要不自由了。’很多西方人都不了解中国，即便贝淡宁在清华大学这么自由包容的氛围中生存，在国外他也必须批评中国政府，否则就是政治不正确。”安乐哲说，他在国外讲中国文化，西方有学者就会认为他在替政府背书。“政府和文化是一回事吗？这种认识太糊涂。”他回忆自己1985年来中国时，在“中国文化讲习班”上，被分在陈来、郭齐勇一组。儒学当时被认为不是现代思想的代表，而北大需要的是现代化和西化。说到这里，安乐哲话锋一转，“我可不是一个来传教的自由主义者，拿政府的奖，但不会说违心话。我就不认为美式民主是唯一的选择，原子个人有其弊端”。“你看看‘一带一路’倡议，再看看当初104个孔子学院在海外开设时，总有人要唱衰和怀疑。现在孔子学院从教文化到教哲学，进入良性循环。所以，不能着急，我们需要对中国有耐心，一步步做就会改善。”■

当很多人赞誉安乐哲是为中国哲学正名的“辩护律师”时，安乐哲又想到了劳思光的东西方视野。“20年后，世界文化新秩序必将建立，届时，要让人类文明朝前走。世界不仅仅需要儒家文化一种资源，而是全球的资源。”所以，安乐哲认为，自己来自西方，不视西方为唯一；自己研究儒家，但也不唯儒家为至善，而是取世界之精华，为了新的文化秩序。研习儒家文化，安乐哲理解“和”是孔子推崇的文化的最高成就，“它原来是个烹饪词汇，指原料混合相互作用而不失原味，最高境界就在于达到差异性协调的最佳状态”。如今，这个“和”就在远处召唤，他自己就如同18岁时，“一辆车，只要还有油就朝前开”。

原文2017年11月刊于“文汇”APP、“文汇讲堂”微信公众号，作者为《文汇报》记者李念。

谢遐龄：让哲学具有生命，更“接地气”

八百载嘉定礼乐在兹，三千年儒门木铎新声。2016 年 5 月，在由上海市儒学研究会与嘉定区文明办联合主办的“首届上海儒学大会”上，上海市儒学研究会顾问、复旦大学教授谢遐龄指出了儒家知识分子应该具备的两个使命——唤醒或激扬中华民族对天道的信仰，帮助县处级以上领导干部“明明德”，这是中华民族能够伟大复兴最重要的前提。

如今，年过七旬的谢遐龄正致力于“儒学现代化”的推进。七十余年里，谢遐龄辗转北京、河北、江苏，最后回到上海。如同他的学术历程一般，从理工、西哲和社会学的跨学科研究中汲取养料，并最终回归少时所钟爱的哲学，扎根于传统的中国哲学之中。谈起往事，谢遐龄的语调恬淡隽永，但记者却从他的话语中听到了哲人的悠长反思和历史的概念回响。

知：吾十有五而志于“哲学”

与谢遐龄打交道，言谈之中总能感受到他敏锐的“哲学知觉”。从迷上哲学到从书本中体会到哲学的味道，谢遐龄从小爱阅读的习惯、爱思辨的个性指引着他比常人更快一步地进入哲学的世界。

1. 初迷哲学，因害怕背书转向理工科

谢遐龄原籍温州，身为裁缝的祖父早年至上海谋发展，父亲亦在 15 岁时迁到上海上学、就业。生于重庆的谢遐龄在抗战胜利后回到上海，度过了他的童年。1952 年，其父亲被调往北京外贸部工作。次年，8 岁的谢遐龄便随父母举家迁往北京。后因中苏关系紧张，外贸额锐减，加

上母亲受不了北方的寒冷，父亲要求回上海。那是1961年，正处三年困难时期，上海回不成，上海附近的苏州、无锡也进不去，只有再远些的南通还可以进，于是举家迁徙到南通。那年的谢遐龄正上高中三年级，独个留在北京准备考大学。

高中时期的谢遐龄文理皆善，读过“唐宋八大家”的作品，也阅读了不少鲁迅的杂文，“八大家的很多文章擅于分析，鲁迅比八大家要深刻，或者说尖刻。我深受鲁迅影响，风格独特，也有点儿尖刻。多年以后才醒悟，转奉温柔敦厚之旨，但似乎还是磨不净鲁迅之风”。广泛的阅读让谢家三兄弟皆具人文底蕴，谢遐龄是三兄弟中的老大，后来三人都转入人文学科和思想领域研究。尤其是三弟谢选骏后来成为著名的自由撰稿人，参加了《河殇》的撰稿工作。谢遐龄告诉记者：“《河殇》中的主要思想就是我们三兄弟在家里读汤因比《历史研究》讨论时谢选骏头脑里冒出来的。”

谢遐龄第一次感受到哲学的魅力是在高三的政治课上。“老师在课堂上讲授哲学颇为思辨，能熟稔地运用辩证法把各种句子、各种词组合来组合去，说得人晕头转向的，但又有理有据，相当好玩儿。那时觉得哲学好像嚼舌头，很有意思，就迷上了。”尽管谢遐龄萌发了对哲学的兴趣，但当时高考考文科需要背下“七本厚厚的历史书”，害怕背书的他转而选择了理工科。当时社会上的流行观念是：国家搞建设，工科最需要人。因此，响应国家号召的谢遐龄，填报的志愿除了第二志愿，全都是工科。原本谢遐龄一心希望能在高考时考回上海，但当时唯有同济大学在北京招生，所招专业不尽如其意，而心仪北京大学生物物理学的他最终“落”到了清华大学。1962年，17岁的谢遐龄考入了清华大学电机系，是班里年龄最小的学生之一。那年，教育部奉行“择优录取”方针，清华大学招生缩减了20%，电机系的招生也同比缩减了20%。录取的学生在历年新生中平均年龄最低，平均成绩却最高。

尽管就读于理工科，但谢遐龄对哲学的兴趣未曾消退半分，他利用课余时间阅读各种哲学书籍，还因此被老师批评为不务正业。谢遐龄清晰地记得，有一次恰逢考试期间，他在校园中闲逛时被班主任逮个正着。

班主任问:“谢遐龄,你在干什么呢?”紧接着,他便亲切地“野蛮”了一下,检查了谢遐龄的书包,发现里面没有任何和专业考试相关的资料,只有两本书,一本是恩格斯的《自然辩证法》,一本是达尔文的《物种起源》。见此情形,班主任便指着《物种起源》批评谢遐龄不务正业。谢遐龄无奈,只好找了一个理由,说看这个书是为了更好地理解马克思主义。当然,后来这件事成为批判他的一条罪状:谢遐龄竟然说看达尔文的《物种起源》有助于学习马克思主义!在谢遐龄的记忆中,这样的“不幸遭遇”还有很多。

2. “儒家情结”在基层锻炼中迸发

20 世纪 60 年代,恰逢时代浪潮,谢遐龄被两次派往基层锻炼:一次是 1965 年 10 月因“四清”运动停学一年,去北京郊区农村担任工作队员;一次是被派到部队农场“改造”两年。“那时,所有的大学生毕业了之后都要接受工人、农民、解放军的再教育,于是有的大学生要到工厂里劳动,有的到农村劳动,像我们则到解放军部队劳动,我被派到部队农场。”“知识青年到农村去,接受贫下中农的再教育,很有必要”是那个时代响亮的口号,这条指示发布时,谢遐龄已经在部队农场接受工农兵再教育,住在河北省一个村——莲花池村里。半夜里,部队吹号集合队伍,绕村里土路游行几圈欢呼,表达拥护之情。

确实,在农村的实践劳动经历让谢遐龄了解了真实的社会境况与农民疾苦,使他观察现实的视角更为丰富、厚实。谢遐龄的人生观有了巨大的飞跃,开始领会“全心全意为人民服务”的意义,立志毕生为人民谋福利。回忆往事,谢遐龄自叹这可能还是自己“骨子里的儒家情结”。

在远离课堂的时日里,谢遐龄始终没有放下书本。可以说,谢遐龄的哲学启蒙与学术奠基是从读毛泽东的著作开始的。在谢遐龄作为“四清”工作队员在乡下待的 8 个月时间里,他狠下功夫读了一些党的文献和毛泽东等人的著作,特别是毛泽东的“两论”——《矛盾论》和《实践论》。后来,他又读了斯大林的《列宁主义问题》和《毛泽东选集》第一至四卷等。谢遐龄自云这其实不仅仅是在学哲学,也是在学党史。他在废书堆里面挑了一大堆马列主义的书,还到旧书店买《马克思恩格斯选集》《列宁选集》这类书……谢遐龄与生俱来的“书虫特性”使得他善于在阅读中发现问题并思考问题。特别是四卷本《毛泽东选集》,他连注释都细细“啃”过。“我从《毛泽东选集》的注释里,认识了我们党在抗日期间如何保存实力、如何发展力量。这都是我自己读《毛泽东选集》从注释里面学到的,不是后来人们教的。”

在这专一的精读过程中,谢遐龄获得了学术的基本训练,更体悟到了哲学的味道。同时,因中途的两次锻炼等事件,令谢遐龄“隶属”清华的日子长达 11 年。

学:博学而笃志,切问而近思

时代的特性让谢遐龄多了一份难忘的经历,也赋予他的人生更多的故事。大学毕业后的谢遐龄虽然没能如父亲所愿到南通机床厂工作,但却有了另一番转折:离喜爱的哲学越来越近。

1. 5 年中学教师生涯后再考研,终入哲学门

1973 年,结束 11 年清华生活后的谢遐龄被分配了工作,回到“原籍”——家庭所在地江苏南通工作。那时,南通市属于与其他六县组成的南通专区。“清华指定,一定要将我放到最基层去锻炼。但是,到了县里以后,县委组织部通知我,要我做中学教师。”谢遐龄谈起成为 5 年中学教师的缘由。身处南通郊县最边远的学校,师资匮乏,迫使谢遐龄“什么都教”,不仅要教授与专业相关的数学、物理课,还教英语、化学乃至体育课。5 年教师生涯里,谢遐龄仍做着“书虫”,孜孜不倦地阅读,读古书、哲学书等等,汤因比的《历史研究》、黑格尔的《小逻辑》都是他最下功夫读的书。此外,他还把高等数学的习题集来回“刷”了两遍。厚实的学术基础为谢遐龄之后的考研铺平了道路。

1978 年,高考恢复,原本想探索宇宙,打算先考理论物理(量子力学)再转修哲学的谢遐龄最终被复旦大学哲学系唯一招收研究生的专

业——自然辩证法吸引。“我原想等到理论物理读完再转修哲学，这还有点科学主义的味道。后来一看，招生专业目录中有自然辩证法，我想算了，不‘曲线救国’了，既然最终是要读哲学，就不绕弯去读理论物理了。最后，同期招收了十人。”这或许是一种命中注定，谢遐龄笑谈，“考研前，我还做了个与之相关的梦”。

虽然谢遐龄常常调侃自己很“不幸”，从念大学那一年即 1962 年起，学校开始给本科生设班主任；念研究生时即 1978 年，又给研究生设置辅导员。“我是伴随我们党不断加强管理的过程而成长的。两个加强管理的启动阶段，都给我赶上了。”而拜入当时哲学系五大教授之一的陈珪如先生门下则是谢遐龄“幸”的开始。在三年跟随陈珪如学习的过程中，谢遐龄也与她一家结下了深厚的情谊。

谢遐龄所选择的自然辩证法专业以自然界与自然科学为主要研究领域，类似于今天的“科学哲学”，这同他的理工科背景十分契合。然而，学习哲学之后的谢遐龄却觉得科学哲学不够“本色”。谢遐龄告诉记者，他当时的想法是亲近黑格尔，认为自然中没有辩证法，只有思维中才有辩证法，并且认为自然辩证法的研究领域受限，而“科学哲学”背后的“分析哲学”又不吸引人。因此，1981 年，在陈珪如先生门下获得硕士学位后，对纯正哲学的追求使得谢遐龄转向了外国哲学史专业。

2. 转入“纯正哲学”，大步走向康德世界

谢遐龄学习外国哲学史的道路也波折重重。“本来打算继续跟着陈珪如先生念博士，但她的博导资格还没有批下来。其丈夫胡曲园先生当时是我们的系主任。他经过几年考察，对我从不放心到放心，到后来不想放弃我，不想放掉我这个学生。”经陈珪如与胡曲园的帮助，由陈京璇教授出面斡旋，谢遐龄被挂在了全增嘏先生名下。但当时的全增嘏已经步入生命最后的时期。哲学系领导明确规定，最多两周看先生一次，每次不得超过 20 分钟。一年左右，全增嘏就去世了。“此后又得陈京璇教授出面，最终请到王玖兴先生担任我的导师。”谈到王玖兴先生，谢遐龄感慨良多。

因为想追求哲学之本色，对自然辩证法失去兴趣的谢遐龄瞄准了德国古典哲学中的大家——康德，并力图摆脱束缚，回归纯正的哲学术语。尽管康德哲学以其宏大精深的体系与逻辑严谨的论证使很多人望而却步，但谢遐龄却以其数学与物理学基础大步走入康德的哲学世界。他抓住了德国哲学最为核心的“意识”问题，撰写了博士论文《康德对本体论的扬弃》，探讨康德如何剥离出纯粹的自我意识，从而为理性本体论的建立奠定了基础；同时，通过康德哲学对马克思关于商品的二重性理论作了解释，从而对整个德国古典哲学的基本前提作了阐明。当时，适逢改革开放，社会变化之际，谢遐龄坦言：“有许多经济学家在叫嚣‘原始积累’‘先义后利’，所以读康德就如同在观察社会、近思时代。”然而，这一“壮举”却受到不小的质疑，“当时就有老师对我说，‘你的问题在于你对康德的评价，与列宁在《唯批》(即《唯物主义和经验批判主义》——编者注)中的评价背道而驰’”。这就将学术问题提到了政治层面。因此，其论文能否通过，一时流言纷纷。也正是在这时，王玖兴先生的支持给予谢遐龄决定性的帮助。

1985 年论文答辩前，谢遐龄才第一次见到王玖兴先生。他当时并不知道王玖兴先生为了他的论文能够通过，已将论文认认真真地细读了四遍，反复地勾画，并且还与其博士论文答辩委员会主席齐良骥先生在参加武汉学术会议乘船同行时，商定支持其论文通过。在论文答辩会上，更是出现了让谢遐龄终身难忘的一幕。在谢遐龄回答了所有的提问之后，王玖兴先生一口气讲了半个小时，向在座的答辩委员会直接解读他的论文，又委婉地援引了当时苏联哲学界康德研究专家的类似观点。最终，谢遐龄的博士论文答辩获得了全票通过。可以说，《康德对本体论的扬弃》一文推动了国内康德哲学研究的进一步深入开展。谢遐龄于1989 年出版的书作《砍去自然神论头颅的大刀——康德的〈纯粹理性批判〉》，将康德精深晦涩的思想予以深入浅出的解说，为初学者指出了一条通往康德殿堂的门径。

回忆起答辩时的这些场景，谢遐龄深感王玖兴先生的“仁者之勇”。“在当时，玖兴先生为我辩护，承担着多么大的风险！我的论文能全票通过，还与很多先生的支持分不开——答辩委员会中的北京大学的齐良骥先生、华东师范大学的冯契先生、本校的胡曲园先生；评阅论文的中国人民大学的苗力田先生、中国社会科学院的叶秀山先生等。玖兴先生的演说是关键。他们维护正义的坚定、恪守学术的诚实，永志不忘。”

答辩后，系里安排谢遐龄陪同王玖兴先生及师母短游。师母在闲谈中告诉了谢遐龄有关王玖兴“四读”其文的事情，谢遐龄感到十分惭愧，自谦其文只是一堆草稿，许多实乃半夜兴之所至的涂鸦，不值得先生反复批读。谢遐龄自此明白了先生在答辩时的底气，更终身感怀王玖兴先生的师恩。1985 年 10 月，作为全国首批哲学博士生的谢遐龄获得了外国哲学史的博士学位。

行：推动儒学现代化，任重而道远

在谢遐龄看来，当代的儒学研究应该越过宋明理学，重新回到原点——孔孟时期。孔子思想淳厚中正，最为纯正地体现了中国本土传统，揭示了中国国情民性。不过，它需要与当代科学技术、西方哲学社会科学会通，寻找接口，探索融汇途径。通过大量的书本知识与生活体验，拥有儒家情怀的谢遐龄不断践行着知行合一。

1. 执教两个专业课程，在社会学中感悟哲学

哲学梦正待发光，博士毕业后的谢遐龄却阴差阳错地来到了复旦大学哲学系社会学教研室。尽管哲学与社会学是两种完全不同的学科，但一方面，当时社会学教研室挂靠在哲学系下；另一方面，谢遐龄自大学期间便开始接触社会学，他当时的邻居——毕业于燕京大学社会学系的徐雍舜是吴文藻的学生、费孝通的学长。谢遐龄将这位邻居称为自己社会学的导师。深受徐雍舜先生的影响，谢遐龄打下了社会科学基础，而此前在清华时期的锻炼与实践经历也使得他对社会学的研究更富有感性悟解与理性认知。他将之称为“更接地气的哲学”。

1988 年，因院系人员调整，谢遐龄被分配到了复旦大学中国哲学教

研室任教。这段亲近中国哲学的时期，充分浇灌着他青年时萌发的儒家情结，并给予他更丰富的中国传统文化的滋养。谢遐龄坦言：“我来到中哲教研室只是想，我应该了解什么，只是一种学习心态。我想多学一些中哲的东西。我对很多问题都是作一种概观性质的了解，有一点浅尝辄止的毛病。所以，什么学科我都碰一碰。但也不排除对若干问题钻下去的态度，也希望钻研出一点体会。”就中哲来说，谢遐龄对气和理等问题钻得很深，希望进入这个领域，体会里面的一些深层意思。

为了支援复旦大学社会学系的建设，1995 年，谢遐龄再次回到了社会学的怀抱，并在社工方面实现了重大突破：复旦大学社会学系联手香港大学社会科学学院，创设了国内首个联合培养的社会工作硕士（MSW）专业学位。该项目致力于将无社会工作经验的学生，培养成被中国乃至海外认可的国际化社会工作者，同时成为临床社会工作和社会管理实践中的领导者，甚至成为家庭、社区、组织和社会的变革推动者。“这个项目全中国就我一个人办了下来”，谢遐龄颇感欣慰。

“以师道自任，诲人不倦。”在培养研究生的同时，谢遐龄从不间断地坚持给本科生上课。在复旦大学执教的二十余年时间里，谢遐龄分别在哲学系与社会学系开设了康德哲学、文化哲学、法权哲学、社会变迁、科学方法论等近二十门课程，在内容上以思辨见长，往往惊异入微；在讲授方式上多随机指点，情趣盎然，受到了学生们的极大欢迎。2017 年 6 月，《中国社会是伦理社会》一书出版，收入了谢遐龄二十余年来有关社会学理论和实践方面的学术论文 18 篇，涵盖了现当代社会结构和制度的变迁及其意义以及中国农村社会架构、价值体系的重建等内容，极具现实意义。通过参与一系列的社会学调查研究，谢遐龄的学术研究有了充分的实证和资料的印证。

精于学、诚于心、笃于行，谢遐龄孜孜不倦。

2. 心愿成真，上海儒学院 2016 年落户复旦

近年来，中国提出了“构建人类命运共同体”的概念，这就需要不同国家、具有不同文化和历史背景的人们进行深入交流，而交流的目的是

认识彼此。那么,如何认识中国人?从文化角度而言,儒学是一个绕不开的话题。在哲学领域,谢遐龄研究过很长时间的儒家思想,并注重借鉴法学、政治学的研究路径,当代的很多青年学人也在探索这样的治学方法。2014年,谢遐龄再版书作《文化:走向超逻辑的研究》。他认为中西文化差异并非发展阶段不同,而是基于起源上的根本不同,从而把儒学研究置于重要位置,并对新的时代背景下儒学复兴的条件与前景作了探讨。

2016年9月3日,复旦大学上海儒学院成立,海内外立志弘扬儒学的八十多位有识之士汇聚一堂,展开了热烈而务实的学术研讨。这成为那年中国儒学界发生的十件大事之一。上海儒学院的成立可追溯至2014年,谢遐龄和吴晓明等闲聊起自己的心愿:要在上海建立一所儒学机构,推动儒学现代化发展。此愿一呼百应,得到了复旦大学和上海市委宣传部的大力支持。实现在儒学研究上的"创造性转化"与"创新性发展",是这所由陈来担任院长,杨国荣担任学术委员会主任,杜维明、安乐哲、姜义华等担任顾问,谢遐龄担任理事长的儒学院的使命所在。

作为儒学重镇的上海,熊十力等儒学大师都与这座城市紧密相连,这也注定了上海儒学院不同于其他地方的儒学院,正如陈来所言:"不是固守传统,而要与上海的现代化发展结合起来,为上海的现代化创建有利的人文环境,这样才是走上了良性的现代化发展道路。"在谢遐龄的理解中,中国哲学指的是当下中国思想中内含的活着的哲学。也就是说,无论研究者研究的是西哲、马哲,都看作资料集,只要用汉语思维和写作,所写的论著、开展的对话,皆属中国哲学。谢遐龄告诉记者,目前他正在构想一套"现代儒学框架",追求传统和现代的真正融合,积极推进儒学发展的现代形态。"儒学现代化不仅仅是中国哲学一个学科的事,还不能缺少西哲、马哲的介入。要与史学、政治学、法学、社会学、经济学等多种学科合力推动儒学现代化,促成隐而不明的中国哲学逐渐成形,为将来归总为体系准备好素材。"他期待越来越多的学者一起参与,共同完成这个使命。习之,用之,思之,谢遐龄正一步步让哲学成为有生命的东西。■

在谢遐龄的认知中，真正的哲学一定是从当代生活的深处发出的呼唤，哲学家要学会把哲学从学院高冷的位置上拉下来，让哲学更"接地气"。在20世纪的法国，一系列哲学家，萨特、加缪、福柯、德里达……是这么做的，把哲学与文学、人类学的研究融合，甚至发展为小说戏剧。而在21世纪的中国，谢遐龄在探索哲学、社会学、史学的融会。其能成否？我们拭目观之。

原文2017年12月刊于"文汇"APP、"文汇讲堂"微信公众号，作者为《文汇报》记者袁球璐。

吴晓明：在与马克思对话中思考现实

1883年3月14日下午2时45分，卡尔·马克思在伦敦寓所的工作室座椅上，安详地停止了呼吸，没有国籍，没有遗嘱。三天后，马克思被安葬在海格特墓地的一个角落里。直到1956年，世界各国共产党、进步团体和个人捐款，才树立了一块盖着铁铸顶的巨大大理石作为墓碑。

2013年3月14日，在马克思逝世130周年之际，在《中国社会科学报》上，复旦大学哲学学院教授吴晓明引用了美国著名经济学家海尔布隆纳的话："马克思主义是当今世界一个令人时刻感到惊悸的精灵，是激起人们最热切的希望和恐惧、使人产生种种大相径庭的见解的根源。"继而，吴晓明指出，只要我们依然生活在现代性所支配的世界中，只要我们的历史性实践还试图真正筹划未来，那么马克思主义的当代意义就将不可遏制地表现出来。

为了揭示这种"不可遏制"的当代意义，作为中国高校马克思主义哲学研究的领军者，这条路吴晓明走了三十多年。他以"吾将上下而求索"的研究和思考，不断地与马克思、马克思的前辈和同时代人进行着各种途径的"对话"，如同马克思当年不断地与黑格尔、费尔巴哈、斯密、李嘉图以及各种社会主义者对话一般。

胸怀天下之志：从生产队长到前辈教授的"小友"

20岁的吴晓明报考复旦大学哲学系的情景，是"文革"中众多"小三届"历史群像中的一幕。

1977年，国家恢复高考，在江苏海丰农场插队并担任生产队长的吴晓明异常欣喜，在工厂的孪生哥哥说："学好数理化，走遍天下都不怕，我们考理科吧。”他欣然应允。然而，复习期间，看着床头三年前赴农场时父母持赠的《马克思恩格斯选集》《列宁选集》《鲁迅选集》，他犹豫了。那些书虽然没有被全部翻过，但是每天拖着劳作后的疲惫入睡前，他都会看一眼，从那里仿佛会传出一个伟大的思想世界，那是一个深深地吸引着他的充满挑战的世界。最终，复旦大学哲学系成了他的第一志愿。

回顾往事，吴晓明说：“那时年轻气盛，既然哲学有如此的深度和高度，我当然要挑战这样的学科了。”

顺应时代和内心的召唤，吴晓明从优秀的插队青年变成了复旦大学的学生，同班的还有长他 9 岁的俞吾金。

20 世纪 80 年代初的复旦人文学科“版图”中星光灿烂。吴晓明如数家珍地告诉记者，历史学领域有周谷城、周予同、谭其骧，中文系有郭绍虞、朱东润，或者在校园擦肩而过，或者直接聆听演讲，处处能感受到“老辈风流”的深邃与精彩。而在哲学系，他攻读硕士和博士学位，都师从著名的马克思主义哲学家胡曲园先生。胡先生早年研究德国文学，30 年代就参加了于光远先生等在上海发起的马克思主义理论小组，1956 年担当起复旦大学哲学系的复系工作。哲学系佛教史专家严北溟常常笑眯眯地招呼吴晓明这些后学，“来，到我家来聊天，有好烟抽”，和上课时目光如炬、声如洪钟颇为不同，一副慈祥万分的样子。胡曲园先生年事已高时，他爱听吴晓明和俞吾金这些弟子在他家中闲谈天下事，随后略加点评。吴晓明感受最强的便是先生无论在评论大事还是学问时，总会流露出对家国命运的关怀。“这恐怕是老一代学者的共同点。”

在吴晓明看来，无论是研究中国哲学的冯友兰、梁漱溟，还是专攻西学的贺麟、金岳霖、郑昕、熊伟，他们精通原典之余总不忘和时代课题及本土文化相融通。“这些前辈学者做事、做人、做学问的方式，对我影响很大。”吴晓明坦陈。记者提及当下新生代学者是否更有优势时，吴晓明赞许道，他们拥有很好的语言基础，在文献占有、学术的局部深度方面都有了很大的突破，但如果只是满足于在书本上作纯学理的研究，则不免是有遗憾的。“中国自近代以来，一百多年过去了，我们依然处在特定的历史阶段，在这样的阶段，家国使命依然至关重要，需要坚守。”吴晓明以黑格尔和马克思为例,“即使最抽象的学术,都是具有时代内容的”。他又向记者提及笛卡尔。笛卡尔说“我思故我在”,这个命题看起来很思辨、很抽象,但却是对中世纪神学信仰原理的否定,将理性思维视为第一位,所以他被誉为“近代哲学之父”。

高考后的第一批大学生大多蒙受了前辈学者的家国情怀滋养,这许是时代馈赠给他们的精神财富,同时也成了这代人的学术基因。

对话当代西方哲学:超越普列汉诺夫与卢卡奇的对立

胸怀天下之志,是吴晓明们从事马克思主义研究的动力,也是对话马克思主义哲学的前提。一旦进入学术领域的研究,则需要在百花齐放中与西方当代哲学和外国马克思主义对话。这是吴晓明第一次经历深刻的学术自我批判,而这次蜕变历时十年之久。

1978 年 10 月,就在吴晓明入学的第二学期,正如饥似渴地学习马克思主义哲学及相关经典时,安徽芜湖召开了“全国西方哲学史讨论会”,与会的两百多位西哲研究学者对摆脱苏联日丹诺夫哲学史定义达成了共识。苏联模式哲学占主导的学术生态开始改变。

一开始,由于对马克思主义哲学的学术方面颇感兴趣,吴晓明以第二国际理论家普列汉诺夫作为研究马克思主义哲学的重要入口,并以此研究为硕士论文的主题。但不久以后,西方马克思主义者卢卡奇、柯尔施、葛兰西的著作进入他的视野。特别是卢卡奇的《历史与阶级意识》一书,猛烈抨击了第二国际理论家的庸俗马克思主义,认为“梅林—普列汉诺夫正统”在哲学上完全是退行的和实证主义的,并声称马克思主义哲学直接衔接着黑格尔而不是费尔巴哈。吴晓明感到困惑:“我觉得要补德国古典哲学。”读博士时,他再次研究第二国际理论家和西方马克思主义的哲学基础,并深切感到两者之间的对立。卢卡奇的立场虽然有高明之处,但却实质上包含着费希特式的主观主义。“我警觉了。”需要思考的是:在上述对立中,马克思主义哲学的存在论基础不是分裂了并且动摇了吗?困惑之际,他开始接触当代西方哲学,试图从这一哲学对形而上学的批判中去寻求答案。

1997 年，吴晓明有幸去哈佛大学哲学系和燕京学社做访问学者。剑桥小镇的异国风情、哈佛校园的百年历史都没有太多进入吴晓明的视野，他开始研读海德格尔并参与燕京学社关于中国哲学的讨论，与新师友的研讨让他受益匪浅。从燕京学社出来，走上哈佛大学图书馆长长的台阶时，他感觉脚下轻松。站在图书馆门口回望下面，台阶仿佛是一个个哲学大师的足迹，从费尔巴哈、马克思到尼采、海德格尔，共同构成了一个团体，他们致力于批判两千多年来西方哲学的形而上学传统。从海德格尔对整个形而上学历史的深刻反思中，可以显现马克思对西方哲学批判的意义；他对于现代社会“非本真”状态的思考，也是进一步理解“异化”理论在当今社会的“钥匙”。海德格尔的批判所开启的视域可以帮助我们更好地把握马克思主义哲学的当代性和现实性。

“对话是何等重要！要阐释马哲的当代性质，就要和当代西方哲学对话。”在哈佛大学校园的顿悟，让吴晓明有种“茅塞顿开”的快乐。从马克思到海德格尔，他似乎体悟到了形而上学的历史天命是如何在西方渐次展开，并在其终结处遭遇到了强有力的批判。批判，由深刻的对话而来。例如，同是为了更深刻地找出资本世界的秘密，马克思曾不断地与古典经济学理论和现象进行“对话”。

由此，吴晓明想起胡曲园先生打通马哲、西哲和中哲的聆训，以此来考察中国哲学，在同西方“形而上学”的比照中，将会揭示出怎样惊人的差别，又会呈现出怎样的一番景象？

黑格尔曾把哲学比作一个“厮杀的战场”，在那里，思想的巨人以睿智的思辨与犀利的言辞为武器，开展出一个又一个哲学的园地，而它们又共同构成一系列思想进程的环节。然而，任何伟大思想一旦为时代所超越，又意味着一种新的思想将要诞生。此时，“对话”是扬弃的最好注脚。

这一点，吴晓明深深体会到了。

对话马哲的学术性:回归切中并揭示社会现实的主旨

有了与当代西方哲学的“对话”经历后,吴晓明有种庖丁解牛的快乐,对于马克思主义的理解也进入了“柳暗花明又一村”的境界。

但是,由于历史原因,对马克思主义的理解始终会有“雾霾”飘过。虽然告别意识形态已是三十多年来学术界的共识,可在强调马克思主义就是为了解放全人类,就是为了指导革命实践而存在的思想派别时,往往淡化或忽略了马克思主义思想深厚的学术性。

对此,吴晓明颇为担忧。“事实上,最近三十年,大家也都意识到要补课,要让马克思主义哲学的真理性回归到学术性。”吴晓明举例,马克思主义哲学的学术性是其之后的思想家们公认的,列宁指出,不读黑格尔的《逻辑学》,就读不懂《资本论》;而法国20世纪知名学者雷蒙·阿隆在撰写巨著《社会学主要思潮》时,借鉴的四位思想家中,卡尔·马克思和马克斯·韦伯就在前列。“为何马克思在从事共产国际联盟运动时,不断退出回到书斋?为何他的《资本论》一而再再而三地推迟出版?为何他留下了那么多的政治经济学手稿?”马克思主义哲学的确重视实践,而其背后是学术深度在发力。大英博物馆里,马克思几乎涉猎了近八十位学者的著作,并留下无数笔记。

吴晓明认为这样一种误解盛行的另一个原因是,大家对马克思提出的“现实”概念的理解过于简单化。“现实”并非知觉或知觉感受到的“事实”。马克思的“现实”概念源于黑格尔。黑格尔认为,“现实”是实存和本质的统一,它不仅体现为展开过程,而且关涉到展开过程中的必然性,不假以深入的理论和学术则难以达到本质性及展开过程的必然性。吴晓明列举了海德格尔对马克思“人的异化”理论的评价,认为该理论深入到了历史的本质性中,比其他历史学更为优异。海德格尔甚至说自己的老师胡塞尔和同时代齐名的法国存在主义大师萨特都没有深入到那一步。吴晓明高度评价马克思是了解了这个时代的两重独特现实,即经济发展以及这种发展需要的架构,只有到达马克思对“现实”的理解维度，才有资格和马克思主义对话。

在严谨地论述了马克思主义回归学术的高度方能彰显其价值后，吴晓明特别指出，马克思主义哲学的学术性的主旨在于深入社会现实，马克思和黑格尔都非常反对主观思想。他以“外部反思”为例，哲学上是指忽此忽彼的推理能力，它从来不深入到事务的实质性内容之中，但知道一般原则，也知道将一般原则运用到任何内容中去。例如，从俄罗斯回来的马克思主义者当时认为中国革命的根本之举是“中心城市武装起义”，结果从南昌起义到武昌起义均告败。就目前而言，这种主观主义的“外部反思”思维不仅存在于马哲领域，也普遍存在于社会科学界，“只是那时的教条是从俄国而来，现在是从美国而来”。吴晓明再次强调，并非原理不对，而是忽略了马克思主义学术的核心是要切中现实，深入到具体内容中。

记者就房价问题和吴晓明展开了讨论：“如果简单看，这是个经济学的问题，其实很大程度上是个哲学问题。”

在课堂上，吴晓明问学生：

“租房 100 万元，买房 200 万元，你买吗？”

“当然买！”

“买房 300 万元呢？”

“还是买！”回答迟疑了半刻。

“500 万元呢？”

“我要想一想。”一分钟后，“还是买！”回答带有壮士断腕般的悲壮色彩。

回放了课堂上的一幕，吴晓明笑着说：“从这里可以看出，中国人对不动产有独特的领会方式。所以，单从经济学角度去借鉴美国的房产政策、东南亚方式，最终都会反弹，因为没有考虑到背后有着中国购房者的世界观、人生观、价值观。”

从马克思主义必须回归高度的学术性，到反思“外部反思”思维在社会科学界的无形渗透，再到房价背后的经济学单一思考带来的治标不治本，吴晓明旁征博引，意在强调马克思主义的宗旨在于“揭示并切中现实”,而这个现实必须在高度理论的引导下方能完成得更有效。其间,与学术对话,是马克思主义的当代意义所在,这也是吴晓明研究马哲的出发点和最高点。

对话转型社会:需要深入当下中国的生活百态

在21世纪的普通民众看来,马克思主义哲学被贴上了许多标签,但对于吴晓明这样的专业研究者而言,从20世纪80年代走来,在挖掘马克思主义所指向的“不可遏制”的文明可能性中乐此不疲,其中重要的一点就是不断与转型社会的生活源头“对话”。

从教三十多年,吴晓明始终坚持本科生教学,他对学生的关爱无人不晓,坊间甚至流传着“只要请学生出面,没有吴老师不答应的事情”。2013年12月,他获得了“宝钢优秀教师”特等奖,是复旦大学十年内的第二位获奖者。对此,吴晓明说,目前社会处于很独特的阶段,和学生交流就是和社会交流,哪怕是学生的眼神也能帮助我们做学术时进行取舍。吴晓明说的学生也包括国学班、西学班那些干部和企业主,“虽然他们未必有理论体系,但生活和工作经验让他们有更深体会”。

曾任复旦大学哲学系系主任、哲学学院院长,如今又是上海市哲学学会会长的吴晓明,对于如何让马克思主义对话转型社会更有主动权。学术的传承是第一步和基础。为此,他不强调哲学学院要招收更多的学生,“我们的哲学公开课,在复旦大学一直是名列前茅的”,承担“守护思想、引领时代”使命的哲学学院“让更多的学子具有哲学思维,这才是首要的”。吴晓明铭记着谢希德校长所说的“复旦不能没有哲学系”,也受到20世纪30年代美国芝加哥大学校长所说的“如果芝大没有神学系,就不要办大学了”的鼓舞。回顾1999年至2004年、2006年至2011年两段哲学系、院负责人经历,吴晓明觉得争取到三个一级学科的国家重点学科是所有同仁的积累所致,更骄傲的是“营造了良好的学术氛围和人际交往环境”。“引进十个学术骨干,但是本院的人没有一个离开,大家都能安心做学术。”

在上海市哲学学会这样一个学术机构带头人位置上，吴晓明更强调哲学对上海文化建设的参与作用，“上海的文化建设不仅仅是文化产业”。中国处在巨大的社会转型期，许多具体问题的解决都会很棘手，同样也是高度哲学化的，“雾霾可能关乎环境科学、经济学，同样也是现代化过程中对自然限度的思考”。从大道理上看，需要学者做学问。对于生活中民众的困惑，需要哲学工作者将这些问题整理后提炼出来，以此促动全社会“改弦更张”。

19 世纪 30 年代，托克维尔前往美国考察刑法和监狱制度，回国后写下了《论美国的民主》等极有前瞻性的著作，引领着一代法国有识之士。1856 年，他又在大量考证后出版了《旧制度与大革命》。“我们的时代也处在一个巨大转型期，1840 年以来寻求富强、复兴之路，并没有结束，我们的时代需要像托克维尔这样的参与精神和高度。”

英国肯特大学政治学教授戴维·麦克莱伦在 2006 年出版的《马克思传》（第四版）中写道：由于有力地综合了历史、哲学、社会学和经济学，马克思的社会理论成为 19 世纪最重大的思想成就之一。当萨特称马克思主义是“我们时代的哲学”时，他认为马克思主义的很多思想已经进入（虽然是毫无意识地）我们现在对世界的看法之中了。在某种意义上可以说，我们都是马克思的同时代人。

对于吴晓明而言，阐释马克思主义哲学与时代的密切关联的开放性，唯有不断地与这个时代对话，与马克思同时代和之前、之后的西方哲学家对话，与当代鲜活的现实对话，这也许就是挖掘马克思主义“不可遏制”的当代性的必由之路，也是时刻与马克思主义对话的丰富所指。

为此，如同当年发自内心的选择一样，吴晓明依然会带着岁月积淀的厚重的激情，去对话，并在对话中抒发家国情怀。

原文 2014 年 2 月刊于《文汇讲堂小报》、2017 年 7 月刊于“文汇”APP，作者为《文汇报》记者李念。

王德峰:带着乡愁寻找精神家园

记者的问题一个个抛出,王德峰教授的烟一根根燃起,八十分钟的采访中,不下六根。“二手烟?复旦大学都破例了,听课的人可以坐得离我远点。”

“爱因斯坦晚年在普林斯顿大学接受记者提问,被问临终前最遗憾的会是什么,他说:就是听不到莫扎特的音乐了。这才是精神家园。音乐和思想家是同一层面的。”

“海德格尔和马克思分别从两个维度对本体论发起了革命,前者是从当代文明的‘遗忘存在’,后者则从‘劳动的异化’。”

……

采访中,记者的好奇心一直未断:他为何会被复旦学子冠以“哲学王子”的雅号?时光流向八十分钟尾声时,淡淡的烟雾中答案似乎不寻自得——“王子”是诗意、性灵的象征,用汪洋恣肆的才情表达,带你进入哲学的深刻、逶迤绵延的批判“长城”中,耳边响起王德峰教授的《哲学导论》上的箴言:哲学在当代就是怀着乡愁寻找家园。

寻找的“短路”:被迫送烟后的“器”“道”之问

王德峰的口才是有天分的,孩提时刚识字,从父亲书架上觅得几本印度版的《美猴王》,看了几篇后,便在弄堂口滔滔不绝,引得同龄人一时“乐不思蜀”。留校执教,他上全校公开课“哲学导论”,场场爆满。进入教室,面对黑压压的学生,他会说:“大家不是在等我,是在等待哲学。”这样的开场白,你鼓掌吗?

王德峰的寻根问底也是天性,“凡事,我都爱追问个为什么”。初二学无机化学，老师说公式两边要配平，因为一切化学反应都趋向平衡，世上一切事物都趋向平衡。王德峰问：那么，宇宙的原则究竟是平衡导致静止，还是不平衡导致运动呢？老师在讲台上停了半晌，"这是另一个领域的研究了——哲学"。老师送了王德峰一本恩格斯的《反杜林论》，虽然只看懂了小部分，但他已经感到哲学要抽象于物理化学，"以后要学就学更抽象的哲学"。

1975年中学毕业，王德峰被分配进工厂做了电焊工。"工人空闲时谈饮食男女，我就看书，有时给他们背背贺敬之、郭小川的诗歌。他们都很喜欢我这个文弱书生。"直到1978年考入复旦哲学系，王德峰依然保持着对文学的爱好，舒婷的《这也是一切》《思念》《致橡树》至今仍倒背如流。但爱追问的天性却使得中学成绩优异的他在哲学系常常只拿80分，"我不愿意把笔记还给老师，考试成了我表达想法的平台，自然付出了试错成本"。

正是这种追问，在大学毕业5年后，让王德峰重返校园。1982年本科毕业后，他进了上海译文出版社——一座记忆中温馨的"人文作品翻译学校"。20世纪80年代的编辑是较为纯粹的文化人，需要较高的人文素养。译文社里，外国文学的研究者吴岩、汤永宽，海明威作品的译者吴劳，都是身边随时可以学习的前辈。国门初开，出版社成了引进西方思想、著作的前沿阵地。王德峰清晰地记得，出版"二十世纪西方哲学译丛"时编辑了《弗洛伊德后期著作选》，出版"当代学术思潮译丛"时编辑了《第三思潮：马斯洛心理学》。

无比愉悦的"谈笑有鸿儒"终于被"迁户口事件"打破。王德峰不明白为何把学校户口迁回街道始终没有下文，同学笑着说："你要送烟。""这不是让我俯首称臣，助长奴性吗？"在他看来，中国尚未完成"五四"时开启的启蒙任务，改变主奴关系的社会结构，树立国民的独立人格，远远重要于国家制度的改变。"读书读傻了，那你还要吃亏。"同学留下话。

那个年代，户口和粮票挂钩，为了生存，思前想后，王德峰收起人格的尊严，买了烟，第四次去了派出所，终于办成了户口迁移，出门时异常难受："究竟是国民性格导致制度的落后，还是制度的落后催生了奴性的国民性格？”想了几天，他觉得无论是国民性格还是制度，终究都是形而下的“器”，那么形而上的“道”究竟该怎么解释呢？想到九年前初进哲学系时，教授们就说，哲学是研究“道”的学问。“那一瞬间，我知道自己虽然毕业于哲学系，但根本不懂哲学。”

这一场社会现象后的自我追问，不仅使王德峰重返校园，这种问道的方式也伴随了他此后的生涯。

寻道于《资本论》：马克思和海德格尔的本体论革命

考研回到复旦哲学系，王德峰选择了当时颇为热门的马克思主义哲学。他依稀感到，以前未曾读懂的《资本论》里必然有一场哲学革命存在，他有强烈的愿望要研究马克思。三年后，硕士毕业留校，时光已驶入90年代，他为自己对马克思主义哲学的选择感到欣慰，虽然这条路还是若隐若现，但是还原一个真正的马克思主义哲学的意愿已经非常清晰。

1998年，当王德峰做完博士论文《人的本源存在与历史生存》时，他感到这场裂变终于走上了正轨。马克思主义哲学不能再用西方传统哲学的框架来理解，马克思概括了西方哲学因其知识路向而导致的虚无主义病根，质疑了近代哲学在认识论领域内的主客体关系问题，从根本上撼动了西方哲学传统。在王德峰看来，“马克思打开了一种新的本体论视域，全世界真正领会的人并不多。在《巴黎手稿》中的本体论革命，在《德意志意识形态》中则升华为历史唯物主义，而最终成果集结在《资本论》中”。

从此，王德峰将自己研究的着力点聚集在马克思的本体论革命上，而不能去接受现成的结论。经多年的研习，他颇有心得：马克思的哲学革命的关键处在于，它使得对于现代资本社会的真正理解成为可能，从而可以揭示资本文明的根本来历以及其存在方式是如何自我否定的。“凡是有当代意义的哲学都要在本体论上构成对资本的批判。”

话锋一转，海德格尔的存在论被提及。“这是两次真正的革命。”在王德峰看来，在马克思去世后八年出生的海德格尔，指出了当代文明的病症在于“遗忘存在”，这和马克思指出的当代文明的病症是“劳动的异化”，在本体论上所指涉的是同一件事情。资本作为存在者和雇佣劳动作为存在者，都遗忘了两个存在者的存在，即它们都是被异化劳动构建出来的。“尽管用不同的方式，语词也不相同。”

在寻找到马克思的本体论视域前，王德峰一直将《资本论》仅仅视作一部经济学著作。“其实，《资本论》不是经济学著作，它的副标题就写着‘政治经济学批判’。在哲学上讲，‘批判’是指澄清前提，划定界限。”从本体论入手后，他悟出了其中的哲学意义。经济学作为一门科学，只研究投资、利润、价值等经济事实，而作为经济学批判读本的《资本论》，是要揭示这些经济事实是如何被建构起来的。等价交换并非在人类社会的一开始就存在，价值范畴是在社会的历史运动中产生的。

从追问的受挫，到问道的豁然开朗，王德峰体验到研究哲学的愉悦和力量。在“器”和“道”的困惑中，他为自己作了初步的解答。

解道于中国文化：现代化的第二阶段是“非西方化”

为自己找到了初步答案，还要寻找对所处的当下社会的真正理解。

萨特说，无须让一种活的哲学去重新适应世界的进程，它会通过千万种首创性的特殊探求，自己去适应世界的进程，因为它和社会的运动是一回事。王德峰认为，萨特的这段话点出了马克思主义哲学的当下性。在他看来，改革开放数十年，中国从西方引进了市场经济。资本逻辑在中国该怎样发挥作用，如何驾驭中国的“资本”，这些都应该向马克思的《资本论》请教。1840 年以来，中国知识分子寻找现代化的道路充满坎坷，第一步是从向西方学习开始的，“而现代化的进一步发展，一定会走‘非西方化’的道路”。王德峰认为，中国现代化的下一步发展目标应从国学中得到启发。他分析，任何国家的经济，其基础都深扎于民族文化的土壤。而中国哲学里凝聚了中国基本的文化精神——儒释道的融合，也渗透在每个中国人的言行中。人类精神家园的安顿，无非在哲学、艺术、宗教这三种精神形态中。但他认为，当今中国社会的诸多问题，是不可能通过走宗教的道路而解决的。“这就好比人们不能因为所遇多为江湖郎中就说中医不行一样。不能因为今天社会上践行儒家文化的人少了，就否定融儒释道于一体的国学。”当然，他所指的儒家文化是其话语体系能充分现代化的部分。王德峰列举了“中庸之道”的有效性，列举了汉字的丰富内涵，“如‘缘分’这个词，既表示偶然性又表示必然性，两个对立面涵括于其中”。

非西方化的道路就是要重新扎根于民族文化的土壤，只有在那里才会有精神家园。要解决市场经济条件下中国社会目前暴露的种种病症，马克思主义哲学可以成为管理者行政方法的根据，而百姓的道德则总是以儒家文化为依据，因此马克思主义中国化必须与儒家文化结合，结合的产物就是中国式的社会主义形态。须知，任何形态的资本主义要能存在，就必须包含其对立面，即社会主义。“因此，要为市场经济的资本逻辑划一条社会主义界限。”王德峰进一步指出：“马克思对资本的研究所具有的深刻洞察和预见力，是当今各民族都可以共享的，中国式的市场经济更不例外。”

从《资本论》这条线，王德峰看到了人类的精神家园所必然具有的民族文化的差异。

授业于莘莘学子：哲学公开课里学批判思维和寻真理

从马克思的本体论到对《资本论》的参悟，再到破解种种现代性病症，王德峰的追问乐趣并不仅限于深奥的哲学思辨，他同样乐于做的是充满激情地为复旦莘莘学子“授业”。

谈到“哲学导论”和“艺术哲学”两门复旦公开课中的人气课程，记者询问，讲课十多年，学生有变化吗？王德峰的神情丰富起来。他又点了一支烟，描绘了1985年前后出生的学生的“哲学卧谈会”。白天，来自不同学科的同学们拿着录音笔录下课程，夜晚熄灯后，逐个回放，精彩处叫停，一番龙门阵，争论不下时或依然不理解的，留着下次问王老师。“并非我的口才好。哲学是人的一种内在需求，在精神成长过程中，谁都有困惑，但被压抑了。我的‘哲学导论’不过是唤醒这种被压抑的困惑，让他们明白，我曾经想过的问题，原来是大哲人都思考过的。”比如，讲到斯多葛派对幸福的理解在于内心灵魂的快乐，灵魂都需要安顿，但不可能安顿在豪华别墅里。王德峰觉得，这些讨论还会发酵，还会伴随着复旦学子走不同的人生道路。

“哲学导论”是让学子们学会如何寻找精神家园和拥有批判性思维。对于复旦这样的高校来说，需要培养创新性的人才。在科学里可以学到知识，但有了知识，未必有智慧和思想。哲学对于绝大多数人来说不是必读的专业，但是作为精神修养，则是复旦学子必须拥有的。至于后来才开设的“艺术哲学”，则是讲述了艺术与真理的关系，以及艺术作品是如何作为作品存在的。“真理最初存在于艺术中”，比如青铜器的冶炼，并没有等到化学的成熟才产生，而是在巫术、祭祀活动中就产生了，这些活动就是原始艺术。因此，艺术是人类生活中基础性的活动，是守护“性灵”的。王德峰强调性灵是直觉、想象力和感悟，是人类心智的最高能力，人的创造性根植于“性灵”中。“所以，我提倡大家要把业余生活交给艺术。没有艺术爱好的人生是某种不健全的人生。”说到这里，王德峰有些遗憾，因为在复旦这样一所综合性大学中是没有充满特立独行色彩的艺术家的，而他的这门“艺术哲学”只能起到一些呼唤的作用。

王德峰教授酷爱音乐，贝多芬、莫扎特、勃拉姆斯，无不钟爱。一个音乐家的大作品，往往是一部精神探索史，比如柴可夫斯基的六部交响曲就是如此。因此，在王德峰看来，真正的音乐家和思想家是同一个层面的。音乐作为艺术的一种样式，是对人类生命之精神的另一种表达。

在给学生上的哲学入门课中，王德峰颠覆了中学教学中的不少概念。比如，像“哲学是所有科学的概括和总结”这样的表述，他认为，哲学是所有学科的基础，既不是中世纪神学的“婢女”，也不是当代科学的“婢女”。又如，“真”蕴含在艺术之中，而不是如康德哲学中三大批判所指向的与“善”“美”并列的一项。这些结论背后都有着他对哲学革命的深刻认识。

这种教学如同王德峰一贯追问的风格，他将自己追问后的新体验分享给了学子。在他看来,大学教育是年青一代精神成长的事业,在传授知识和技能之余,民族文化和精神的传承更为重要。在转型中的社会里,多元利益和多元文化并举,功利主义价值观容易甚嚣尘上。在此"有破而未立"之际,让我们带着乡愁去寻找家园的哲学变得弥足珍贵。■

作为一个哲学教授,王德峰自己这样寻找着,也和学生们一起寻找着,这也就是为社会寻找它的未来,尽管并非每个人能感受到这种力量,尽管每一种寻找都不可能立竿见影。

原文2014年3月刊于《文汇讲堂小报》、2017年7月刊于"文汇"APP,作者为《文汇报》记者李念。

张汝伦:我就是一个理想主义者

“您自己如何评价自己?”

15 秒的沉默。接着是一声长叹。

在此之前,对于记者的每个问题,复旦大学张汝伦老师几乎都会说道:“我就是不明白现在的学生为何这么功利,没用的东西都不学……”那时,他的声音会升到高八度,双眼一瞪,恨不得自己来替这些人活过这一生。而当他回忆或描述一件事情时,又极为生动或深情,谈到插队时的安徽大水“一寸寸涨起来”,你眼前仿佛就出现了 3D 电影的镜头,想来上他的课,就是这样感染着被带进苏格拉底、康德或尼采的气场;说到国际交流场合时,他总要冒出几句地道的上海话表示荣誉之重要。

在交流了自我评价后,采访渐渐变得有些沉重和些许悲壮,因为谈到了哲学之用。

子曰“六十而耳顺”,就是指能听得进各种意见。张汝伦虽已年过花甲,可是并不能从心里“宽容”各种活法,尤其不认同把物质和实用看得过高的一切事物。《南方人物周刊》记者在听了张汝伦两年的哲学课后,发表了《张汝伦:狂者的世界》,文章说:“科学是硬心肠的、技术是冷冰冰的,这世界需要一点人文精神。张汝伦嬉笑怒骂、苦口婆心、翻来覆去讲的,也就是这些。他试图将已被时代抛弃的旧词语:理想、道义、崇高、生命的意义……重新植入人心。他反复告诉学生:生命不等于生计,生命的本质是自由。”

张汝伦自我评价是个“天真”的人,至今仍恨丑恶的一切,也无谓别人称他是“老愤青”。他说,学哲学就是需要“天真”,才能追梦,这个天真本质上是理想主义者的代言。

正因为骨子里的天真，张汝伦在常人眼里有些较真。对学生，他夸奖复旦学子个个聪明，但更愿考GRE。"一个教室里一百个人，只有五个看过茨威格的《昨日的世界》，几乎没人知道雪莱的《伊斯兰起义》，没人看过拜伦的《唐璜》，当然《哈利波特》是看的。"当他感叹校外成人风雨无阻地来听他的哲学课时，就觉得复旦的学子不该那么实用主义，"这样，人会变得愚蠢的"。对于同行，他曾感慨："有谁一周能看书60小时？"接受采访那天，他去了复旦的图书馆，几乎没人在那里看书。"连教授都不去图书馆看书了，还有希望吗？"在张汝伦列出的自己最喜欢看的十本书里，《论语》《老子》《庄子》《精神现象学》《共产党宣言》……很多都是他反反复复读的书。

张汝伦在不少场合说过，20世纪80年代，最可贵的是理想主义精神，"那是一种高尚的热情"。让他感到沮丧的是，当下人们接受了现代化中最坏的东西——让理性中性化。在他看来，"只有工具理性是中性的，像信仰这样的价值理性是无须讨论的，人就是有很多不能商量的终极价值"。在"文汇讲堂"2014年的哲学季上，面对里三层外三层的听众，他给出肺腑之言："哲学提供的是批判性思维，不是应用性思维——给你开出现实药方，而是思考根本性问题。"

较真是对别人的，而认真是对自己的。

从西方哲学转到中国哲学，张汝伦开的课算是多的。有些课总要反复上，可是每次他都要重新备课。在说自己每门备课笔记不会少于十万字时，他强调求的是自己内心的尽力。有学生跟张汝伦的夫人说："师母，张老师中气十足地上三小时课，我们听得筋疲力尽，因为信息量太大了，记不下来。"在北京大学出版社出版的《现代西方哲学十五讲》中，谈到什么是哲学时，除了列举历史上的几种说法外，张汝伦指出很多人没有注意到哲学的存在性质，继而从存在论角度提出了黑格尔强调的时代性，一直引述到马克思，又上溯到苏格拉底和柏拉图。这几乎是"张氏"风格，他总能从自己储存的"知识菜单"中，信手拈来地引用各个时代哲学家的言论。受留学德国时教授的影响，他希望自己能开不重复的课程。这是一个理想主义者的自我要求。说到他数量众多的书时，他笑笑，“不算什么”。在他看来，应出版社要求成册的书并不是他的“嫡生”，他希望有一本时间写得长一点的书。“当学生白发苍苍时，回忆起来说，张汝伦是不断有新的写法的。”

“我就是个认真的人。”张汝伦这样评价自己。为此，他希望在他国学者面前能表现出中国学者的有质量和有修养，他希望自己朝着“学贯中西”的目标努力，他希望哲学家提供给世界的另一种解释能让更多的人理解。

张汝伦说，哲学研究是一趟追梦之旅，是理想主义者的事业。这不禁让人联想到1818年10月22日黑格尔在柏林大学任教时的开讲辞：“追求真理的勇气，相信精神的力量，乃是哲学研究的第一条件。人应尊重自己，相信自己配得上最高尚的东西。”

哲学为何是我生命的一部分？

1. 在牛棚里住了一年，看完了康德的“三大批判”

文汇报：您多次提到，看王安忆的小说《69届初中生》很亲切，因为1970年，你们同去了安徽插队，不过您是去了当时被称为“安徽的西伯利亚”的阜阳专区太和县，那里特别穷困。那段近七年的经历给您留下了怎样的影响？

张汝伦：首先让我了解了真实的中国，至少是一部分，和我在城里的印象不一样，那里老百姓的生活真的是非常糟糕。其次当然是锻炼了我的意志。现在的家长都要全面培养孩子，其实知、情、意三者中，情、意远重要于知，意多半可在那样艰苦的环境中培育出来。古人说“不如意事常八九”，在农村，除了讨饭没干过外，我们都经历了。所以，那代人，不仅仅是我，熬过来的就是成功的，放弃的就失败了。但是，我们的生活并没有什么戏剧性场面，既没有坐牢，也没有结识贵人，就是日复一日枯燥地“日出而作，日落而息”。往往日常生活，或者说平凡的生活最熬人。

文汇报：您儿子曾不理解地问您，为何住在牛棚里还要读黑格尔的《小逻辑》。您说，就是没有高考，也会学哲学。那是怎样的经历？

张汝伦：有一年下了我从没见过的大雨，超过100毫米，淮北平原是一马平川，水一寸寸地从河里涨起来，我们跟着老乡朝六七里外的大堤蹚水前行。回望时，田地和村庄连成一片，地标建筑没有了，泥糊的房子都塌了。水退后，给牲口盖房子是第一位的，因为那是生产资料。我们知识青年要想有个遮风挡雨处，就和牛住在一起。就这样，我住了近一年。在那里，我看了康德的"三大批判"、黑格尔的《大逻辑》《小逻辑》等等。在那个年代，读书肯定是没有用的。也曾有人让我学个瓦工等手艺活以便养活自己，我没有，还是看书。我儿子是用现代人的思维问，为什么要看无用的东西，就像现在学生不学无用的东西。因此，哲学是除了日常生活外，陪伴我青春的一部分，我就是做农民，也会去看它。哲学是给做梦人看的，给理想主义者看的。

2. 哲学是我青春里最不可或缺的部分

文汇报：您是怎么挑到这些哲学书的呢？

张汝伦：那时没什么书，有啥书就看啥书，我们都是看手抄本的，《英华大词典》《战争与和平》等都有手抄本。物以类聚，人以群分，虽然生存都无法解决，但茫茫人海中，就会结识一些书友。我们插队青年不像兵团纪律严，可以随时回上海交朋友、借书。有一次，我和汪丁丁在浙江大学做讲座，他说借到了黑格尔的《历史哲学》，那本书有四五百页，可是只给一个晚上，因为有很多人在后面排队。汪丁丁家里条件好，有录音机，就读了一整夜。说起来，真是"可歌可泣"！我那时看到了很多黄皮书和灰皮书。

文汇报：什么是黄皮书、灰皮书？

张汝伦：黄皮书就是"文革"前给高干看的"反动书"，比如有关西方历史、政治理论以及对苏共的批判等，封面只有书名、作者名，里面写着"内部批判使用，不得外传"等字样。我后来知道上海南京东路新华书店有个小房间,开了内部介绍信就可以看到这种书。1972 年,《参考消息》报道北京可以卖西方古典政治书籍了,我年三十就冲去排队。20 世纪 60 年代商务印书馆的那套汉译世界名著,康德、卢梭、洛克的书,我至今还保存着。那时,上海图书馆和区图书馆可以看"文革"前的书,但需要工作证。我们知识青年经常被查问是否有工作证,最后被屈辱地赶出去。

我究竟是个怎样的人?

1. 不明白大家为何总去关注一个人表面的东西

文汇报:您是个有个性的人,学生们曾写过一副对联评价哲学学院的老师:"张怒俞不惊,吴儒王半仙。"其中,"张"就是您了。20 世纪 80 年代末,您发表了有关尼采的系列研究文章,此后就有人称您是"复旦的尼采"。读研究生时有人说您狂,2012 年《南方人物周刊》中关于您的采访稿就是以《张汝伦:狂者的世界》为题的。您怎么评价自己呢?

张汝伦:这些都不重要,社会看人怎么都不去关注他最值得关注的地方?怎么没看到我理想主义的一面,很天真的一面?哲学需要天真,涉及真理的追求,能不愤怒吗?亚里士多德说,只有傻瓜才会在该愤怒时不愤怒。我是傻瓜还是愤怒呢?有个十八九岁的女孩上了我一节课后和我说,张老师,大家都说您是"复旦的尼采",我今天就是来看"复旦的尼采"的,下节课,我就不来了。大学怎么就变成斗兽场和嘉年华了呢?我真的不需要那种被女生尖叫的虚荣。

2. 我就是一个认真的人,一个讲课不错的老师

文汇报:那您怎么评价自己?

张汝伦:我就是一个认真的人,一个讲课不错的老师。

文汇报:怎么说呢?

张汝伦:我将来很愿意拿我的笔记出来展览,每一门课都不少于十

万字。即便是再上一遍，也是这样。我在不断从学生的作业中作调整，也有自己新的认识。所以，有几个学生连续两年来听同一门课。我告诉自己：这门课，我尽力了。我在德国留学时，有两件事情对我影响很深：一个教授能开十几门课，但是没有重复；有的学生不上完老师的这门课就不毕业。这是我想做到的。中美大学校长研讨会上，连续几年的信息都是说，中美本科生差距不大，但研究生有距离。国外学者的备课本就是一本书，这在我们这里是凤毛麟角。我现在的课已经开放给全市了，那些在投资银行的成年人倒是非常执着，每周都来。有个孕妇从莘庄赶来，我倒很不好意思。钱穆在他的回忆录中说，当年他在北大教书，教授太太们赶来听他的历史课，搞得爆棚。比比前人，我们现在的精神世界，只能长叹一声了。

文汇报：社会上的人都这么爱哲学，您不应该叹气。

张汝伦：是啊，社会在进步，可是复旦大学里的学子应该多些这样的追求。

能兼做狐狸型和刺猬型学者吗？

1. 学贯中西总可以作为理想去追求

文汇报：您曾留学德国，师从伽达默尔的弟子布伯纳教授、海德格尔的弟子冯·赫尔曼教授。回国后，您开了不少西哲的课，从尼采、海德格尔、伽达默尔到汉娜·阿伦特，都有涉猎。近几年，您又转向中国哲学，也开了关于《论语》《中庸》等课，要转型吗？

张汝伦：我读研究生是在 1981 年，是“西风”最盛时，中国哲学相对边缘化。严复在《天演论》中引用赫胥黎的话说，只有学好一门语言，才能学好另一门语言。我心里一直想要做好中哲这个传统。正巧，系里希望我能去做中哲，满足了我的愿望。我很欣赏王国维先生所说的，学问无古今中西之分，一定要打通。我想，这个可以作为理想来追求。我就想做个古今中西都知晓的人，也希望我的研究生有志气这样去做，在自己的专业被人承认的基础上,不分中西古今。

文汇报:英国哲学家以赛亚·伯林曾把后工业化时代的学者分为狐狸型和刺猬型,后者专攻一门,前者涉猎多门,您觉得自己是在复合这两种功能吗?

张汝伦:作为一名中国学者,要有理想,代表中国文化去和外国人沟通。这就需要学贯中西,有些方面要知道得比他们更多。曾有美国学者问我,看过《了不起的盖茨比》吗?我说看过小说,就聊得很欢。现在连德国人都不太看《浮士德》了,我们对自己、对国外都了解得不够。

2. 我现在就是研究生的心态,觉得还有很多东西不了解

文汇报:是否可以理解,有潜在的复兴民族文化而去对话的责任?

张汝伦:年轻时会说复兴,现在就是想做个有质量、有修养的中国学者。2013 年,我去夏威夷大学开"中西方哲学经典文本的解释"研讨会,会议临时改为英语发言。我就用半小时介绍了中国人如何解释《春秋》文本,不是因为文本模糊,而是同样的意思有不同说法,背后代表着不同的评价。结果,那些学者就很感兴趣,说:"这样伟大的传统,我们居然不知道。"他们都问我要英文材料。2014 年 5 月,我去芝加哥大学,和国际学者聊,为何中国本来没有"宗教"(religion)概念,但是能够按照西方的方式理解宗教。这样的交流能帮助我们彼此加深各自的学问。

文汇报:这对学者的要求是否太高了?没有高度天分的人能做到吗?

张汝伦:怎么不能?我们的学者用功够吗?有多少学者一周能看书 60 小时?我亲戚在杜克大学,经常说,那里的教授比学生更用功,30 岁就当上了正教授,但还是每天只睡四五个小时。大多数外国学者都很勤奋。我现在就觉得自己是研究生的心态,永远感觉自己是学生,有很多未知的领域。我每周都打印近十本原著,虽然看不完全部,但总想看,需要时就能查阅到。

哲学教授在今天能做什么？

1. 在很实用的时代，能让一部分人承认和明白哲学的意义，活得更有意义，就很不错了

文汇报：*那您如何评价自己的为学风格呢？*

张汝伦：视野比较开阔，兴趣广泛，不能举一反三，能举一反二吧。另外，我也提醒自己不要只做狐狸型学者，有些内容要往深度里想。比如，我在想我们对哲学不感兴趣了，是不是一个哲学命题？“天理何在”是不是一个哲学命题？为何研究哲学的人都认为谈天理不是哲学命题，西方的文化无政府主义、价值相对论对此都有研究。

文汇报：*您研究了这么多哲学家，觉得他们分几类？他们对世人起着怎样的作用？哲学教授呢？*

张汝伦：哲学教授恐怕就是个职业吧，能帮助学生了解哲学史，学会点哲学思维，有时过于专业化了，一大堆废话，很容易成为学术工业中的垃圾。

哲学家就不一样了，人天性上都有好奇心，想要更深入更全面地知道为什么，就要走到哲学层面。大哲学家苦心孤诣，把一生都交给哲学，就是告诉你对世界还有另外一种解读。很多人都忙于现实，哲学家就让你看远一点。苏格拉底就说，未经反思的生活是不值得过的。而马克思告诉你，人类社会是这样的，还可以怎样改变。很多哲学家兼有两种职能。康德穷其一生，用他的哲学理论告诉你这个世界应该是怎样的。

文汇报：*那您希望作为哲学教授起到什么作用呢？*

张汝伦：通过我的工作，有一部分人明白和承认哲学的意义，就很不错了。

2. 哲学就是要让人超越常识

文汇报：*这个时代注定要在物质主义和实用主义上停留一段时间，*

作为哲学教授，您是感到幸运还是不幸？

张汝伦：无用乃大用。这不是我能选择的。

文汇报：当不能劝说学生时，您悲观吗？

张汝伦：也有点悲观，但如果一个人能承认很多事情，也谈不上悲观。尼采和弗洛伊德对人的非理性看得如此通透，但他们还在说些什么、做些什么，从这点来说，就不是完全悲观。

文汇报：您接着还会做什么？

张汝伦：写书。只要我不失去自由，我总是要写书、思考。爱追求是人的天性，现在这个天性被扭曲了，学了哲学后，就会明白世界不应该这样物质，文化生态不应该这样恶劣。哲学就是要让人超越常识。

文汇报：所以，您还是试图告诉大家更多，哲学就是您的生活方式了。

原文 2014 年 3 月刊于《文汇讲堂小报》、2017 年 7 月刊于“文汇”APP，作者为《文汇报》记者李念。

童世骏:“业余哲学家”的 Memory 和思考

许是哲学思维的训练,当童世骏担任华东师范大学党委书记后,在党建研讨会上有关“卓越与和谐”的发言,读来就是一篇思辨的论文,而其所做的党委会报告的部分段落,居然成了联欢会朗诵的内容。曾是文学青年的他在那些理性主义发言中不经意地流露了当年的理想主义色彩。

童世骏说他的为学并无宏大规划,更多是凭着兴趣和机缘,从认识论到科学哲学,从政治文化到精神世界。在挪威访学“邂逅”了哈贝马斯的沟通理性理论,因为与兴趣高度吻合,进而深入研究,那种巧合仿佛不是他追着哲学,而是哲学赶着他。三十多年过去了,一回头,却是由“问题”“规则”“理性”和“记忆”等概念完成的“连点成线”,或乔布斯所说的“connecting the dots”。

童世骏的入世秉承师风。从导师冯契先生对现实问题的投入到挪威导师希尔贝克的跨学科融合,再到研究对象法兰克福学派第二代掌门人哈贝马斯作为公共知识分子对社会事务的自觉关怀,他领衔的当代中国人的精神文化的系列调查,既有导师和研究对象的为学影子,更有他自己对哲学实践的后形而上学时代的理解。

童世骏的学习能力很强。自小就有的强烈好奇心让他 1989 年就有了 Toshiba 笔记本电脑,这种 IT 的弄潮者优势始终伴随着他,常常在几小时内,回复邮件就会从他的 iPad 发出;而大学毕业就能对答如流的英语能力更让他“身在上海,沟通全球”;自觉向其他学科取经的积累使他视野开阔,这些也道出了他边做行政边出书的秘密。

17 岁的两次光荣

对音乐,童世骏是渴望的。17 岁那年,他能欣赏的只是比他两年后狂喜地发现的《洪湖赤卫队》更加“革命”的“样板戏”。那样的旋律中,他完成了至今能“炫耀”的几件事。

由于童年在萧山外婆家度过,因而提早进了学堂,1975 年春天中学毕业时,童世骏只有 16 足岁。他被分配到拥有 1 万名职工的崇明国营跃进农场,虽然是让人羡慕的拿工资、有医保的“农场工人”,不过所有高难度的农活一件也没落下,包括被称为“水匠”的水稻管理员工作。每回雷电风暴骤雨交加时,他就要冲出宿舍,抓紧开渠放水。

1. 在电视台做哲学直播演讲

有一次,他被抽调 20 天去程家桥参加“无产阶级专政下继续革命理论”的学习。许是有了这个基础,后来市委写作班组织第 8 期“工人理论写作班”,请来自全市各系统的工人骨干分子闭门 4 个半月学习哲学,童世骏又被推荐了。“学习的地点就在现在的社科院所在的淮海中路 622 弄。”童世骏 2004 年去上海社科院担任党委副书记时,时常会和国外学者谈起这段历史——学习期间,学员们最重要的任务是到位于七重天的电视台和位于北京东路 2 号的电台做哲学讲座。“我是第三讲,演讲题目是《共产党的哲学是斗争的哲学》。”不知为何,那时的电视居然是直播,同样的内容,他去讲了两次。刚过 17 岁的他便在电视台做直播演讲,无论如何都是件骄傲的事情。至于演讲的题目,也被他在国际交流中用来解释中国社会的巨大变化,那时宣扬“斗争哲学”,现在却建设“和谐社会”。

2. 在毛泽东做主席时入了党

在 17 岁整年里,还发生了一件光荣的事情,1976 年的 7 月 1 日,他入党了。两个月后的 9 月 9 日,毛泽东去世。“要是农场党委坚持我必须在9月中旬满18岁时才能宣誓的话,我就无法在毛泽东担任主席时入党了",童世骏说。其实,那时他已经成为连队的重点培养对象。很快,他就被提拔为十八连副指导员,要管三百多号农场工人。与此同时,他也"艰难地"接受了组织的建议:从此扎根农场,放弃上调进城的机会。

"那时,年龄稍长的指导员曾和我算过一笔账,1万人就是什么也不干,把国家投入的钱分到每个人头上也有每月68元,但是现在大家干活了反倒严重亏损,却只拿了每月24元或27元的工资(第一年是18元)。所有的投入都是为了培养'无产阶级革命事业接班人'。"

3. 在抢险时险些失明

岁月剥夺了他们那代人在最该求知年月的校园学习机会,但却让他们体会了另一种实践和思考。2009年9月,童世骏在凤凰卫视《世纪大讲堂》里做《当代中国人的精神挑战》的演讲后,有位年轻听众提问:世俗化时代人们的心灵如何抵御强大的外部压力?童世骏回答:真正优秀的品质往往要在恶劣的环境中培育起来,坚强的操守要在经历过诱惑后才能证明。农场三年中,一次连夜抢救被台风吹塌的猪棚,黑暗中他被老虎钳刺破了角膜,险些失明,至今眼角仍留有伤疤。三十多年后,他支持读大学的大女儿去湖南农村支教,欣赏她归来后虽手掌足心生出水泡,疼痛难忍却毫无悔意,生活对善于思考的人永远可以挖出"金矿"。

扎根跃进农场的"契约"因为高考的恢复而自动中断了,童世骏参加了1977年年底的全国高考,1978年春天进入了当时还叫"上海师大"的华师大。

冯契的认识论弟子

进华师大前,童世骏并不知道冯契的大名。这所有条丽娃河的大学总是给他一些"惊喜",师从冯契这样的"哲学大家"前,进入政教系老四班是惊喜的预演。

1. 政教系老四班的扩招生们

准确地说,老四班的学生都是扩招进来的,他们入校时,其他三个班级都上了一个月的课程。童世骏在农场已经准备重新复习改考理科时,喜讯传来,他被录取了。但令他沮丧的是,他的前四个志愿:复旦国政系、复旦哲学系、华师大中文系、华师大历史系都没有垂青于他,他被录取在华师大政教系。然而,命运女神时常是一位戏剧高手。在华师大校园毛主席像背后的地理馆 333 教室,爱坐在阶梯教室倒数第二排的他,在那里认识了如今在华师大的几位最优秀的学者,如俄苏研究专家冯绍雷、中国哲学专家杨国荣,还有思想史专家许纪霖。

那时的政教系几乎包含全校人文学科和社会学科的骨干专业,经济系和哲学系在 1985 年后才陆续独立。在大三分班时,想到自己曾有的哲学直播演讲经历,童世骏选了哲学作为自己的专业。作为“现代外国哲学”课代表的他,与同学们组建起了外国哲学兴趣小组,组员有 7 人。“如今只剩下 1.5 个人在从事哲学研究了。黄勇留在美国,2013 年从美国转到香港中文大学,剩下的就是我这半个人了。”那时,他们在老师的带领下编书——《哲学命题的解释》,“已有科研的雏形”。更难忘的是,同学们相约去美琪大剧院观看萨特的话剧《肮脏的手》后一路讨论的兴奋,分享第五宿舍走廊里和 333 教室墙壁壁报上有关弗洛伊德、中美关系和自私是否可能合理的各种各样讨论。而在最应该全神贯注的某门主课上,童世骏持续的乐趣是将一本厚厚的英文版哲学文选中每章的长篇导论翻成中文,似乎是为他后来在全国较早开设“哲学概论”课做着准备。

2. “问题意识”的思维方式

考研时,童世骏的目标自然认准了冯契先生。冯契只招马克思主义哲学专业和中国哲学专业研究生,而马哲专业是第一次招收认识论方向研究生。事实上,这个专业由冯契先生挂名招生也就这么一次。所以,某种程度上,童世骏和马建模(很早就去了企业工作)是冯契先生的认识论方向研究生的开门弟子和关门弟子，具体指导的多是张天飞教授。冯门弟子们常有机会一起聆听冯先生的讲座，感受他的思想和治学风范。

谈到冯先生，童世骏心怀敬意。在他看来，冯先生的哲学系统训练很难超越。承蒙金岳霖、冯友兰、汤用彤三位哲学大家的庭训，冯先生对中哲、马哲、西哲无所不精，童世骏对此一直有“虽不能至，然心向往之”的感觉。在治学特点上，童世骏尤其受冯先生“问题意识”的思维影响。1957年，冯先生出版了小册子《怎样认识世界》。1960年，毛泽东向他身边的工作人员推荐了这本书。在书中，有一节，冯先生将“疑问”作为认识论问题之一加以讨论。童世骏的硕士论文就是《论“问题”在认识论过程中的地位和作用》，在同时代学子中，这样的意识算是有点新意的。回忆这点时，童世骏坦陈，他所感兴趣的西方哲学家如波普尔、杜威以及伽达默尔都曾对“问题”作过深刻的研究。但那时他读的还相当不够，尽管还特意去上海图书馆借德语书了解民主德国哲学家对此的评述。直面问题这种思维方式一直伴随着童世骏日后的为学。1994年，他与赵修义教授一起编写的《马克思恩格斯同时代的西方哲学》出版，并没有以传统哲学家或哲学派别为中心来撰写，而是列出五大重要的哲学问题，文末的小结中对各派的观点与马恩作了比较。此书日后多次获奖，原因也在于以问题作为主线。

3. 与公众交流中扮演“诠释者”

最让童世骏折服的是冯契先生把抽象玄思与社会关怀密切结合的努力和能力。他曾撰文《像冯契那样创造价值、追求理想、履行责任》，高度赞扬冯契先生在“文革”后，从63岁到80岁，写下独立思考的200万字著作。“先生很擅长把当代政治文化所习惯的素材运用到哲学研究的问题中去，无论是孙中山还是毛泽东，他们的问题和命题，会被先生融会贯通地创造性理解；而且先生愿意写一些小册子，比如20世纪50年代初期的《谈谈革命的乐观主义精神》。”

这样的特点，都能在童世骏身上看到。“解释世界从来就是改造世界的重要途径。”让哲学有说服力，解释世界的人必须和生活的世界对话，还必须和公众对话。在繁忙的行政工作之余，他会被动地接到一些约稿任务，包括像《文化软实力》这样的小册子。即便是命题作文，他也会修改到编辑截稿的最后一刻。这种被童世骏自嘲为强迫症的认真背后，不仅有他从冯契先生那里学到的中国哲学家的入世精神，而且有他从哈贝马斯那里得来的下述认识：在当今社会，哲学工作者与其说是颁布人生意义的精神导师，不如说是在科学和常识之间充当中介的"翻译者"或"诠释者"。

2008 年，在控江中学参加了由上海社科院和上海人民广播电台联合主办的"《社科讲堂》校园行"活动后，童世骏根据现场的发言撰写了《谈谈"意义"的意义》，由许三多的"活着要做有意义的事，做有意义的事要好好活"阐发出一连串的十二点分析；而在上海交大的演讲《说好自己的人生故事》，则从乔布斯谈到行为责任和自由意志的关系；2014 年在最"潮"的演讲活动《听道》的十八分钟演说中，他在承认"成事在天"后又抛出了"成人在己"，背后是深刻的哲学原理的通俗阐释。

如同当年冯契乐于写小册子，童世骏交着自己的答卷——哲学家履行其诠释者的职能要比扮演精神导师的角色作更大的努力。

与哈贝马斯的神交

不情愿地进了华师大政教系，却幸运地成了冯契的弟子。丽娃河继续给童世骏带来人生种种小惊喜。挪威卑尔根大学之缘是第二幕。

1. 因缘际会，拜希尔贝克为师

1988 年，华师大哲学系刚刚独立出来两年，系领导们非常注重对青年教师的培养。系里争取到了一个去英国、一个去挪威的交流学者名额。童世骏得到的机会是去挪威。他心中的目标是维也纳学派的成员阿恩·奈斯。当他拿着北大洪谦教授的推荐信去联系时，得到的回复是："我已经从奥斯陆大学退休，但可以推荐你去找任何挪威哲学家。"于是，他自己选择了曾与维特根斯坦有较多来往的特伦诺伊教授，这位教授的一篇题为《作为规范体系的科学方法论》的论文曾给他留下深刻印象。但童世骏到了特伦诺伊教授所在的卑尔根大学以后才得知,他已经去了奥斯陆大学。于是,他的学生,以研究海德格尔为博士论文、曾经担任过法兰克福学派重员马尔库塞助手的希尔贝克,就成了童世骏的访问学者指导教师。

这样,童世骏又承接了另一场学术接力。他清楚地记得,1988 年 9 月的一天,希尔贝克兴冲冲地跑来递给他一本书:"世骏,这本书你估计会有兴趣。"童世骏翻开一看,是哈贝马斯 1981 年出版的《交往行动理论》上册。读着读着,这位他本来相当陌生的当代德国哲学家把他深深吸引住了。十天里,他脑海里都是书中那些非常费解但似乎又显露着重要秩序的概念,牵引出之前下过功夫的批判理性主义和美国实用主义的种种关联。仿佛是《浮士德》里的"你真美啊,请停一停"的魔力使然,童世骏的后十天完全沉浸在从图书馆借来的《交往行动理论》下册的论证推理中。一年访学结束前,童世骏凭着题为《波普尔与哈贝马斯的合理性观比较》的论文和讲演,获得读博资格。

2. 与哈贝马斯的理论一见钟情

经过在中国和挪威之间的几年跨国学术之旅以后,1994 年上半年,童世骏重返卑尔根大学做博士论文答辩,同时也是为了和在卑尔根大学停留一周的哈贝马斯作深度交流。童世骏从他比较熟悉的英美哲学角度去理解哈贝马斯的思想,还在论文中让哈贝马斯与李大钊、梁漱溟、冯契等中国思想家进行对话,估计是出乎这位德国哲学家的意料之外的。但童世骏感兴趣的不仅是哈贝马斯的思想整合能力和概念分析能力,不仅是用尽可能平白的现代汉语表达这位德国哲学家的晦涩观点,而且是要更好地理解中国现代化过程中的"体用之争""科玄之争""德赛之争"及其各种当代翻版。这是童世骏第一次和自己的研究对象、当代最有声望的西方哲学家面对面交流。因为哈贝马斯对规则问题、交往理论的研究和自己一贯的研究兴趣高度吻合,从此,继北师大的曹卫东之后,他也成了研究哈贝马斯的中国学者。

2001 年 1 月，72 岁的哈贝马斯终于实践了中国之行。巧合的是，童世骏因为争取到了美国富布莱特学者资格，正在哥伦比亚大学访学。哈贝马斯赴中国前，童世骏和哈贝马斯在美国某个大学一起开会，他向哈贝马斯介绍了中国国内新"左"派和自由主义之争。哈贝马斯从中国回来后，两人又一起在加拿大的魁北克开另一个哲学研讨会。这位法兰克福学派第二代掌门人告诉童世骏，中国之行，印证了童世骏所说的后现代主义在中国的热潮。哈贝马斯的中国之行在中国哲学界是可圈可点的大事，而那一年，童世骏说他在哥伦比亚大学只做了一件事，用东道主托马斯·博格教授的话说：一个中国学者在一个英语国家翻译一本德文书，那就是哈贝马斯的《在事实与规范之间》。

3. 给哈贝马斯 80 岁的礼物

2009 年 11 月 18 日，哈贝马斯 80 岁生日，作为特殊的生日礼物，童世骏把他应曹卫东之约写的一篇讨论哈贝马斯学术生涯的论文的英文摘要发给哈贝马斯，"几乎是 5 分钟后，我就收到了哈贝马斯的邮件回复"。

在诸多公开演讲中，童世骏会引用哈贝马斯年幼时多次做唇裂手术的经历，从侧面表明其之后"沟通理性"理论的部分现实缘起，以此鼓励学子们珍惜人生每一份经历。在不少的学术论文和访谈里，童世骏会从哈贝马斯的交往行动理论这种比较成熟的文化中寻找"理论态度"的普遍因子，他会提出自己对理论的新解，不仅受冯契先生启发，从"理论"出发讨论"方法"和"德性"，而且从"理论"出发讨论理论所要回答的"问题"，讨论与"方法"和"德性"都有密切关系的"规则"。而哈贝马斯对现代性的批判和辩护，对欧洲一体化的观察和评论，在进入 21 世纪以后关于新老欧洲的讨论，关于"美国价值"和"欧洲价值"的比较，关于基因工程和宗教传统的思考等等，这样的公共关怀同样滋养着这位冯契先生的认识论弟子。

哲学教授或者说职业哲学家在后形而上学时代应该何为？从哈贝马斯身上，童世骏再次强烈感受到，在这样一个相对主义时代，如何避免虚无主义、拒绝非道德主义,不仅是一个理论问题,更是一个实践问题。

对话罗蒂、桑德尔、福山

在挪威卑尔根大学的在职博士经历,对包括挪威在内的十几个国家时间或长或短的访问,以及在国内接待来访的许多国外学者,让童世骏意识到,在全球化时代,西方学者和中国学者所讨论的诸多问题和所提的诸多观点,存在着"同时代性",这种"同时代性"使得面对面的交流变得格外重要。

1. 主办罗蒂参与的国际研讨会

2004 年 1 月,在童世骏的发起下,"罗蒂、美国实用主义和中国哲学"国际研讨会在华师大举办,晚年在斯坦福大学任教的理查德·罗蒂应邀出席并做主旨演讲。为了让讨论更有效率,童世骏自称"发明"了主讲者用英文做演讲、中文译文同步以 PPT 方式呈现的"同步翻译"方式,并且请罗蒂讲完以后就在酒店房间里仔细阅读厚厚的会议论文,尽可能作出他的回应。罗蒂果然在会议的最后一个单元对每位与会者所提出的问题一一作答,美国一家著名的出版社后来还出版了该次会议的论文集。

2. 对桑德尔观点的质疑

与美国哈佛大学肯尼迪政府学院讲座教授、美国人文与科学院院士迈克尔·桑德尔的交流也是颇有意味的。"2007 年,华师大哲学系曾邀请过桑德尔前来演讲,但是当时大家并没有感觉到桑德尔的分量",童世骏回忆。2010 年 3 月 19 日晚上,桑德尔受邀来到复旦大学主讲《什么是正义?》(*What's Justice?*)时,已是全球炙手可热的哈佛"正义"公开课的"超级明星"了。时为上海社科院研究员、哲学研究所所长的童世骏应邀担任点评之一,他作了五点评论,"我特意拉开观点的差异"。从优酷上长达 20 分钟的视频上回看,此时的童教授绝对"high",肢体语言是少有的丰富，语调少有的抑扬顿挫，让记者仿佛进入选举的演讲场。

童世骏后来在接受媒体采访时说，"桑德尔热"是一种文化现象而非学术现象，而他自己更关心的不是案例多有趣，而是案例背后的内容：桑德尔的论据是否可以支撑他的论点，逻辑演绎是否严密。但这样的"纯"学术，学生们显然没什么兴趣。撇去追星热的现状，童世骏依然欣赏桑德尔，他觉得桑德尔教了中国老师一招，联系生活实际，理论就不会那么枯燥。

3. 与福山、泰勒、贝克、博格切磋

与斯坦福大学教授、"历史终结论"提出者弗朗斯西·福山，与加拿大社群主义代表查尔斯·泰勒，与德国社会学家、慕尼黑大学社会学教授乌尔里希·贝克，童世骏都有过一些交流，作过精彩的点评。作为哲学教师的童世骏最赞赏的是比他稍长几岁的托马斯·博格，他说这位罗尔斯的高足"是我见过的最好的老师，思路异常清晰，论证极为专业，与社会现实结合相当完美，讲课时对听众可以说是到了体贴入微的程度"。

童世骏不仅将当代学者请进国内或者与他们进行深入沟通，他也受邀在各类国际研讨会上发表中国学者的观点，包括应邀在韩国首尔举办的世界哲学大会上做大会发言。由于其学术成绩，他入选挪威科学院外籍院士，据说该科学院的外籍院士名额永远保持 100 名。

4. "同时代性"中的"重叠共识"

1988 年，初到卑尔根大学访学时，希尔贝克教授在和童世骏的一席长谈后，辞别时忍不住问了一句："您的英语在哪里学的？""在中国。"他自豪地回答。对语言的爱好，在学术报告后作出快速反应的能力，边散步边听各种有声读物的享受，使得童世骏有了更高效的沟通力。

在与这些当代同行对"同时代性"问题的思考和交流中，童世骏深刻地体会到，在我们这个时代，哲学已经不再居于高高的精神导师之位，期待通过先验前提引出结果是无效的，凭借经验功夫作出归纳论证也是无果的，全世界的哲学家其实都面临相同的困境，唯有不同思想体系和文

化传统之间达成的“重叠共识”还能给我们支撑。而中国从 20 世纪 80 年代的文化类型之争、90 年代的发展模式之争到 21 世纪的“国家治理”“协商民主”等概念的提出，如何从哲学层面找到更好的诠释，在这些对话中都能得到启发。

“业余哲学家”的 Memory

2011 年 7 月，童世骏在为他主编的期刊《哲学分析》向哈贝马斯约稿时写道：“顺便说一句，我的职务变了，离解释世界更远，离改变世界更近了。”

当月，他被委任为华师大党委书记，重又回到了丽娃河和樱桃河环绕的美丽校园。从此，“我终于只能做‘业余哲学家’了”。在中北校区的红楼办公室里，童世骏书记自嘲着。他身后的书橱里除了哲学书外，也多了一些教育书籍。

1. 大学管理活用专业优势

在现代大学的形成过程，一直有不少哲学家热衷于讨论“大学”这个“理念”。从这点来说，童世骏在从事大学管理时还可以兼顾他的专业兴趣，甚至还有些专业优势。在他看来，大学管理要协调不同学科，要沟通不同主体，要处理杜威所说的“善的冲突”，每一项都需要思辨能力和实践智慧。比如，童世骏说在工作中要处理好“原则”“规则”和“个案”之间的关系，要区分开“是非问题”“利害问题”和“你我问题”。与 2004 年开始担任的上海社科院党委副书记不同，目前的岗位上，他感到是在“全世界的舞台上”考验能力，压力更大。

但是，童世骏总是设法把压力变成动力，把必须完成的任务变成可以利用的资源。在处理工作中的一些疑难问题时，比如接待信访、探望病重的老同志、处理“文革”的遗留问题，他都会化作哲学思考的机会。“解决‘是非问题’的办法是讲原则，解决‘利害问题’的办法是讲理性，解决‘你我问题’的办法是讲智慧。”童世骏以书记身份在一次会上讲的这段话听起来玄得很,但有许多事例可作为注释。

他常思考有关 memory 或记忆的问题。“一个以色列军官,因为在访谈时忘记了士兵的名字而遭到潮水般的谴责;我自己时隔七年回到华师大任职,总担心在校园里或会场上见到老同事却叫不出名字来。我们为什么会因为忘记一个人的名字而受到谴责或感到内疚呢? 这个问题与道德责任、个人认同、集体归属等等问题有什么关系?”在他看来,这样的问题其实隐藏在近些年有关怀旧、道歉和宽恕等舆论热点背后,在西方已经有很丰富的思考了,中国也必须有自己的思考。

2. 一万米高空的思考深度

退居为“业余哲学家”,很少有整块的时间去读书和思考,童世骏常常回忆起 1989 年至 1994 年的美好时光,那时他不仅完成了博士论文《现代化的辩证法》,而且与赵修义教授合写了一本书,还与妻子一起“撰写”着另一部“两卷本著作”——他们的双胞胎女儿。他也会留恋在哥伦比亚大学翻译哈贝马斯著作的光阴,甚至会怀念“非典”期间关在家里完成其导师希尔贝克的《西方哲学史》一书翻译的昼夜。

但是,即便如此,童世骏的高效还是令下属和同事们吃惊。被问到秘密时,他笑着指着 iPad 说:“我随身带着许多书,在汽车里、飞机上随时可以阅读。我的不少文章是在离地面一万米的地方写的。所以,我的思考应该是很有高度的。”■

其实,在党委书记任上的童世骏从来没有忘记自己的哲学教授身份,期盼着有一天能重返哲学工作者“知其不可为而为之”的事业——用暂时的体系回答永恒的问题。或许,这也正是他所说的“成事在天,成人在己”的一个含义。

原文 2014 年 4 月刊于《文汇讲堂小报》、2017 年 8 月刊于“文汇”APP,作者为《文汇报》记者李念。

俞吾金:“不怕荒谬”的幸福的追求者

许是巧合,俞吾金一生中的许多大事都和“六”有关。

1966 年 6 月,就读于光明中学高三的他,因“文革”中断了高考梦,此后“考上大学”成了他人生两大愿望之一。而在 30 岁后,他再也没有离开过大学,在大学里继续另一个梦:“得天下英才而教育之”。对于什么是幸福,他说:“在我看来,一个人的工作正好也是他的兴趣所在,这就是幸福。”

1983 年 6 月,发生了轰动哲学界的“六君子事件”。作为“六君子”之一,在哲学研究中的质疑精神和真理追寻,也伴随着他之后的所有经历,帮助他在学术世界里不断探索。在给研究生新生的课上,俞吾金的第一讲就是“在做学术研究时,你们的第一动机应该是追求真理”。从各种荣誉而言,他至少有六大在复旦学人看来不可逾越的“奇迹”:1987 年,从助教破格升为副教授;1993 年,晋升为正教授并被国务院学位办批准为外国哲学专业博士生导师;1993 年,由他任教练及领队的复旦大学辩论队在新加坡荣获首届国际华语大专辩论赛团体冠军,蒋昌建获最佳辩手,辩论成为一个时代的时尚和传奇;1995 年,成为全国最年轻的哲学系主任;2005 年,被评为教育部首届“长江学者”特聘教授;至今仍是复旦大学 30 年中在核心刊物上发表学术论文历年之最,在教学、科研上获得 11 项省部级以上(含省部级)一等奖。

2003 年 6 月 6 日,俞吾金痛失病中爱女。“这是一个痛彻心扉的日子。很长时间,我无法进行思考,处于自责状态……”不过,更多的学生享受着俞吾金导师加慈父般的关爱,而学术更如同他的另一个“女儿”。这段无法抹去的经历,让俞吾金在 60 岁时写下未全部发表的《耳顺之年话人生》一文,文中回忆了他五六岁落井溺水的情景:“我在水中挣扎了一会,终于抓住了井壁上的石块,使自己的上半身浮出了水面。我开始高声喊救命……”姐姐碰巧走出门听到深井处的隐约呼叫声。生与死的体验,无法用言语表达的情感,成了在俞吾金生命里独特的体验。

与博学的俞吾金教授交谈,感觉在翻一本散着油墨香的厚厚的书,每一页都是故事,故事里充满知识,知识背后孕育着哲理,哲理背后则是生命丰满的意志与情感。

学习:学会善于限制自己

俞吾金的记忆力很好,加之博览群书,所以哪怕和他短暂相处,也会“批发”到些许新鲜的知识。然而,他为何钟情于哲学,如何构建自己的知识框架,如何平衡博约矛盾,却也经历了一番探索,其中又多半由一些书引发和串联。

1. 与哲学一见钟情

1965 年,俞吾金在以文科闻名的光明中学读高二,从同学处偶得李致远撰写的小册子《马克思的学习方法》。书中讲述了马克思长年累月在伦敦图书馆里读书,李卜克内西这样评价马克思的博学多智:马克思的思想就像一艘升火待发的军舰,接到命令后可以驶向任何海域。形象的描述深深吸引了俞吾金,他对哲学产生了强烈的兴趣。他省吃俭用,常到福州路旧书店淘哲学书,列宁的《哲学笔记》、艾思奇主编的《辩证唯物主义 历史唯物主义》等,都被似懂非懂地读起来。

1968 年 9 月,俞吾金被分配到上海电力建设公司第一工程处,第一年就被派去四川渡口攀枝花,参加 502 电站的建设。那里除了《渡口日报》看不到其他任何报纸,“啃”完自己带去的《新华字典》,他又攻读起从朋友处借来的《康熙字典》,从此对小学产生了浓厚的兴趣,语词意义和源流的分析使他日后对英美分析哲学颇有好感和基础。

1972 年,俞吾金在高桥地下热电站施工时,不幸出了工伤事故——右手腕骨裂,被迫在家休息四个月。他便去离家不远的上海图书馆,浏览了《马克思恩格斯全集》，对《资本论》留下深刻印象。

1973 年，俞吾金从工程队调到宣传组，开始了各种文体的创作，也发表了报告文学和小说。

2. 扎根文学书海

1977 年，高考恢复，已经工作了 9 年的俞吾金在女朋友（后来的妻子）的鼓励下填报了志愿，他只填了复旦大学新闻系、中文系、哲学系、历史系四个志愿。然而，当他以 40∶1 的比例被录取在哲学系时却若有所失，感觉是"大门走对，小门走错"。进大学后，他一头扎进文科阅览室，如饥似渴地阅读起外国古典文学名著来，遍读古希腊三大悲剧诗人埃斯库罗斯、索福克勒斯、欧里庇得斯和喜剧之父阿里斯托芬的作品，览尽 19 世纪外国文学，在复旦借书卡上留下了 150 本的高纪录。"当时如果寝室里同学看的书是自己没看过的，就感觉是奇耻大辱。"回忆起当年的痴狂，俞吾金依然历历在目。他留下了十本笔记和三部小说。

对于这种"心猿意马"，班主任多次诱导，谈到哲学战线后继乏人的现状，希望俞吾金能处理好专业学习和兴趣的关系。他开始反思自己的"平行线战术"。此时，他读了爱克曼的《歌德谈话录》。书中，歌德反复强调，一个有成就的人，"最大的艺术本领在于懂得限制自己的范围，不旁驰博骛"。随后，他看到黑格尔在《小逻辑》中也赞赏歌德的方法，"一个人在特定的环境内，如欲有所成就，他必须专注于一事"。

3. "限制自我"战略

俞吾金下决心转到哲学主业上。但是，哲学本身也很丰富，经过反复考虑，他决定把兴趣聚焦于外国哲学史。他给自己制定了严格的战略：马哲原理和原著选读、西方哲学史原著选读、英语、世界通史作为专业研究的知识结构，而西方美学史、西方伦理史、西方经济史、近代心理学史等等作为"了解领域"的知识储备。同时，他还限制自己，只看对了解外国哲学史有较大帮助的文艺作品，如电影《拿破仑在奥斯特里茨》。另外，他在学一门新课前，总是请教这方面有造诣的老师，以少走弯路。

很快,这种由博返约的战略见了成效。当年他就发表了 9 篇论文,学业上脱颖而出。1982 年,他考取了本校硕士,攻读德国古典哲学学位。1986 年,他又师从胡曲园先生,攻读马克思主义哲学博士学位。

这样的“自我限制”让俞吾金把专业领域这口井挖得更深。

4. 从德国运回 195 公斤书

1988 年 10 月至 1990 年 9 月,作为联合培养的博士生,俞吾金前往法兰克福大学哲学系留学。这两年,在体会柏林墙倒塌中研习德国古典哲学外,法兰克福市内大大小小的书摊让他过足了购书瘾。学校旁边的卡尔·马克思书店内,他先后买了七百多本书,柏拉图、亚里士多德、康德、黑格尔、谢林、叔本华、阿多诺、霍克海默、维特根斯坦、恩斯特·布洛赫等重要的哲学家,都买了全集;而笛卡尔、尼采、齐美尔、德里达、福柯、胡塞尔、海德格尔、哈贝马斯、马尔库塞、伽达默尔等,也买了主要的著作。如同当年初进复旦文科阅览室,俞吾金内心的疯狂在异国他乡再一次得到满足。有趣的是,临上飞机前,他装了 39 箱书,整整 195 公斤,不仅付了很多托运费,还被一位留学生调侃:“老俞,你简直是在掠夺德国文化。”

对知识的渴望,对书的拥有欲,常常如同魔鬼靡菲斯特般缠绕着几代学人,让他们不能自已,尤其是被“文革”耽误了学习的那代人。俞吾金也不例外。

到 1988 年,俞吾金已经出版了两部著作:《思考与超越:哲学对话录》和《问题域外的问题:现代西方哲学方法论探要》。顺着“限制自我”的战略,在之后的二十多年中,他又出版了《意识形态论》《从康德到马克思》《重新理解马克思》《问题域的转换:对马克思和黑格尔关系的当代解读》等等。

学术:第一动机当为追求真理

初识俞吾金的人,恐怕都不会反对用“温良恭俭让”来概括对他的印象。其实,比起隐含在爱书、读书背后的痴狂,在学术研究中,质疑精神和创新意识的坚持彰显了俞吾金执着的一面。

1. 质疑林彪的观点遭围攻

1966 年 6 月,俞吾金留在光明中学参加“文化大革命”。班里学习《毛主席语录》,他对林彪在“再版前言”中把毛泽东思想比喻为“顶峰”感到困惑不解:任何真理都是绝对真理与相对真理的统一。所谓“顶峰”,也就是没有发展了,这怎么可能?他在小组讨论会上说出了自己的困惑。结果,工作组得到小报告后突然组织全班同学开讨论会,指责其在对待毛泽东思想上“有观点问题”,有人甚至企图把他打成“反革命”。只有 17 岁的俞吾金心里非常苦闷:为何真诚地提出疑问、追求真理,却遭到了这样的围攻?从此,他变得沉默了,成了“逍遥派”。

2. 参与“六君子事件”

这段最初的质疑让俞吾金远离了哲学,以至于考入复旦大学哲学系时都有些怨恨。当他把精力集中于哲学并跟随尹大贻攻读德国古典哲学硕士学位时,又一件事发生了。

主张密切关注现实生活中的重大问题,并积极参与哲学基础理论探索的俞吾金,和正在读博的谢遐龄及硕士同学吴晓明等六人,对当时学界传统的马克思主义哲学教科书体系深为不满。六人商议后共同起草了一份《关于认识论改革提纲》,提出了系统的批评。

1983 年 6 月,在广西桂林举行的“现代科学技术和认识论”全国性学术研讨会上,六人宣读了这份提纲,当即受到中国人民大学教授萧前的批评,与会者很快分裂成两大派。年龄较大而思想保守的学者站在传统教科书体系的代表一边,而年轻的学者则站在六人一边。当时全国范围内正在批判所谓“精神污染”,中宣部闻讯立即下达文件,批评该提纲全面否定了马克思主义基本理论,并要查六人的背景。也有人甚至扬言要开除六人的学籍。

回到复旦,校党委组织六人举行学习班。此事在哲学界被同情者称为“六君子事件”。按照当时的情势,六人毕业后都不可能留在复旦了,俞吾金联系了去上海人民出版社哲学编辑室。

3. “哲学与改革”讲座爆满

然而,由于胡耀邦出来工作,改革开放的形势进一步明朗。1984 年底,俞吾金完成了题为《黑格尔的理性概念》的硕士论文。六人又联络了系里的其他博士生和硕士生,在复旦大学最具历史文化意义的 3108 教室举行了“哲学与改革系列演讲”。前后十五讲,历时一个月,场场爆满,听众里三层外三层地把整个教室围得水泄不通,甚至连窗台上、讲台周围都站满了人。《文汇报》《人民日报》、新华社发文报道了这一盛况。六人还联名在这些报刊上发表了《经济体制改革与破除“观念”崇拜》《略论哲学改革中的若干问题》《论学术自由》等论文。不久,学校表示六人全都可以留校。俞吾金被分配到现代外国哲学教研室。

日后,这种质疑精神也被俞吾金转化为学术研究中的创新。俞吾金坦承,1993 年晋升为教授后,他给自己下了一个“绝对命令”:决不发表没有新见解的学术论文。

4. 与现实结合的哲学

经常有人问,什么是哲学?在俞吾金看来,这是一种冷漠的知识论哲学的提问方式,忽略了提问者与提问对象之间的意义关系。其实,这一问如果转化为“为何人类需要哲学”,就不会陷入“为哲学而研究哲学”的观念主义和本本主义。作为一个有良知和责任心的学者,应该关注学术研究和现实生活的密切关系。他时常回想起 1978 年进大学后,全班同学坐在大草坪上,讨论《光明日报》上特约评论员的文章《实践是检验真理的唯一标准》的“来头”和意义。他说:“那并不是一场单纯理论上的讨论,它要解决的重大现实问题之一,就是让邓小平重新出来工作。”

从这样的角度看问题,得出的结论自然不一样。在俞吾金看来,2008 年的金融危机就是“综合危机”,哲学家不应采取旁观者式的“危机外反思”,而应以主人翁的方式作出“危机内反思”。这场金融危机同时也是一场价值危机,原因是虚无主义、感觉主义的流行导致了消费主义至上。

5. 给学生讲“第一动机”

这种高度的参与感和责任感也体现在俞吾金于法兰克福大学读博期间对博士论文主题的选择上。导师伊林·费切尔主张他写中国传统文化与现代化的关系,但他选择了“意识形态论”作为博士论文的主题,不仅因为他对这个问题有兴趣,而且因为他意识到,只有通过意识形态批判理论这一桥梁,才能全面把握马克思思想的实质及其在当代世界中的意义。博士论文后来不仅出书并获得了两个一等奖,在2009年又由人民出版社出了修订版。

俞吾金不仅自己在学术研究中保持着质疑和创新,他也以同样的方式要求学生们。他每年给研究生新生上的第一堂课可以称作“第一动机”课。他对他们说:“我知道你们考到复旦来出于各种不同的动机,这些动机并没有错。但我要求你们,在读研期间,在作学术研究时,你们的第一动机应该是追求真理。”在俞吾金看来,学术的尊严就在于献身于真理,只有把“追求真理”置于第一动机的位置上,才能确保他们在读研的过程中不迷失方向,不陷于浮躁。

如果说学术需要独立和持续,那么俞吾金的“第一动机”就是指南针。

学生:No stupid question

在复旦学子的心目中,能听俞吾金教授的课是一种荣誉和享受。

自2006年起,俞吾金坚持每个学期为本科生上“哲学导论”或“康德《纯粹理性批判》精读”公共课,经常会因为教室里人太多而临时换到较大的教室。如果不限制人数,就只能到可容纳400人的5301教室去了。每次俞吾金做讲座,亦是人头攒动,走廊里是人,窗口是人,地上也坐满了人,宛如“六君子事件”后3108教室景象的再现。由于理工科学生基础较弱,提问常呈各种层次,但俞吾金说,“No stupid question”。

1. 开博客和学生互动

为鼓励大家积极思考,踊跃提问,俞吾金把手机号码和电子邮箱写在黑板上,还用心地开设了微博和博客,其中包括哲思星空、新近力作、学术论文、问题与思考、现实关怀、你评我论、俞门档案、视听资料及相关著作下载等栏目。

生动的讲课,加上有效的互动,成了哲学系公开课的风景线。一位已在哈佛大学化学系就读的研究生写信给俞吾金,说哈佛大学很重视哲学氛围,而她能很快融入完全得益于在复旦听了俞老师的康德课,她也随身带着《纯粹理性批判》;在东京大学攻读学位的研究生回上海时,专程再到复旦听俞吾金的“哲学导论”课,希望重新感受哲学的魅力。

俞吾金不仅在课堂上充分尊重学生,即便在守时等小事情上也极为尊重学生。一次,他骑车去上课,不巧路上自行车爆胎。为赶时间,他竟然推着自行车一路跑到学校。他说:“100个学生来听课,我迟到一分钟,就等于浪费大家100分钟。”

2. 培养一流学术接班人

对于哲学教授的作用,俞吾金认为,除了常规的科研和教学,更应该体现在为国家培养精英接班人上。

复旦大学哲学学院教授徐英瑾,是俞吾金的硕士和博士。在读硕期间,俞吾金就多次与他谈心,强调英美分析哲学的重要性,勉励他转向。他撰写学术论文时题目过大,分析不深入,俞吾金便建议他从分析一个概念,如康德的“亲和性”着手,最后还把论文推荐到《学术月刊》。读博期间,俞吾金让徐英瑾到意大利进修一年。起先,由于生活上不习惯,他几次想打退堂鼓回国。电话中、邮件里,俞吾金勉励他坚持到底。后来,徐英瑾利用当时还只有德文和意大利文的维特根斯坦的《大打字稿》确定论文主题,并在研究中取得了突破性的进展。他的博士论文《维特根斯坦哲学转型期中的“现象学之谜”》入选“2006年度全国百篇优秀博士论文”。迄今为止，这仍然是上海哲学界唯一入选的百优博士论文。徐英瑾还被评为2009年“上海社科十大新人”。近年来，他不但在国外英文刊物上发表多篇有影响的论文，还在复旦开设了“心灵哲学”“人工智能”等多门全英文课程，学生好评如潮。他在35岁时即晋升为外国哲学专业的正教授。

2011年“上海社科十大新人”、复旦大学哲学学院教授张双利也是受到俞吾金悉心指导的优秀人才。作为博导，针对张双利英语突出的特点，俞吾金不但勉励她到外语系插班听课，而且于2001年送她到加拿大英属哥伦比亚大学（UBC）深造。她留校任教后，俞吾金一方面让她独立承担基地课题，并提供机会让她参加国际、国内的各种学术会议；另一方面，让她担任当代国外马克思主义教研室主任，勉励她用英语独立开设“国外马克思主义”课程。2007年，作为富布莱特学者，张双利在美国纽约州立大学帕切斯分校哲学系用流利的英语开设了“现代性理论在中国”“中国女性问题研究”这两门课程，美国学生给她的打分均为“excellence”。敏捷的思维、前沿的观点和流利的英语已使她在国际、国内理论界崭露头角，成为国外马克思主义研究领域中公认的后起之秀。

俞吾金说，人类应该理性地对世界保持谦恭，就像稻穗如果成熟了，就会弯腰低头。其实，这句话完全可以用在俞吾金身上，因为他心里装满了学生和学问，所以他对学生才如此无私。■

作为一个时代的学者，能和哲学这样富有挑战意味的学科为伴，能做罗素所说的“不怕荒谬”的哲学家，俞吾金说：“我感到真的很幸福。”幸福之时，他会涌起诸多的计划：要对康德提出的诸多哲学问题进行系统研究，对贝克莱、叔本华在外国哲学史上的地位进行重新反思，对马克思哲学体系进行重构……

2014年10月31日，俞吾金教授不幸病逝，谨以此文悼念。

原文2014年4月刊于《文汇讲堂小报》、2017年8月刊于“文汇”APP，作者为《文汇报》记者李念。

高瑞泉：探寻现代人的观念世界

像许多同龄人一样，高瑞泉现在感触最多的是："子在川上曰：'逝者如斯夫，不舍昼夜。'"进入华东师范大学，转眼已是三十几个春秋了，虽然工作留痕颇多，但到66岁这个年纪，生出退意亦是常情。他脑海里不自主地想到导师冯契教授，便心生愧意。因为历史的曲折，收入十卷本《冯契文集》的两百多万字的著述，是冯先生63岁以后写就的。高瑞泉也常想起跨洋老友、美国斯坦福大学胡佛研究所的墨子刻教授，已经八十多岁了，给自己八十岁的礼物是接连出了两部著作，每部都是六七百页的"砖头"。书，自然不是多多益善；有些东西甚至不写为好，尤其是那些热闹的文字。但是，人如果真的曾有所惑而后有所得，又为何不写出来呢？那样会迫使自己梳理得更加清楚。每次这样的对话后，高瑞泉总有些心动：虽然2002年已被聘为华师大首批终身教授，但他每年还会给本科生上点课，而经常的体育锻炼让他保持必要的体力和脑力。他的计划中还有不少继续要做也喜欢做的，尤其是与他相伴达三十年之久的"观念史"的梳理。

青春：动荡岁月中想问题

与大学校园里的许多"老三届"不同，高瑞泉并没有读过本科。但他在以同等学力被破格录取为研究生前，就已经发表了文章，并参与了当时的哲学争论。他笑称自己太自以为是，以为按照大学哲学系的教学课程自学就可以进入哲学殿堂，因而在恢复高考时，并没有随潮流参加高考。

1. 毛泽东教导要想问题

高瑞泉对哲学的兴趣，源于20世纪60年代毛泽东所说的一段话：“真正有希望的人，是能够想问题而不出风头的人。现在大吵大闹的人，一定要成为历史上昙花一现的人。”

“不夸张地讲，这段话可能影响了我一辈子。”高瑞泉说。

看到这段话时，高中毕业的高瑞泉已被分配到安徽淮北一个偏僻的穷山村插队，在那里他奉献了自己十个年头的青春。现在回忆起来，物质生活的贫乏和无书可读的精神困乏，让可以大把挥霍的青春与对现实的疑问相遇，高瑞泉的注意力渐渐被引向了哲学。尤其是在1971年林彪事件后，毛泽东号召全党读马列主义原著，并且开了六本马列的书单。因为毛泽东读哲学，再加上后来的“评法批儒”，相关的哲学书就开始重新面世。他清晰地记得，当时可买到一些很宝贵的书，尤其是严复的《天演论》。“科学出版社用大号仿宋体排的”，相比同时印行的赫胥黎的《进化论与伦理学》，要堂皇大气多了。尽管如今坐拥书斋，但言语之间，高瑞泉依然透出呵护的情意。

青春期的问题常常不是直接言说的问题，而是追问本身，是能够发问的人本身。那时，高瑞泉与几十里外的同学通信，讨论的问题也很浅显，诸如苏联是不是社会帝国主义，最后得出了与报纸上相反的观点：社会帝国主义充其量是一种政策，从所有制来讲，苏联依然是社会主义国家。两个小青年得出的结论，也许是当时许多知识分子的“隐蔽的共识”。但是，两人备感精神上独立的喜悦。

2. 偶获北大哲学系教学大纲

一次，不知从什么地方获得“文革”前北京大学哲学系的本科课程设置，高瑞泉如获至宝，决定自学。自学的路自然不会平坦，除了合适的书籍永远不够以外，更有些人为的芜杂与道不明的曲折。但自学者也会有自学的幸运，求知的冲动是学习的巨大动力。正是在那几年中，他比较系统地阅读了马克思的作品。马克思吸引他的，不光是坚实的原则和玄妙的思辨，更是一种不妥协的批判精神，而这与“文革”中的社会风尚如此对冲。随后，他又从马克思上溯至黑格尔、费尔巴哈。他读的第一部黑格尔著作是《历史哲学》，从此历史哲学成为他持续的兴趣点。之后读到《战争与和平》，托尔斯泰长篇大论地讲述历史哲学，很多人不感兴趣，但却是他的最爱。在老家无锡，他偶尔也会得到像柯切托夫的《落角》那样的“灰皮书”。不过，印象最深的还是美国人威廉·夏伊勒写的《第三帝国的兴亡》。“这本书让我知道什么是法西斯”，高瑞泉说，工业化的统制经济加思想专制就是法西斯。一个民族要灭亡，必先叫它疯狂。可见，一个民族保持理性的精神是何等的重要。那个岁月，这些顿悟和反思陪伴着他的青春。

1977 年，高瑞泉终于回到城里，在无锡师范学校得到了一份安稳的工作。尽管同事们尊重他好学，领导们让其在讲台上发挥才能，但是他还是发现在专业化的时代，信马由缰的自学生涯有其先天的不足。1980 年，他的视线被一位名叫冯契的学者吸引了。“冯契有关庄子的文章、有关认识论的分析给了我深刻的印象，没有学院气，但是特别有洞见、讲分析。”比较中见高低，已经家有妻女的高瑞泉决心走出家乡，走出自己的小天地。

1981 年冬天，高瑞泉报考了华东师范大学政教系冯契先生的研究生。那年他 33 岁。

冯契：领进学术之门

1982 年秋季被录取为冯契先生的研究生时，高瑞泉是第二次报考成功。比起冯契先生为人称道的治学严谨，落第再考是很平常的，何况高瑞泉这样完全自学，未闻象牙塔内风向的民间学子。

高瑞泉的专业是中国哲学史。当时冯契先生正在写他的“两种中国哲学史”和“智慧说三篇”，大致上每写一部书就开一门课。同在一起上课的大约也就十来个弟子，其中有攻读中国哲学史的杨国荣、攻读马克思哲学认识论的童世骏等。高瑞泉还保留着对文学的爱好，在文学圈里也略有几位朋友。那时赵丽宏正在编《萌芽》，会热心地催促高瑞泉写点什么。在一次周易国际学会的研讨会上，高瑞泉遇到了易学专家刘大钧，他是一个自学成才的民间学者，在“文革”后被山东大学破格聘为讲师，他的易学、他的身世都带有传奇色彩。回来以后，高瑞泉很快写了报告文学《漆色之门》，赵丽宏拿去发表了，年末还得了《萌芽》文学奖。“但是，冯先生给我们开的书单，容不得我们马虎。再说，我觉得文学只是有感而发，偶尔为之罢了。”事实上，文学的才能丰富了高瑞泉的哲学实践，某种程度上也拉近了他与导师冯契的师生情谊。冯先生年轻时也曾是文学青年，创作过小说、杂文、诗歌（而且是长诗）、电影剧本等，曾有美学的专著（手稿），而这些是高瑞泉毕业留校以后才知晓的。

1. 以一人之力写中国哲学史

20 世纪 80 年代中后期，冯契先生专注于写《中国古代哲学的逻辑发展》和《中国近代哲学的革命进程》，当时高瑞泉正在读硕读博。面对记者，高瑞泉评价说：“以一人之力，独自条贯系统地写完先秦到中华人民共和国建立的整部中国哲学史，能有如此通古今之变的，就是两个冯先生，一个是冯契先生，一个是他的老师冯友兰先生。”写现代中国哲学，两人都要写毛泽东，在当时这是个绕不开却很费斟酌的事情。两位先生在一次会议期间甚至还有所切磋，但是研究的结果却很不一样，这在他们的著述中已经明白呈现出来了。

2. 三种“能力”集于一身

“在做研究生时，由于先生专心写书，我们一年只能由副导师带着见上冯先生一到两次。”在高瑞泉的记忆里，如果不是相熟，冯先生在外人看来是有些偏枯之人。“常常一本书有了初稿，就开一门课。开始教室里总是坐满了人，慕名而来者多。但到第三天，教室里只有十来人了，先生讲课几乎不重复，完全以理取胜，而且平铺直叙。”一般的人去拜访冯先生，谈完公事后常自动退出。“我那时有点不知天高地厚，去那里就是听老师说话，而我们的其他导师，通常都会当场用笔记本记录下来。”有时候,冯先生参加一个活动可以完全做听众。“但其实,冯先生天分极高,不仅数学好,又很有文学才华。当初以‘榜眼’被清华大学录取,入学以后却积极参加一二·九学生运动,后来奔赴延安,上过鲁艺,复转来跟金岳霖先生读哲学研究生。你看他的毕业论文《智慧》,一定会被他炫目的才华所吸引。”培根说,人的心灵有三种能力:想象力、记忆力、理性能力。高瑞泉认为,冯先生就是那种少有的能将三者集于一身的人,而在所有的选择中,冯先生最终将自己锁定为一个职业哲学家。

在出版了《中国古代哲学的逻辑发展》以后,冯契先生的注意力集中于《中国近代哲学的革命进程》,他提出中国近代有一个唯意志论的哲学思潮。高瑞泉对此深有兴趣。以往把唯意志论说成是反动哲学,一笔抹杀,无疑是“左”的教条主义,因为在唯意志论后面深藏着人类的情感、意志、欲望等要素,需要获得恰当的理解,它涉及如何正确理解人的心灵,不能用一个“非理性”就完全否定。另外,“文革”又展示了唯意志论变成意识形态的专断的趋势,理解不当容易造成灾难性的后果。高瑞泉选择了这个具有强烈现实感的题目为博士论文,写作过程使得他开始理解冯先生的“心有郁结”。

3. 导师家串门的时光

1988 年博士毕业留校后,由于同住华师大一村,高瑞泉常常去冯契先生家串门,请教问题,话题也在不知不觉中宽泛起来。冯先生生活颇有规律——每晚一杯黄酒;饭后和师母一同散步;散步后没有客人的话,则会写两张大字,此时便是高瑞泉串门的好时候了。

1995 年 3 月 1 日,冯契先生病故。作为追随十多年的弟子,高瑞泉总以为自己的导师会更长寿更多产,一时所受的打击堪比数月后老母亲的谢世。高瑞泉在当年 11 月《读书》上的纪念文章《智慧之境》中说:“死神来得那么突然,给所有爱戴先生的人们以重重一击。我至今还没有从它的震撼中完全平复过来。每每思及先生,就心绪茫然,有时竟至泪眼模糊。”冯先生留下了三部书稿《认识世界和认识自己》《逻辑思维的辩证法》《人的自由和真善美》,合称为“智慧说三篇”。这也常为冯门弟子所骄傲。

与高瑞泉师出同门的童世骏回忆，事实上，晚年的冯先生很善于在指导和评阅博士生论文的过程中了解新问题和新材料，遇到他所不熟悉的内容，便会请弟子们搜集资料去研读。在指导高瑞泉写作博士论文《天命的没落——中国近代唯意志论思潮研究》的过程中，冯先生会特别要求高瑞泉研究“文革”的教训，研究现代文学与唯意志论哲学的关系，而不是只注意所谓纯粹哲学问题。在为该博士论文出书所作的序中，冯先生对于书中探讨的决定论和自由意志的冲突、理性和非理性的关系作了这样的评价：高瑞泉同志的博士论文做了前人没有做的工作，填补了这段空白……这部“述往事，思来者”的著作，其理论成就如何，将接受时间的考验，但它在“意有所结”的读者中会引起共鸣，则是可以肯定的。

梁漱溟：访学中八次造访

高瑞泉对中国近代唯意志论的研究实际上开始于硕士论文的写作，那是以梁漱溟哲学为个案的研究。1984 年初冬，拿着一张学校开的介绍信，高瑞泉敲开了梁漱溟先生的家门。这是地处北京木樨地的一套公寓，当时的一批高级知识分子和民主党派的重要人物住在这类公寓中。按照校内老师给的地址，高瑞泉顺利地找到了梁家，见到了梁先生。梁先生虽身躯瘦小，但目光炯炯，别有一种仙风道骨之感。高瑞泉说，自己要研究梁先生的哲学，除了《唯识述义》的下册以外，已经读过了他的所有著作。老先生笑了：“这本书我也没有，听说我的一个学生的儿子在天水，他有这本书，以后你有机会问问他。”

一阵笑声，打消了高瑞泉的紧张。“下次你来时，先打个电话吧。”老先生又拿出一本自费出版的《人心与人生》，题上“高瑞泉同志赐教”，落款，钤上名章，送给高瑞泉，“这可以代表现在的我”。第一次见面虽然没有谈及梁先生的哲学，但一个哲人率真坦诚的气象已经感人至深。

就这样，在梁家客厅里，91 岁的名儒与 36 岁的研究生断断续续探讨着“意欲”“直觉”“理性”概念，以及泰州学派、禅宗等诸多问题。“虽然每次谈的时间不长,但是受益匪浅。现在回想,我只是对唯意志论感兴趣,从哲学的自洽与圆融来要求,以为梁先生的哲学不够精细。现在回望,论文题目和我的视野都有点偏窄,对他乡村建设的理论和实践认识并不深,对他作为现代新儒家先导的历史地位,也是后来才慢慢确认的。”许多人为他没有录音而表示遗憾,高瑞泉笑着说,八次造访中,其实连合影也没有留一个。不过,梁先生作为一个反潮流哲学家的勇气和坚持自己的学术立场的操守,面对后生,既不跛扈又不故作俯就之态的平实从容,所有这些,经过当面就教所留下的印象,比照片更重要。高瑞泉说:“我不主张圣人崇拜,现实世界没有圣人,如果真的要说圣人的话,梁漱溟先生算是一个。”

墨子刻:他要我真的“吵架”

1994 年,墨子刻走入高瑞泉学术交流的视野。

墨子刻,是著名的中国学专家 Thomas A. Metzger 的中文名字,他是费正清的高足、斯坦福大学胡佛研究所资深研究员,有时会幽默地自称“没资格”。这位已年过八十的犹太裔学者热爱和尊重中国历史和文化,跟中国学者一样关注“中国往何处去”。为此,自 20 世纪至今,他和导师费正清以及汉学大师史华慈、狄百瑞论学,后又和杜维明、金耀基、李泽厚、金观涛、李强、萧功秦、张灏等华语学者交流。而高瑞泉恐怕是大陆学者中与之最早建立学术联系的朋友了。

那一年春天,高瑞泉在香港中文大学短暂访学,在一次学术报告以后,一位蓝眼睛的外国人首先发问,手举得很高很高,说一口流利的普通话。高瑞泉讲演的主题是他后来发展为一部著作的“中国现代精神传统”。墨子刻的提问很有挑战性。事实上,就基本文化倾向而言,他和高瑞泉之间有很大的反差,因为他毫不讳言自己的文化保守主义立场和美国人的视角。不过,他更强调“沟通”,强调通过互相批评来获得相互之间的理解。

从香港初次见面以后,高瑞泉数度邀请墨子刻来沪访学,其间也曾受墨子刻之邀在斯坦福大学胡佛研究所进行合作研究。这来来往往的学术交流,既包含互相理解,也包含争执。墨子刻虽然说着不紧不慢的汉语,但个性却异常直率。像西方许多学者一样,墨子刻习惯于在与同行持续的争论中展开自己的理论,甚至通过批评同行、回应批评的过程来形成自己的著述。所以,他常常会半开玩笑地说:"今天我们真的吵架,好不好?"

墨子刻花费大量的时间阅读当代中青年中国学人如胡伟希、杨国荣、郁振华、许纪霖、高力克、郭齐勇、刘桂生、胡军、刘笑敢、汪晖等的著作,并且撰写评论文章。这在西方学者那里是很罕见的,而批评的态度显示了他极为独立的个性。在他与高瑞泉的争论中,关于文化传统的连续性与非连续性占了很大比例。2012 年香港中文大学出版的著作 *The Ivory Tower and the Marble Citadel: Essays on Political Philosophy in Our Modern Era of Interacting Cultures* 的导论中,墨子刻用近八十页的篇幅,评论高瑞泉的《中国现代精神传统》。墨子刻认为,受冯契先生的启发,高瑞泉对中国现代思想史作了新马克思主义式的诠释,揭示了"中国现代精神传统"实际上是由诸多思潮互相影响而形成的现代性共识。这个主题经过当代中国学者的发展,已经展示出多元的、充满活力的思想传统。高瑞泉的观点对组成这个传统的争论做出了贡献,对于墨子刻所持有的新黑格尔主义和韦伯式的政治哲学,实际上构成了"理性主义"的反驳。

"我欠老墨一笔账,不但是他给我持续的刺激和启发,他的特立独行让我们自叹不如,而且我需要认真地给他的书以一个反批评,我的功课没有做完。"高瑞泉说。

观念史:发现传统的创造性转化

2011 年秋天,看着厚厚的《平等观念史论略》书稿,高瑞泉舒了一口气,长达一年多的工作就要画个逗号了。对平等观念的研究,固然是既往工作的继续,但也是现实的触发。1999 年出版的《中国现代精神传统》出增补本的时候,添了一个副题,叫"中国的现代性观念谱系",在其中高瑞泉讨论了一系列价值观念，认为它们以社会共识的形式共同构成了现代传统。但是，在讨论平等问题时，高瑞泉意识到自己面临的现实是：中国人以平等为旗帜奋斗了一百多年，却在平等的问题上走出了大弯路。从“文革”那样的极端平均主义到今天贫富的高度分化，从官本位的强大到平等参与意识的薄弱，都显示出我们尚在实现平等价值的途中。于是，高瑞泉将平等单列为观念史的一种，研究古代消极平等的观念如何在现代社会条件下，转变为积极平等的观念，以及这种转变本身蕴含的诸种“紧张”。

作为一项国家社会科学基金项目，平等观念史的研究在结项时获得了“优秀”等级。但是，高瑞泉却觉得意犹未尽。因为在他看来，观念史实际上要研究当代人的“心灵史”。不同于一般的概念分析，观念史同时也关注人的情感、利益诉求和生活方式的改变。我们今天的许多观念，包括那些被写入社会主义核心价值观的观念，常常是传统的创造性转化的结果。“创造”已经包含非连续性。不了解传统是如何转化的，不了解核心观念的历史，事实上就不可能真正了解这些观念本身。认识我们的观念世界，才能真正认识我们自己。而认识自己本身就是哲学的任务之一。

在观念史研究的实践中，高瑞泉渐渐取得了理论和方法的自觉。再回去读冯契先生的《中国近代哲学的革命进程》，发现冯先生说由于近代哲学具有自身的特点，不能再沿用研究古代哲学的方法，而主要是研究哲学家们“提出了什么新观念，反对旧观念”。近代哲学的革命进程，某种意义上就是观念世界的新陈代谢。

从这个意义上而言，高瑞泉在自觉地延续和发扬着冯契先生的学术轨迹和为学风格。用高瑞泉自己的话说，“哲学家不能只将明灯高举过头，却让阴影留在自己的脚下，现实的关怀和体认可以引向哲学的诗情”。

原文2014年5月刊于《文汇讲堂小报》、2017年8月刊于“文汇”APP，作者为《文汇报》记者李念。

陈卫平:敏于行但不讷于言的冯门君子

说起陈卫平,在上海学术界,算是有点“故事”的人物。在他主要工作过的华东师范大学和上海师范大学,人们总会讲出一些和他相关的故事。当你向他求证时,他就说那都是一些“传说”而已。但正因为是“传说”,就有了几分传奇的色彩。陈卫平的很多故事是和他爱管事相联系的,而所谓的传奇色彩在于他往往把很多人看来不可能的事办成了。在不起眼的外貌下,他的行动力令人惊奇,完全超越了传统象牙塔里学者的能量,而行动力背后是他诚以待人的热心和灵动的聪敏禀赋。

子曰:“君子欲讷于言而敏于行。”快人快语的陈卫平,却是一位敏于行但不讷于言的冯门君子。陈卫平是冯契先生在“文革”后招收的首批研究生之一,经常有冯门弟子对他以“大师兄”相称。

青春:从北大荒知青到工农兵学员

1951 年,陈卫平出生在上海虹口的一个普通知识分子家庭,父亲是一家化工厂的工程师,母亲则在家料理家务,家中并没有特别的人文教育。少年时代,他就读于华师大一附中。这所学校的图书馆在当时上海的中学里是一流的,他课余喜欢在那里的阅览室翻看书报杂志,从中接触到一些文史哲方面的知识。

初中读了两年,“文革”就开始了,陈卫平自愿报名,来到了天寒地冻的黑龙江生产建设兵团劳动,度过了近五年的知青生涯。在一望无垠的北大荒,他瘦弱的身躯在艰苦的劳动中“百炼成钢”,因为有着一般南方人所不具备的酒量,立刻赢得了贫下中农的好感,对他的最高评价就是:“完全不像上海人。”1972 年,他入了党,是当时上海知青中唯一的党员,并成为党支部委员。当时的他已经决心扎根边疆，并写“诗”明志：红旗指引路，扎根有前途。然而，当时的知青政策有所调整，考虑到他兄妹三人全部上山下乡，1973 年，组织上决定推荐他上大学。

那一年，陈卫平进入华东师范大学（当时称作“上海师范大学”，由“文革”前的华东师范大学、上海师范学院、上海体育学院、上海教育学院、上海半工半读师范学院合并而成）的政教系学习。那年招生需要考试，作为上海市重点中学的华师大一附中给他奠定了知识基础，尽管没有一天的复习时间，但那些以初中知识为主的题目对他来说并无太大难度。因此，尽管那年出了著名的“张铁生交白卷事件”，但他无论是考试成绩还是接受贫下中农再教育的表现都是无可挑剔的，于是满怀喜悦地回到上海上大学。对于这次上大学的机会，他十分珍惜，至今还收藏着当年的准考证。

由于当时的口号是“上大学，管大学，用毛泽东的思想改造大学”，所以政治运动接连不断，并且为了防止所谓的进了大学“一年土，二年洋，三年不认爹和娘”，学生们常年在工厂、农村“开门办学”，很少在课堂里上课。这样下来，三年大学期间在课堂上几乎没有学到什么知识。

不过，这样的环境反而培养了陈卫平自学的能力，他通过阅读获得了日后学术生涯所需要的基础知识：一是对于马列原著的了解和把握。当时盛行读马列著作，他把 1972 年版的马列选集从头至尾读过很多遍，很多名言名句烂熟于心。二是“批林批孔”运动。为了“评法批儒”，他阅读了中国古代哲学的原著和相关的文史古籍。他至今还使用着当时北京大学哲学系工农兵学员编著的《〈论语〉批注》，有意思的是，该书封面上的“论语”是黑色的，批注是红色的，表示对于《论语》的大批判。但是，不管怎么说，这些使他获得了一些文史知识，熟悉了查阅古代文献资料的方法，培养了阅读古文的初步能力。这为他以后报考中国哲学专业的研究生打下了一定的基础。

留校工作：从党委秘书到“文革”后首届研究生

1976 年 7 月，陈卫平大学毕业，留在了华东师范大学，在校党委办公室担任秘书。没过多久,“四人帮”被粉碎了。工农兵学员成了“开后门”“交白卷”的象征。陈卫平对此颇有些郁闷,同时感到自己直言无忌的性格很不适合干这份工作。恰逢此时,国家开始恢复招收研究生。陈卫平决定报考中国社科院研究生。在当时的他看来,中国社科院是最高的学术机构。然而,华师大的校领导因其工作暂时找不到合适的替代者,不同意他报考。眼看报名日期就要过了,情急之下,他和党委领导“据理力争”,最终被允许报考本校的研究生,前提是不能请假备考,以免影响工作。那一年,华师大政教系只有冯契先生招收哲学研究生,其专业方向是中国近代哲学。陈卫平无可选择。

当时有规定,报考研究生最好要有已经发表的论文。尽管当时的工作十分繁忙,几乎每天都要写简报,但陈卫平还是在工作之余,一边进行紧张的备考,一边查找资料,赶写论文。皇天不负苦人心,在 1978 年 6 月 6 日《光明日报》的“哲学”版上,他发表了近三千字的论文,题目是《自然科学是推动哲学发展的革命力量——论严复的哲学思想与西方的自然科学》。眼看考期临近,办公室的领导动了恻隐之心,偷偷地批准他请了三天假来梳理知识点。陈卫平心里有些忐忑,要知道,报考研究生的很多是“文革”前的老大学生,他们所受的教育一定比自己要扎实丰富得多。特别是英语,中学还有前两年的底子,幸亏有了在他看来“救命般”的规则——可带辞典。

结果,初试,陈卫平在六十多名考生中考了第一名;复试的成绩也很好。然而,能否录取还是存在很大争议的。不过,有惊无险,他最终成为冯契先生“文革”后首次招收的六名弟子之一。

行动力超强的思想者:行走于两个哲学系之间

回忆往事,陈卫平常常戏说自己一生干了两件大事:一件是在华师大哲学系系主任的任上,一举改变了该系“哲学的贫困”;一件是 2002 年调至上海师大后,白手起家,在十年不到的时间里,建设起哲学一级学科博士点。

1981 年,陈卫平硕士毕业,留在华师大任教,在学术发展的道路上顺风顺水:1988 年晋升副教授,1992 年晋升教授,1995 年成为博士生导师。然而,当 1992 年市场经济大潮兴起时,哲学学科的发展受到了很大的冲击。其中,最为致命的是,哲学系没有创收的门路,与其他系科相比,哲学系教师们的福利少得可怜。1992 年,陈卫平当了哲学系的副系主任,并很快成为系主任,是冯门弟子中第一个成为系主任的。他"空麻袋背米",居然也搞起了类似的 EMBA 班,靠着广泛的人脉,聘请经济学、管理学的学者来上课,终于在很短的时间内挖到了"第一桶金",哲学系初步进入"小康"。同时,他拿出创收的部分收入,设立了冯契基金,用以发展学术,培养学生。当年的哲学系教师,提起这段往事,无不对陈卫平称赞有加。

陈卫平认为,其实其他人当系主任,也是可以做这些事的,"非不能也,乃不为也"。他说自己之所以去"为",是因为冯契先生说过:一个团体,总要有人出来做事,总要有人牺牲一点自己。现在回想起来,他觉得老师的话就是勉励自己在为大家做事的过程中培养德性,也就是儒家所讲的"在事上磨炼"。正是在这样的磨炼中,他赢得了哲学系教师们的信任。大家遇到了困难,无论是申请课题、晋升职称,还是小孩上学、分配住房,都会去找他帮忙,他成了哲学系的"马天民"(马天民是 20 世纪 60 年代的电影《今天我休息》的男主角,是一位"好人"警察)。

"其实,系主任就像民警,啥都要管。"采访中,陈卫平笑言。对于这段仅有十个月任期的系主任历史,二十多年后的陈卫平带着自嘲语气而又自豪地说:"我大概是华师大历史上任期最短的系主任,但也是人气最旺的系主任。"

其实,现在看来,十个月的系主任对陈卫平的能力不过是"小试牛刀",他更大的能量施展和所"为"是在十年后。

2002 年,刚过半百的陈卫平调至上海师范大学。当时该校的哲学学科仅有两个硕士点,和重点大学的哲学学科有很大差距。陈卫平一去就制定了十年之内建成一级学科博士点的计划,并公开表态:"如果做不到,就到操场上爬两圈。"此语一出,四座皆惊。要知道,当时该校二级学科博士点也只有寥寥几个。不过,君子一言,驷马难追。按照陈卫平的讲法,由此就干起了帮助“第三世界闹革命”这件大事。

经过反复研究,陈卫平提出了一条合符上海师大实际的发展思路,即“三个一”:要有一些学术强项,重点发展中国哲学、宗教学、伦理学;要有一个服务地方的平台,以上海市的精神文明建设为抓手,参与公共事务,增强社会影响力;要开辟一个师范教育的窗口,对全校本科生进行提高文化素质的教育。按照这一思路,他广纳贤才,加强对外合作,力邀中国社科院和其他院校的一些优秀学者,如李申、方广锠、顾卫民、陈泽环加盟。著名哲学界、宗教学界前辈任继愈为上海师大哲学系的成立,亲自题词“学与思”,为该校哲学系主办的刊物题写刊名“哲学与宗教”。2009 年,陈卫平又与国际儒学联合会联合创办了上海师大国际儒学院,国际儒学联合会会长叶选平欣然题写院名。这不仅仅是为了拓展学术交流,更是看到了继承和发扬传统文化对发展当代中国哲学的重要作用。

十年时间里,在陈卫平和他的同事们的共同努力下,上海师大哲学学科迅速崛起,宗教学和伦理学在上海地区处于领先地位;2003 年获得中国哲学博士点,2007 年建立博士后流动站,2011 年获得一级学科博士点,跻身于上海市一流学科(B 类);在 2012 年的教育部学科评估中,上海师大哲学学科取得了优异的成绩:在全国地方师范院校中名列第一,在全国师范大学中名列第三(仅次于北京师大和华师大),总排名位列 18,超过不少“985”“211”高校。

陈卫平建设上海师大哲学学科画上了圆满的句号,获得了上海师大师生的高度评价,他获得了“上海市科教系统优秀共产党员”的称号。2012 年年底,服务上海师大的合同到期了。他转身回到了母校华师大哲学系。

学统自信:阐扬师说和三个领域

师从冯契先生,陈卫平视之为自己的幸福,也以此为自豪。他认为冯契先生是20世纪后半叶中国为数不多的具有原创性的哲学家。在1997年召开的国际中国哲学大会上,专门开设了牟宗三和冯契两个专场。正如中国社科院学部委员、中国哲学史学会名誉会长方立克所说,这是因为海内外学术界认为两位是20世纪下半叶最重要的中国哲学家。

陈卫平在毕业留校工作后,一直担任冯契先生的学术助手,直至先生去世。先生去世已经二十多年,每年先生的忌日,他都会来到先生故居里的铜像前献上鲜花,怀念老师的教诲,汲取继续努力的精神力量。

多年来,陈卫平做了很多阐扬师说的工作:将老师四卷近百万字的中国哲学史著作缩编为《中国哲学通史简编》(1991年由上海三联书店出版,2013年由生活·读书·新知三联书店修订出版);把老师智慧说体系的精义编写成《冯契学述》(1999年由浙江人民出版社出版);将老师主编的80万字的《中国近代哲学史》校勘重版(2014年由生活·读书·新知三联书店出版)。另外,他还指导一位教师编撰《冯契年谱》,搜集了很多以前不为人所知的珍贵文献,也为《冯契文集》的增补作积极准备。冯契构建智慧说的重要理论背景,是与马克思主义哲学中国化的成果和教训相联系的。陈卫平作为"马工程"《中国哲学史》教材的首席专家之一,在教材的近代部分,把老师的有关理论思考融入进去。2013年6月,陈卫平在哲学系毕业典礼上提到了"学统自信",他说:"当代著名哲学家冯契先生是我们哲学系的奠基人,他的名言'化理论为方法,化理论为德性'成为我们的学统。"

同时,导师的理论也化为陈卫平研究中国哲学的方法,他在三个领域取得了比较显著的成果:

第一,关于明清之际哲学的研究,以明清之际中西文化比较为切入口,提出了明清之际的思想,既不是早期启蒙的"曙光",也不是传统文化的"晚霞",而是具有某些近代因素但又胎死腹中的"胚胎",在这一研究领域别树一帜。同时,由于涉及欧洲传教士输入西学的问题,这方面的研究成果也引起海外汉学界的关注。其代表作《第一页与胚胎——明清之际的中西文化比较研究》,在著名汉学家比利时鲁汶大学钟鸣旦教授所编的《中国基督教手册》(*Handbook of Christianity in China*)第一卷中，被列为早期中国天主教研究的必备参考书。

第二，关于中国近代进化论的研究，从“由器入道”到“道之裂变”再到“新道取代旧道”的描述，揭示了中国近代进化论从形成、发展到落退的演变轨迹，阐述了这一轨迹背后的内涵，即从原来在西方带有哲学意义的科学理论变为中国具有科学意义的哲学理论；揭示了这一过程中西方思想中国化的三个环节：变革、融合、制约。这些成果是至今研究中国近代进化论所绕不过去的。

第三，20世纪中国哲学史研究的历史进程的研究，简单地说，可以概括为从胡适到冯契。他把这一学科发展的历史进程归结为围绕研究范式、学科独立性、研究方法、学术使命展开。这里，一方面是把以往的哲学研究成果作为建构当代哲学理论的出发点，即“接着讲”；另一方面是真实地呈现以往哲学演变的历史过程，即“如实讲”。冯契的中国哲学史研究正是对上述四个问题在一定程度上作了总结。

凭借着以上三个领域的研究成果，陈卫平获得了省部级以上的十次奖项。

陈卫平认为，从上述三方面的研究成果中，都可以看到冯契先生对于自己治中国哲学史在方法论上的影响。这主要有两个方面：一是历史与逻辑相统一，把哲学家或哲学体系作为哲学史的一个环节加以考察；二是中西哲学的比较，既异中观同，把握中西哲学发展的普遍规律，又同中观异，揭示中西哲学不同的个性。

陈卫平在运用老师的方法论的同时，把自己研究中国哲学史的体会归结为：用现代哲学理论发现古老智慧，用西方哲学概念阐明民族特色，用当代问题意识考察历史遗产。

当代中国哲学史：中国震撼世界的精神力量

现在，陈卫平作为国家社科基金重大项目“当代中国哲学史(1949—2009)”的首席专家，正在为完成这一项目而努力。在他看来，完成这一项目，也是对老师的中国哲学史研究的“接着讲”。

在这一项目中，陈卫平试图回答以下这些问题：

第一，当代中国哲学史的主线是什么？中华人民共和国成立六十多年以来的发展道路，已为世界瞩目。尤其是改革开放以来中国的发展被称为“中国的震撼”，这种震撼是与中国人头脑中发生的思想震撼紧密相连的，认识和总结这样的思想震撼就是当代中国哲学史的主线。

第二，如何展示当代中国哲学与以往哲学发展过程的一以贯之的联系？中国近代(1840—1949)哲学经历了一次伟大的革命。当代中国哲学与中国近代哲学革命是否有着历史的关联？如果有的话，是什么样的关联？由此，进一步追问：当代中国哲学与有着悠久传统的中国古代哲学是否有着历史的关联？

第三，当代中国是否只有哲学的学术研究，而没有哲学思想和理论？当代中国是否只有研究哲学的学者，而没有自成体系的哲学家？如果有的话，这些哲学家对于世界哲学的价值是什么？

第四，如何整理抢救当代中国哲学史的史料？

无疑，这是值得我们期待的当代中国哲学史。■

如今，年过花甲的陈卫平走在风景如画的华师大中北、闵行校园，诸多名师的格言招风旗迎风招展，其中就有冯契先生的“化理论为德性，化理论为方法”。从丽娃河到樱桃河，他将不遗余力地将导师的学术和思想发扬光大，以此推进中国哲学的发展。

原文2014年6月刊于《文汇讲堂小报》、2017年8月刊于“文汇”APP，作者为《文汇报》记者李念、实习生谢怡华。

刘放桐:因为好奇,结了一辈子的杜威缘

2004 年,一则学术新闻牵动了太平洋两岸的学人的心。复旦大学成立了杜威与美国哲学研究中心,并且要启动《杜威全集》的翻译工作。正在芝加哥大学留学的刘承功听闻曾学习过的哲学系有如此开创之举,极为激动;而时任校党委副书记的燕爽也开始了经常去主编刘放桐教授办公室"谋划"的秘密行动;当时在中国人民大学担任副校长、兼任哲学学院院长的西方哲学教授冯俊被邀请担任编委;被聘为副主编的童世骏当时正在上海社科院党委副书记任上,他为华东师范大学出版社在他的推动下从南伊利诺伊大学购得 37 卷本《杜威全集》及 1 卷索引的版权而暗自兴奋;而美国杜威研究中心主任拉里·希克曼,则从此加大了他与中国哲学界的交流密度……

11 年后,2015 年的 8 月 8 日,在复旦大学,面对排着队站立着的早、中、晚三期共 38 本激情红色、冷峻灰色、深刻黑色的《杜威全集》,当年的学者再次聚首。

学术的责任与共同走过的奉献的时光,让已经是学术管理岗位的学者领导们(刘承功,复旦大学党委副书记;燕爽,中共上海市委宣传部副部长;冯俊,中国浦东干部学院常务副院长,后调任中共中央党史研究室副主任;童世骏,华东师范大学党委书记)唏嘘不已,在这份几代学人共同铸就的事业前,大家都把敬意投向了中文版《杜威全集》的主编——81 岁的复旦大学哲学系教授刘放桐。

因为好奇杜威为何挨批,跨科考上西哲研究生

1954 年本科毕业,1955 年在北京一家出版社工作的刘放桐非常好

奇，为何《人民日报》上总有科学家或知名的自然科学工作者撰文表示与美国的哲学家杜威划清界限。那时空气里弥漫着“一切坏的名称都叫实用主义”，刘放桐说，批判胡适、批判胡风、批判右倾机会主义、批判彭德怀、“四清”都归结到“实用主义”。“我非常好奇，就到东安市场旧书店去，那里果然找到了实用主义的开创者詹姆斯和集大成者杜威的很多著作。”刘放桐逐一翻阅，“完全不是那么回事”。

因为好奇心，刘放桐突然发现了“惊天秘密”。但是，在那个年代，一旦说错话就是“敌我矛盾”。好在没过多久，八大召开了，思想界有了一定程度的开放。1957 年，复旦大学、武汉大学、中国人民大学恢复了哲学系，使得北京大学不再是全国高校中唯一有哲学系的高校。

因为对实用主义哲学有了一番琢磨，刘放桐便报考了中国人民大学哲学系研究生，跟随何思敬先生攻读西方哲学。同年考上西方哲学硕士生的还有汝信、陈启伟。从此，刘放桐便和杜威、实用主义、现代西方哲学结上了缘分。

编写《现代西方哲学》填补空白，被批“第二冲击波”

“杜威的实用主义对于哲学界，如同哥白尼对于科学界。”对实用主义有如是评价的刘放桐，对于杜威的研究却是经历了一波三折。

1960 年，中国人民大学开设“中国现代哲学史”课程，涉及西方哲学传入中国的历史，听闻刘放桐“琢磨”过实用主义，便让他参与编写教学资料。

1961 年，刘放桐转入复旦大学哲学系工作。颇有担当的全增嘏先生冒着风险开设了“现代外国资产阶级哲学批判”课程，闻知 27 岁的刘放桐有过实用主义的研究，便将接力棒传给了他。

1981 年，刘放桐在此前教学基础上编撰的《现代西方哲学》出版。当时，正逢封闭十年的国门刚刚开启，渴望了解西方世界的中国知识界如饥似渴，十几万册很快便脱销，不仅哲学工作者，而且一般的知识人士都踊跃购买。殊不知，极“左”思维尚有余温的年月，该书很快被当作

“第二冲击波”批判,罪名是不写马克思主义而推崇西方思潮。当时的“第一冲击波”是以邓丽君为代表的“散发着资本主义的港台靡靡之音”。“幸好,教育部和上海市委调查组联合审查后,得出的结论是——以马克思主义立场所作的批判。”

转眼到了 1986 年,《现代西方哲学》计划要出修订版。舆论的限度究竟在哪里?刘放桐打算以客观介绍实用主义作为突破口。“我每写一句话,都想好了如果被批判,自己该如何反驳。”当年,他在内部刊物上发表《重新评估实用主义哲学》,文中以小标题方式进行“试探”:实用主义不是主观唯心主义;实用主义不是形而上学;实用主义不是反动哲学……没想到,很多同行纷纷对他说:“你说出了我们想说的话。”于是,该文得以正式刊发。中国现代外国哲学学会会长便让担任副会长职务的他专门负责和美国哲学界的联系。

1988 年,在成都召开了“全国实用主义国际研讨会”。“那一年,是中国实用主义研究的转折年”,刘放桐说。

与杜威、实用主义、现代西方哲学结下不解之缘

种子一旦发了芽,总会茁壮成长。20 世纪 80 年代,美国新墨西哥州立大学的资深哲学教授阿尔奇·巴赫曼经常来中国,刘放桐告诉他实用主义在中国的发展情况。巴赫曼教授听后很感兴趣,向刘放桐介绍了美国哲学促进会(SAAP)和南伊利诺伊大学的杜威研究中心。前者成立的目的是推动二战以后被欧洲分析哲学占据主流而退潮的本土哲学的发展;而后者是美国最早的杜威研究中心,集纳了杜威所有的资料,并编辑出版了英文版《杜威全集》。1988 年的国际研讨会后,中美哲学界的联系更为密切。

1992 年,刘放桐应邀去美国讲学数月,关于两国哲学家对话的倡议再次被提上议事日程。但是,由于种种原因,这一倡议直到 2002 年才真正落实。

2002 年,迟到了十年的中美哲学家对话终于得以实现。在研讨会

上，刘放桐便提议，美国已经在1991年出齐《杜威全集》，中国是否可以组织力量翻译？复旦大学能否成立杜威研究中心？

经过两年的酝酿，2004年秋天，已调至上海社科院的华东师范大学原校长助理童世骏陪同华东师范大学出版社社长朱杰人登门拜访刘放桐。随后，由刘放桐担任主任的复旦大学杜威与美国研究中心作为主力、由华东师范大学出版社全力支持的《杜威全集》中文版出版事宜拍板决定了。古稀之年的刘放桐担任《杜威全集》的主编，一场凝聚了全国高校数十位相关学者并考验学术功力和攻坚毅力的持久战由此打响。■

"懂了杜威，也就懂了美国的文化和思想。"与杜威研究相伴了六十多年的刘放桐在《杜威全集》38卷发布会上如是说。回忆起与实用主义研究相伴的风风雨雨，这位中国实用主义研究开路先锋寄语后辈学子："翻译只是第一步工作，更多的是要加强深入研究。"

原文2015年9月刊于"文汇讲堂"微信公众号、2015年10月刊于《文汇报·文汇读书周报》，作者为《文汇报》记者李念。

中西交会

桑德尔：我需要尖锐的批评

2016年3月8日，桑德尔再次来到上海，出现在华东师范大学的“桑德尔与中国哲学”国际研讨会上。距离2010年3月19日在复旦大学做《什么是正义》的演讲，已经过去了六年。那几天，仿佛哈佛大学最红火的网上课程“公正”搬到了复旦大学的课堂。基于社群主义批判罗尔斯的正义理论而奠定了学术地位，桑德尔，这位哈佛大学政治系讲座教授，爱用讲故事的方式深入伦理道德的讨论。2010年，哈佛大学每六名本科生中就有一人注册过桑德尔的“公正”课程，他依据博士论文改编的学术著作《自由主义与正义的局限》也被改编成各种通俗版本，如《公正：该如何做是好》。“桑德尔”成了当时的热词，大学生知道关于火车司机选择压死一位亲人还是五位路人，救生船上仅存的四人为了存活是否该生吃奄奄一息的男孩这样的桑德尔式道德困境故事，就好像今天的学子应该知道引力波，国人应该知道屠呦呦获得诺奖一样。

又一个3月，桑德尔来了，这一次，并没有公开演讲，三天的国际研讨会，也没有安排主题演讲。但是，和他一起来的，是一群实力派的国内外哲人：杜维明、安乐哲、陈来、杨国荣、黄勇、万俊人等等，华师大中国现代思想文化研究所、华师大哲学系、上海中西哲学与文化比较研究会、国际形而上学学会是主办方，国际形而上学学会会长、华师大人文学院院长杨国荣具体发起和组织了此次讨论。地点就在2014年曾举办过为期一周的“李泽厚学术研讨会”的理科大楼508室。

学习还是互鉴:不同于12年前的“罗蒂与中国哲学”研讨会

19世纪末,黑格尔曾质疑中国是否有哲学,从而引发了几代中国哲人的“正名”努力。然而,进入20世纪,几乎所有伟大的哲学家都来过中国,包括罗素、杜威、萨特;21世纪后,更有德里达、哈贝马斯、罗蒂、泰勒等来到中国。在开幕致辞中,杨国荣提起了12年前华师大主办的“罗蒂与中国哲学”研讨会。尽管罗蒂关注广义的文化,桑德尔更聚焦伦理和政治议题,但是他们的著作同样都在中国受到关注,其思想也广为传播。桑德尔所关注的问题,同样是中国哲学家们多年来的问题意识的出发点,比如:道德何以必要?我们应该做什么?如何把握权利与善之间的关系?

杨国荣指出了世纪性的转变,西方哲学家同样也开始关注中国哲学,而并非只是中国学者渴望学习西方哲学。但是,同样的挑战放在当代中西哲人面前,如何打破只向自己的传统资源区挖掘的局限性?“今天,哲学的思考不能只局限在一种思想资源中,中西方同样需要关注多样的传统。”

在研讨会的第一部分,北大高等人文研究院院长杜维明先生做了《精神人文主义视角下的自我》的主旨发言,夏威夷大学的安乐哲聚焦《儒家伦理对“人”的构建:一个好的起点》,华师大的青年教师德安博就“儒家伦理角色和社群回应的三个挑战”作了阐述,洛纽拉马利蒙特大学王蓉蓉做了《桑德尔正义社会的条件之一:参与不同道德观点否认公共讨论》的陈述,而杨国荣做了《正义再思考:其意义与限度》的主旨演讲。与往昔的研讨会不同的是,每一节主题发言后,都安排了长达半小时的充分讨论。桑德尔在一节讨论中,直率地说:“我需要尖锐的批评。”不同语境下,不同的理解,在近四小时中,对话充分展开。

交锋一,安乐哲问杜维明:精神人文主义超越世俗人文主义?

在杜维明做主旨发言后,安乐哲提问:诞生和发展于西方社会的世俗人文主义如民主、文明、自由等具有五百年的历史,但在处理当代政治生活中,也暴露了其一定的局限性,如何看待“精神人文主义”和它的关系?是否要替代和覆盖?“精神人文主义”是杜维明近几年思考的一个核心思想,在接受记者采访时,他认为这是当代学人问题意识的切入点,并非简单的对儒家传统概念的延续。在讨论中,杜维明回应,精神人文主义不是要简单地替代世俗人文主义。对于精神人文主义,并不因为世俗人文主义出现的极端的科学主义和民族主义在现代社会的某些失败,就否认它是普世价值。其实,早在 1948 年,中国人张彭春就《世界人权宣言》撰写文稿时,就用了儒家的“良知”概念,将之转变为“良心”写进宣言,丰富了人权这一思想的理论基础,这种视野超越了西方的一神教理论。哈贝马斯长期研究世俗人文主义,但后二十年有了宗教研究的转向。泰勒和德里达的思想都有浓厚的宗教背景。同时,精神人文主义也不认为中国在探索的道路只是中国特色,它也将是为人类探索的一条共同的道路。杜维明强调,精神人文主义包含天、地、群、己四个维度。

交锋二,桑德尔问杜维明:是否有第三种形态的“人”?

讨论的焦点也聚焦到了儒家的核心思想“仁”和“成人”。在回答“仁”的主体性时,杜维明认为,“仁”是基础,它应该是每个人能自然产生的。古语“三军可夺帅也,匹夫不可夺志也”就是生动写照。桑德尔询问杜维明,按照他的两个分类,一种是作为天地一部分的人,另一部分是社会联结网中的人,那么是否存在第三种人,处于刺激状态中的人,即道德关系由我选择而产生的人?杜维明以“肉身成道”作了形象的解释,他认为人是具有超越性的。比如,父亲就有个成为父亲的过程,而在过程中,他不断接受外界的刺激,不断有反应。最后,他由于拥有内在力量,便能超越这个角色的局限性。

交锋三，杨国荣回应桑德尔：正义是否具有限度，可否超越？

杨国荣在主旨发言中就桑德尔的正义观提出了自己的看法。他认为，从社会的衍化看，正义本身具有历史性：以权利为关注的中心，使正义很难超越形式意义上的平等和程序层面的公正，从而也无法使人的存在意义得到充分的实现，后者决定了它将随着社会的演进而被超越。以社会资源或物质财富的高度增长为历史前提，人的存在价值的真正实现，具体地表现为人的自由发展，后者既以成就自我为内容，又以成就世界为指向。

讨论中，桑德尔质疑杨国荣所说的正义超越的可能性，并希望杨国荣从历史中，以具体的现象来说明这种可能。杨国荣以家庭为例，对此作了回应。杨国荣认为，作为社会的基本单位之一，家庭中的不同成员，也存在资源的获得与分配的问题。然而，即使在市场经济条件下，家庭之中资源的获取与分配也主要不是以个体权利为依据的，而是在更实质的层面，基于不同成员的现实需要。蕴含于以上资源获取与分配模式之后的，是一种责任的原则或责任的观念。权利侧重于自我的资格和要求，相对于此，责任所指向的是对他人的关怀和关切。在资源的分配之中，这种责任和关切具体体现于对相关成员现实需要的注重。较之其他社会存在形态或单位，家庭对自身成员发展资源的安排，确乎更多地出于责任、基于需要。在这一社会结构及其运行过程中，我们不难看到对基于权利的正义原则的某种超越。从实质的层面看，家庭确乎主要不是奠基于正义原则之上。以上事实同时也表明，在社会本身的演进中，走向以关注需要为中心的实质平等，真正实现人的存在价值，并不是完全没有任何历史前提与内在的根据。

“桑德尔之问”的三人餐桌对话：假如船上只有世界上最后四个男人

哲学的研讨会例来不乏先哲的被“在场”。本次讨论中，黑格尔、亚里士多德、孔子不时“出场”，康德、王阳明频频被搬来佐证，德里达、哈贝马斯也出来“助阵”。哲人们的晚餐也不例外，总有几道自制的“哲学玄思”来练脑，并让哲人们乐此不疲。从晚餐上，传来这样的三人对话。

六年前，童世骏曾在复旦主场与万俊人点评桑德尔的《什么是正义》的演讲，桑德尔依然清晰地记得他的五点点评，尤其是最后一点：“道德选择有时未必来自理性，而是来自直觉。”在“三八”国际妇女节的傍晚，有趣的对话延续着：

童世骏：假如那船上的四个人是全世界最后四个男人，他们是否就有正当理由想方设法活下去，哪怕把那个生病的男孩吃了？

桑德尔：仅仅有男人还不够啊，他们活下来，人类还是会消失的。

童世骏：假如世界上其他人都是女人，只有他们活下去，人类才有可能繁衍，他们是否应该不择手段地活下去呢？

桑德尔：这倒使得问题有点复杂了。

童世骏：据说北京猿人是吃人的。假如我们不愿意他们那么野蛮，宁可他们不吃人而饿死，那就意味着后来就没有中国人那么道德的一个民族了。

杜维明：《孟子·公孙丑》里有一段话，有人问孟子，孔子与伯夷、伊尹在哪些方面是共同的？孟子回答说，孔子和他们都认为，哪怕只要杀害一个无辜的人就可以得到天下，那也是不能做的（“行一不义、杀一不辜而得天下，皆不为也”）。

童世骏：罗尔斯曾引用康德的话：“如果正义泯灭了，人类就没有理由生活在这个世界上。”这句话听上去很好，但恐怕会被恐怖主义利用吧。他们会说，既然这个世界已经没有他们眼中的正义，他就有权毁灭这个世界，与这个世界同归于尽。关键是，对正义的理解是各有不同的。

桑德尔：那你是认可了相对主义的正义观，而不承认实在论的正义观了？

童世骏：那倒不是，我只是好奇。即使承认实在论的正义观，我们都要承认个人观点都有点暂时性质的吧。在这种情况下，如果仅仅根据我所认定的正义是否存在于世，就判断人类是否值得生活在这个世界上，

是否太武断了？■

也许，这只是一个放松的哲学家们之间的“脑筋急转弯”，但就像杜维明接受记者专访时所说的：“假如停止工作，我会干什么？对一个思想家来说，他的生命不止，思想就不会停歇，无法分清思想应该在工作时还是休息时。”而三位哲人的不同身份，也让记者再次回想到研讨会一开始时，桑德尔对曾经的老师和同事、担任哈佛燕京学社13年社长的杜维明先生讲的一段话：多年来，杜先生一直在培训和指导我们，告诉我们中国是一个学习的(learning)文明，美国是一个传道的(teaching)文明，这让我们意识到要向他者学习。

原文2016年3月刊于“文汇”APP、“文汇讲堂”微信公众号，作者为《文汇报》记者李念、“文汇讲堂”实习生司俊飞。

伯恩斯坦等:现在正是中国人阅读杜威的好时候

1919 年 4 月,美国思想家、哲学家、教育家杜威访问中国,在华逗留了 26 个月,足迹遍布中国 11 个省,在上海、武汉等各大高校演讲,极受欢迎。其间,美国哲学家罗素也访华,掀起了民国时期中国与世界交流的一次小高潮。

1921 年,胡适这样评价杜威来中国的影响:“自从中国与西洋文化接触以来,没有一个外国学者在中国思想界的影响有杜威先生这样大的。我们还可以说,在最近的将来几十年中,也未必有别个西洋学者在中国的影响可以比杜威先生还大的。”

2017 年 12 月 2 日上午,“实用主义与儒学思想国际学术研讨会暨《杜威选集》发布会”在复旦大学召开。会上,《杜威全集》和《杜威选集》的总主编之一、复旦大学杜威中心荣誉主任刘放桐教授告诉记者:“《杜威选集》和《杜威全集》的关系好比《马克思恩格斯选集》和《马克思恩格斯全集》的关系,方便更多的人广泛阅读;同时,出选集也是让中国读者不要误读杜威。”

百年前就提醒中国,不要用西方的概念来套中国的社会

作为实用主义思想先驱的杜威无疑是跨越时空的。他的思想生前在美国引领思想界,去世后在美国又复兴。美国当代实用主义代表人物、位于纽约的社会研究新学院(New School for Social Research)荣休教授伯恩斯坦接受记者采访时介绍,“在 20 世纪 50 年代,杜威思想似乎有

些销迹，并不时尚了，但是到了70年代，杜威思想又复兴了，很多有分析哲学背景的学者都热衷阅读杜威的作品。我至少知道，普特南、罗蒂、布兰顿这些哲学大家都对杜威有研究。不仅在美国，而且在日本、东欧都出现了这种复兴”。

对于杜威著作出版在中国的繁荣，这位在1960年著有《杜威论实验主义、自然和自由》、1966年著有《约翰·杜威》的学者认为：“现在正是中国人阅读杜威的好时候，因为中国正在跃升于世界领导者行列。”这种意义更多地体现在政治和文化两个层面。他通过阅读安乐哲及其学生的文章还初步了解了实用主义思想和儒学思想的关联，“彼此确实有对话的可能”。但是，他提醒中国读者，要注意两者的联系更多的是在文化层面上，而非政治层面。

伯恩斯坦教授先后就读于芝加哥大学、哥伦比亚大学、耶鲁大学，并与著名哲学家罗蒂是同学。他曾担任美国哲学家协会东部分会会长，最著名的学术履历之一，是曾担任以西方马克思主义与南斯拉夫“实践派”之间合作为背景的左翼学术刊物《实践国际》（*Praxis International*）的两位主编之一。2002年，《文汇报》曾刊发华东师大童世骏教授对他的长篇采访《中国应创造性地借鉴西方经验》。童世骏说：“20世纪90年代初我在挪威卑尔根大学第一次遇到伯恩斯坦教授，当时他就已经非常有名，其学术特长是对当代哲学领域甚至更广范围的人文社会科学领域的不同分支和不同学派之间的相互诠释和相互沟通，其中包括法兰克福学派的批判理论和美国实用主义哲学之间的对话。”

对于杜威和世界的连接，北京大学人文讲席教授、美国智库博古睿中国中心负责人安乐哲予以高度肯定：“杜威约百年前就曾提醒中国，不要用西方的概念来套中国的社会。”安乐哲说，在杜威60周岁生日时，蔡元培予以庆贺，并赞誉他为中国的“孔子”。但是，安乐哲更觉得杜威是个预言家，“他那时就说，不能用西方意义的国家（state）来理解中国”。因此，安乐哲觉得杜威对中国的预言如同今天提出“一带一路”倡议一样具有全球眼光。“杜威不仅是美国的，更是全世界的。”

“杜威论中国”，在中国走向世界中心的征途中多了谏言

《杜威选集》最初设五卷，收录杜威在各个学术领域的代表性作品和经典译著，涵盖哲学、教育学、心理学、伦理学、价值论、政治学、宗教和美学等各个方面。因为考虑到杜威对中国的影响，特地增选了《中国心灵的转化——杜威论中国》一卷（以下简称“本卷”）。

杜威在 1919 年五四运动爆发前来到上海，公开发表了很多演讲，写有不少时论文章和书信。据不完全统计，杜威论述中国的英文文章有 53 篇之多。但本卷的范围更为广泛，不限于这 53 篇作品，还包括杜威夫妇所写的部分家信和在中国所做的部分演讲，以及杜威在美国《新共和》《亚细亚》杂志上发表的关于中国的英文文章。

本卷第一部分是“世界中的中国”，论述中国与美国、日本的外交以及中国外交的政策；第二部分是“五四运动”，谈对五四运动的看法；第三部分是“中国的危机与出路”，讲述中国的政治、经济问题以及解决对策；第四部分是“中国人的心灵”，聚焦对中国人思维方式的认识。

本卷编者华东师大哲学系、马克思主义学院教授顾红亮评价：“这些思想是杜威运用实用主义哲学思考中国问题的尝试，是杜威政治哲学与社会哲学的一部分。”他指出，尽管杜威的思想受了其学生胡适等人的影响，但是“杜威有选择地吸收了传教士与中国人的想法，及时向世界介绍了中国，这充分体现了哲学家特有的理解力和判断力”。

胡适曾这样评价杜威：“他替我们做了两年的译人和辩护士。”对此，顾红亮说，读《中国心灵的转化——杜威论中国》，可以观察杜威思想受到中国文化的影响，关注他对中国问题的哪些方面感兴趣，又吸收了哪些中国要素。“这些对于今天中国的新时代建设和走向世界中心，都很有帮助。”

将杜威视为实用主义家族中“祭酒式”人物的陈亚军是中国新实用主义研究的领军人物，对于杜威的学术价值，他说：“首先是杜威让实用主义从扶手椅中穿越学院高墙，成为塑造美国社会的思潮，同时也成为

西方思想学术舞台上重要的角色；其次，他的思想影响到政治学、伦理学、心理学、教育学、美学、宗教学等如此广泛的领域。”时隔近一百年，与中国有着特殊缘分的杜威，由于其思想与中国传统的儒家思想和马克思主义思想存在不少重叠之处，因而陈亚军判断，杜威思想研究再次进入中国学术界，“有助于中国哲学思想走向世界，也能促进马克思主义思想在当代的发展”。

原文 2017 年 12 月刊于“文汇”APP、“文汇讲堂”微信公众号，作者为《文汇报》记者李念。

赵修义:现代西方哲学研究在新中国的曲折发展

西学进入中国并非一帆风顺。从20世纪50年代被打入“冷宫”到1985年后全面复苏,现代西方哲学研究在中国经历了一段坎坷。作为见证人,2015年9月中秋节前夕,华东师大哲学系教授赵修义向《文汇报》记者讲述了现代西方哲学研究在这三十余年间的曲折发展过程。

20世纪50年代初,一边倒:苏联哲学界的定论成为批判以实用主义为首的西方现代哲学的指南

20世纪20年代的中国,曾有几次西学大家来华的热潮。

1919年4月30日,美国实用主义哲学家杜威夫妇来华,一待就是26个月。1920年10月12日,比杜威小13岁的英国分析哲学家罗素来到中国,两人在北京结下深厚友谊。被誉为20世纪“哲学中孪生兄弟”的两位西方哲学家和随后一年来华的印度文豪泰戈尔一样,给中国精英、给中国思想界带来了极大的影响。

1955年从上海华东师大一附中考入北京大学哲学系的赵修义接触到这段历史,却是因为杜威的名字和实用主义一起遭受举国批判的缘故。赵修义回忆,1954年10月到次年2月,一场全国性的批判俞平伯《红楼梦》研究运动展开。毛泽东指示,李希凡、蓝翎两个“小人物”对《红楼梦》研究的批评,是一场反对唯心论的斗争,对象是在古典文学领域毒害青年三十余年的胡适派资产阶级观点,而胡适思想的大后台,便是其哥伦比亚大学的博士生导师、1952年去世的哲学家杜威。

要深刻地批判杜威的思想,自然需要达到另一种理论的高度。赵修

义告诉记者，当时借助的是被奉为经典、压倒一切的苏联式的马克思主义理论。

20 世纪 30 年代至 50 年代，中国是从苏联学的马克思主义哲学。尽管中国哲学家对马克思主义的中国化进行了一番努力，但在 50 年代初全国学习苏联的热潮中，苏联式的马克思主义哲学成了标准。赵修义清楚地记得，50 年代，一大批苏联专家来到中国，在中央党校、北京大学、中国人民大学、复旦大学等高校讲学，这些专家成了新中国培养的一代理论工作者的导师。当时接受马克思主义启蒙教育的一代学人，都听过苏联专家的课，教材则是亚历山大罗夫的《辩证唯物主义》、康斯坦丁诺夫的《历史唯物主义》等。

赵修义回忆，他于 1955 年进入北大哲学系，听辩证唯物主义课的时候，“老师就让我们去买一本莫斯科大学的教学大纲”。用得最多的工具书，就是苏联哲学界权威罗森塔尔和尤金院士编写的《简明哲学辞典》（以下简称“《辞典》”）。尤金时任驻华大使，可以经常见到毛泽东，名声很响。“《辞典》本身言简意赅、收词全面，广泛涉猎马克思主义哲学的原著、原理和基本范畴，也有西方哲学史上的代表人物、命题和概念。”这本如宝典般的《辞典》不仅陪伴了赵修义这样的专业学者多年，也成为当时社会上喜好哲学的学生、知识分子和干部的普及读物。《辞典》在 20 世纪六七十年代数度重印，影响遍及整个中国思想界。

但是，《辞典》带着苏式教条主义的深刻烙印。它不仅把斯大林的某些观点绝对化，也把马克思主义的哲学简单化和庸俗化。比如，《辞典》将偶然性说成是“科学的敌人”，将主客体这一对范畴完全等同于人和外部事物，把“马恩列”一些丰富的思想当作黑格尔哲学的残余加以否定。《辞典》对于西方哲学的态度尤为极端。赵修义介绍，其中最为突出的就是所谓的“日丹诺夫定义”。1948 年去世的日丹诺夫，曾是苏联主管意识形态的最高领导人，曾代表斯大林和苏共中央批判亚历山大罗夫编的《西欧哲学史》，并定下了这样的基调：哲学史就是唯物主义和唯心主义斗争的历史，并且不加分析地将一切唯心主义宣布为反动理论，全然抛弃了列宁关于“唯心主义是生长在人类认识之树上的一朵不结果实的花”的论断。按当时的界定，黑格尔和整个德国古典哲学都是“贵族对18世纪法国唯物主义和法国革命的一种反动”，柏拉图则是“唯物主义和科学的死敌”。

在日丹诺夫所定的调子下，学界对西方哲学出现了一些不可理喻的结论。赵修义介绍，在此情形下，当时对现代西方哲学更是采取了全盘否定的态度。比如，对数理逻辑和分析哲学做出重大贡献的罗素，一个和平主义者，却被称为“好战的帝国主义的思想家”；逻辑实证主义成了“帝国主义腐朽时期堕落的资产阶级哲学的一种典型的主观主义形式”；胡塞尔的现象学则成了“资产阶级思想体系日趋堕落腐朽的典型产物”。

赵修义特别提到，这和斯大林在20世纪40年代末50年代初发动的“反对世界主义”运动密切相关。当时，苏联“对思想战线上没有祖国观念的世界主义小集团给予了严厉抨击”，认为这是“否定苏维埃文化的伟大成就，贬低和忽视俄罗斯民族和它创造的先进科学、文学和艺术的卓越作用”。赵修义说，《辞典》专写了一条“世界主义”，却没有收入20世纪大哲学家维特根斯坦、胡塞尔、海德格尔的条目；语言分析、逻辑分析、价值学、社会学不是被当作唯心主义的专利品而不予研究，就是被斥为“和科学毫无共同之处的伪科学”。

在那个年代，刘放桐看到“将一切不好的东西归结为实用主义”，比他小四岁的赵修义也是感同身受。从1954年到1955年，为了政治需要，当时发动了全国性运动，批判杜威的实用主义及其中国的追随者。为了肃清“胡适的幽灵”以及“杜威实用主义流毒的来源”，全国共出版了超过三百万字的各种著述。在辨析了其后一层层的理论依据后，赵修义指出：“那个年代，哲学被当作政治运动来批判，西方哲学史只肯定为数不多的唯物主义者，而现代西方哲学思想更是被视为洪水猛兽。”

1956—1957年，短暂的松动：中国哲学史大讨论中的些许声音及冯定“一体两翼”的保全

1956年，中共中央提出“百花齐放、百家争鸣”的方针，迎来了学术

界短暂的春天。

1956 年 6 月 7 日，时任中央宣传部部长的陆定一给毛泽东写了一封信，其中一段写道："在大学哲学系、经济学系的高年级，我们的意见，应当设黑格尔哲学、杜威哲学、罗素哲学、凯恩斯经济学等课程，以增长知识，知己知彼。要学点唯心主义，才能在反唯心主义的斗争中反出些名堂来，而不是越反唯心主义越僵化，越学越教条主义。这个主意，如中央同意，那么，现在开始准备，秋季就可以做了。"第二天，毛泽东即批复："退陆定一同志。此件很好，可以发表。"

是年，北大哲学系主任郑昕先生在《人民日报》发表《开放唯心主义》一文，北大哲学系开始准备相应课程。赵修义说，此后，"郑昕先生给我们开康德的《纯粹理性批判》课程，洪谦先生为我们作了马赫哲学的讲演。"

更为大胆的如复旦大学哲学系，全增嘏等留美教授开设了"现代外国资产阶级哲学批判"课程。

赵修义清楚地记得，1957 年初，他就读的北大哲学系发生了两件重要事情：

一件事是冯定来哲学系当教授。冯定，1948 年曾出版《平凡的真理》，因介绍马克思主义哲学而广为社会所知晓。他 1927 年至 1930 年在莫斯科中山大学学习哲学，是资深马克思主义理论家，新中国成立后任中共中央党校一分院院长。赵修义回忆，有一次他去冯定在临湖轩的住所，想不到冯家大院里有一位卫士在进门看不见的地方突然走出来，身材魁梧，还佩着枪，着实吓了他一跳，可见冯定级别之高。不久，冯定便在北大哲学系提出了一个鲜明的主张——"一体两翼"，即以马克思主义哲学为体，以中国和西方哲学史为两翼。"这样的观点很好地保护了西方哲学这门学科。"赵修义感慨道。在斯大林去世之后，苏联哲学界逐步掀起了重新重视列宁的《哲学笔记》之风。在《哲学笔记》中，列宁对黑格尔的思想给予了高度评价，这使得中国在学习和研究西方哲学史时为黑格尔留下了一扇小门。

另一件事是北大哲学系发起了"中国哲学史座谈会"。这次会议的实录和反思，在半个多世纪后的2013年，才由当时的两位北大哲学系本科生赵修义和张翼星整理成《守道1957》出版。虽然名为“中国哲学史座谈会”，但会上的真正主题是当时中国哲学界对以“日丹诺夫定义”为基点的苏联式马克思主义哲学史观提出质疑。会议发起者、主持哲学系工作的汪子嵩曾评价此次会议是“建国后近三十年中仅有的一次基本上做到自由争鸣的会议”。

此次座谈会上，冯友兰、贺麟、金岳霖等一批原本建有自己哲学体系的大家坦陈己见，革命时代就开始学术生涯的顶级马克思主义学者胡绳、潘梓年、于光远、艾思奇等也积极参与，其他领域的资深学问家如朱谦之、朱光潜、金克木等都参与争辩。“有风云之气，但仍守道”，在《守道1957》序言里，赵修义借徐梵澄形容贺麟先生之语，描绘了当时学界前辈的境遇和心情。

然而，“守道”方式各不相同。在会上，维也纳学派唯一的中国成员、北大外国哲学史教研室主任洪谦先生发表了《谈谈学习西方哲学史的问题》，他说：“在我看来，要想避免在哲学史学习中再产生这样的不良效果，最好我们不要按照唯物主义或唯心主义的差别，而是要按照哲学史中影响不同和大小不同的各种哲学派别和哲学家的标准，来制定学习哲学史的重点。”他主张，要了解唯心主义发展的具体历史，并结合社会历史背景学习、运用马克思主义观点来学习西方哲学史。

在当时，这样的“松动”虽属昙花一现，但毕竟留下了给未来播撒种子的土壤。此后，洪谦先生主持了六卷西方哲学史资料的编译工作，还主编了《西方现代资产阶级哲学论著选辑》。这些资料的问世，哺育了几代学子。

随后的60年代，全国一片反对修正主义之声。1963年秋天，周扬主持中科院哲学社会科学学部会议，提出为了搞清修正主义和现当代西方哲学的关系，必须出版一批“了解敌情”的书。于是，一批内部发行的白皮书、绿皮书随之出版。

赵修义边介绍边从书架上取下“资产阶级哲学资料选辑”中的一本，是第九辑，杜威著《确定性的寻求》，上海人民出版社1965年出版。随后，他又翻出包着报纸书皮的“西方学术译丛”中的杜威《人的问题》。往事回忆中，赵修义仿佛回到当年向洪谦先生求教的时光。翻开1982年商务印书馆再版的《西方现代资产阶级哲学论著选辑》，指着洪谦先生所写的再版序言，他说：“这个序言里明确说，60年代的文科教材选读本，重印时就不再更改。当时介绍了19世纪中叶以来影响最大的四个流派：实用主义、逻辑实证主义、存在主义和新托马斯主义。”在此基础上，改革开放之后，洪谦又主编了厚厚两卷本《现代西方哲学论著选辑》。

70年代，“批陈整风”运动提出要批“先验论”之后，西方哲学史研究又浮出水面。“文革”后期，尤其在邓小平复出之后，西方哲学史研究在中国又有了生机。赵越胜在《燃灯者》一书中曾生动地描写了当年北大的周辅成教授到工厂给他们授课的场景。此后，一些新教材问世，其中由1965年成立的安徽劳动大学集中一批西哲史学者编的教材《西欧近代哲学史》于1974年由商务印书馆出版，影响不小。社会上也开始学习西方哲学史。

这个时期，为西方哲学包括现代西方哲学研究的复苏保留了火种，为以后的拨乱反正打下了基础。但总体而言，赵修义认为，日丹诺夫等带来的苏联教条主义思想对中国客观了解西方哲学所造成的禁锢是“冰冻三尺，非一日之寒”。

1979年11月，太原会议：思想解放的阳光和方法论讨论——突破障碍的会议

改革开放后波澜壮阔的思想解放运动，终于给中国的西方哲学研究带来了勃勃生机。最初的突破，是1978年在芜湖召开的外国哲学史讨论会，其一大成果就是直截了当地否定了“日丹诺夫定义”，这个“紧箍咒”终于由中国学者自己动手摘除了。

接下来，就是理论工作务虚会之后于1979年11月举行的太原会议。在赵修义看来，这既是一次思想解放的会议，又是西方现代哲学作为一门学科开始“合法化”的一次宣示。

当时已被华师大政教系安排从马克思主义哲学转教现代西方哲学的赵修义,至今还记得那次会议的规模之大、参加人员之多和规格之高。会议在山西省委招待所迎泽宾馆召开,那是两座宏大建筑,一座是20世纪50年代建造的带有苏式印记的多层宾馆,客房很大,天花板非常高;"另一座是簇新的洋楼,好像比国际饭店还高"。会议很正式,山西省副省长到会致辞,印发会议简报,很像政治性会议的程序。除了工作人员,192位学者聚集一堂。业界前辈、北大哲学系教授、北京哲学学会会长洪谦,北大教授、黑格尔研究专家张世英,中国社科院哲学所所长汝信等出席。会议的直接成果是正式成立以中国社科院现代外国哲学研究室主任杜任之为会长的"中国现代外国哲学研究会"。令大家兴奋的是,会议和学会的名称不再是"现代资产阶级哲学"。"这标志着重新建设这个学科的开始。"赵修义说。

赵修义拿出三十多年前的活页笔记本,活页纸用麻绳线钉在一起,约三十页,字迹工整地记录了当时会议的发言概要。或许是这次会议对困惑已久的学者如同久旱逢甘露,笔记本里依稀跳动着那些年轻而兴奋的心,闪现着一双双睁大的眼睛。

会议开始由洪谦和汝信发言,大意是根据"实践是检验真理的唯一标准"这一原则,要肃清林彪、"四人帮"对外国哲学研究的伤害,研究如何用马克思主义方法对西方现代哲学作出客观、充分的评价。

赵修义回忆,会议发言大体可分为两类:一类是对当今外国哲学演进概况的介绍分析。比如,汝信谈了访问联邦德国哲学界的情况,查汝强介绍了国外自然科学的哲学,张世英分析了新黑格尔主义学派,罗克汀讲了现象学,徐崇温介绍了西方马克思主义,刘放桐谈了美国的存在主义等,北大的陈启伟还介绍了苏联哲学研究进展等。另一类则专注于方法论问题——如何用马克思主义哲学来指导、评判现代西方哲学。

赵修义点评道,现代外国哲学学科的确立,并不意味着放弃对其意识形态意蕴的警惕。许多人的发言都讲到这一点。可喜的是,会议还产生了一个"副产品"——极为敏感的出版界开始布局,人民出版社知名的女强人袁淑娟组织了刘放桐的《现代西方哲学》书稿；上海人民出版社和商务印书馆分别约夏基松以及车铭洲、王守昌撰写相关教材。

“这是一个突破障碍的会议。”赵修义对此次会议给出了第三次评价。

1981 年 10 月，西安会议：潘晓来信的讨论与萨特去世——存在主义的评价问题凸显

太原会议结束两年后，第二次全国现代外国哲学讨论会召开。此次会议的举办地在古城西安，同太原会议一样，也是设在省委招待所——丈八沟。那是一个园林式的大院，建有许多别墅。会议规格还是很高。原定参会的中国社科院副院长于光远因临时有事无法脱身，特地致信祝贺，信中在论说了现代外国哲学研究对于坚持和发展马克思主义的重要意义之后，提出希望现代外国哲学的研究者回答一个问题：当代马克思主义面临的主要问题是什么？他期望与会者能用一两千字给予书面回复。

赵修义回忆：“这一次，研究哲学史的学者少了，参加者多为现代西方哲学教师和研究人员。”参会人数也略有减少。会议议题聚焦于“现代外国哲学中人与人道主义问题”的讨论，同时也展开了对现代外国科学哲学的介绍和评价，如何看待西方现代哲学依然是方法论讨论的重点。

为什么人道主义尤其是萨特的哲学会成为当时的焦点？在赵修义看来，这并非仅仅是西方哲学研究界的兴趣，而是因为这些议题具有相当广泛的社会基础。他认为，这同当时的潘晓来信在全国范围内引发的热烈讨论和法国哲学家萨特突然逝世相关。

1980 年初，《中国青年》杂志刊登了署名为潘晓的读者来信，信中发出呼喊：“人生的路为何越走越窄”，由此而引发了“主观为自己，客观为他人”等话题的全社会大讨论。“因潘晓来信而引发的讨论，其意义怎么评价也不为过。这是 20 世纪 80 年代中国思想界的大事件。”赵修义评论道，在“这场得到高层支持的全国性大讨论”中，“存在主义”凸显出

来了。

后来成为武汉大学哲学系教授的赵林,当时曾以知青身份写了赞成萨特观点的文章。“我记得曾看到《中国青年》杂志的一本内刊,其标题是‘潘晓的信是中国存在主义的第一个宣言’。”

恰巧,那一年,萨特去世了。这位对中国非常友好的哲学家、大文豪的逝世在中国掀起了不小的波澜。赵修义记得,50 年代在北大未名湖畔,曾见到郭沫若带着一位瘦小的外宾参观,第二天看报纸才知道,这位外宾就是萨特。“那时的萨特并不出名。”但到了 80 年代,萨特已成名人。文艺界率先将他的名剧《肮脏的手》在上海美琪大戏院公演,那些“文革”后上学的大学生纷纷前往,童世骏教授等人曾提及此剧带来的巨大震动。“我当时也与学生一起去看了。”赵修义说,此后一些文艺刊物发表了萨特的著名文章《存在主义是一种人道主义》的译文,一时间广为流传。

赵修义出示的当时的会议简报显示,那次会议共收到 38 篇论文和资料,既有对萨特、海德格尔、韦伯及马克思主义中的人道主义和异化的深度讨论,也有对奎因、皮尔士和波普尔等当代哲学派别和观点的深入辨析,主题发言也都围绕这些内容而热烈展开。

“这是一次比较中性的会议,逐步在回归学术的讨论,但西方马克思主义的异化理论的争议也开始了。”

1982 年 9 月,庐山会议:反弹中继续提出很多重要问题

“山重水复疑无路”,让赵修义等人感到困惑的是,思想解放的阳光刚开始照射冰冻的大地,严霜又来了。

1982 年 7 月 17 日,《红旗》杂志召开了一次关于外国哲学的座谈会,宣布要用述评的方式“批判现代西方资产阶级的理论和学说”。在两个月后召开的第三次全国现代外国哲学讨论会上,气氛与此前就大不相同了。“我的感觉是,对西方现代哲学的全盘否定开始了。”赵修义给记者讲述了几则小故事。

此次会议,中央媒体悉数到场,各地报纸和出版社也来了很多人,有的在会上还非常活跃。“我所住房间的下面,住的就是《红旗》杂志编辑阎长贵,每天晚上讲话的声音都很大,而且搞得很晚,大概就是在争论批判文章怎么写。我的这一猜测,会后与放桐先生一同坐轮船东归时,得到了他的证实。”有的人还发出了一些让学界震惊的言论。赵修义说,比如京城某报编辑点名批评刘放桐出版不久的教材,质问为什么书名用《现代西方哲学》,不用《现代西方资产阶级哲学》。对此,该书责任编辑袁淑娟特地作了有力的辩护,还专门写成文字上了简报。

另一个故事与王守昌教授有关。1961 年毕业于复旦大学哲学系的王守昌较早在山东大学开设现代西方哲学课程,并编有讲义。中国现代外国哲学研究会成立时,他就当选为理事,当时已到湘潭大学哲学系任教。他比较推崇萨特,口才极好。“萨特热”出现的时候,江西省委宣传部曾邀请他为江西大学生演讲,影响不小。然而,这次会议主办方江西省委宣传部却不同意他出席会议。后来学会提出,王守昌是学会理事,学会没有理由不给他发邀请信,他才得以与会。会议期间,时任学会副秘书长的沈少周每天都陪着他散步。沈少周是赵修义的老师,两人谈得来。沈少周把前因后果告诉赵修义,叹息道:“这次我的任务,除了编好简报及时送到山下九江印刷之外,就是做守昌的思想工作,让他在会上不要发声音。”尽管王守昌能言善辩又性格倔强,除了散发一篇与学生合写的文稿(学生署名在先)之外,“我们确实没有听到他的声音,会上会下都没有”。

还有关于老先生的故事。令赵修义感到吃惊的是亚里士多德研究专家苗力田教授的发言。“苗公说,在认识论方面,唯理论在康德、黑格尔那里,经验论在洛克那里,都已经发挥得淋漓尽致,走到头了。在此基础上,他谈了自己对西方现代哲学的看法,认为现代哲学确实抓住了古典哲学走到终结了的一些东西,提出了下意识、社会意识(烦恼、恐惧)和意志的作用等新问题。”苗教授的此番言论经其认可后上了简报。

与此不同的是,刚过七十岁的熊伟先生情绪低落,他是海德格尔的门生,对昔日的老师还是非常感怀的。西安会议上,熊先生做了名为《海德格尔的盖棺论定》的报告,发表时把题目改为《海德格尔是个哲学家》,其寓意就是不要纠缠于海德格尔与纳粹关系的那段历史,还是应该把他视作一位有独创性的思想深邃的哲学家。此次会议上,气氛凝重,火药味十足,矛头所指就是存在主义。熊先生只是介绍了赴德国和美国开会的情况,特别提到在德国哥廷根举办的哲学家哈特曼百岁诞辰纪念会上,哈特曼夫人问起曾是他同窗的亚里士多德研究专家陈康教授。熊先生到美国后与陈康通电话,得知陈已卧床不起。令熊先生感慨的是,当年两人同为哈特曼高足,学成后同在北大共事,陈康赴普林斯顿大学后留美,成果斐然;而自己仅翻译了一部分海氏著作。在芝加哥,熊先生参加了第十六届北美海德格尔年会,还成为北美海德格尔学会的八名名誉会员之一。此情此景,不免令熊先生黯然神伤。"好几天我都陪着熊先生在宾馆前面的芦林湖边散步、聊天,倾听他诉说心中的郁结。"赵修义虽然尽着弟子之礼,但内心同样困惑。

至于中青年学者,则看法分歧不小。比如,在一次分组会上,上海社科院几位同仁不但大批萨特,还指责萨特研究专家柳鸣九以及刊发肯定萨特文章的《书林》杂志。赵修义有点坐不住了,担心这类批判如果成为气候,此类发言一旦形成简报上送,对杂志和学者必然会造成伤害。赵修义为此说了几句:"柳鸣九还是当面同他讨论吧,我们只谈萨特。""至于杂志,学界有不同看法,自然会登各种文章。这是正常的事情。"

尽管会议气氛凝重,但赵修义逐渐观察到,其实许多人心中有数。有些同行就到处游玩,不参与那些火药味浓重的会议。"我们一批老同学在住处还商量怎么给会议降降温。最后一次大会,风向就有点变化了。"时任北大哲学系党总支书记的朱德生先生在会上发出了这样的声音:"我们研究现代外国哲学,主要不是为了当消防队员,更不是为了当乞丐,而是为了做新世界的创造者。"这位昔日的教师说出了许多人的心声,也被记载到了简报中,让赵修义在三十多年后还记得清楚无误。

这份简报在对六天交流情况的总结中讲道:"随着研究的深入,人们已经不满足于原来的认识,不满足于'对外国哲学简单的否定,要注意其合理性'的说法，而是要求'从自己所研究的流派中杀出去'。"当然，简报也强调了要落实"十二大"精神，捍卫和发展马克思主义哲学，对推进社会主义精神文明建设的重要意义。

尽管如此，1982 年的庐山会议给很多人带来了困惑，乌云暂时遮住了阳光。

对于这次会议，赵修义始终不能忘怀。那时的氛围也激发了他的深度思考。时隔三十多年后，他说："通过长时段的历史来看，庐山会议提出了很多重要的问题。"这些问题一直延续在他以后的西方哲学研究和教学中。

第一，1848 年后，即马克思主义哲学诞生之后，现代西方哲学是否就没有任何学术价值？

第二，对西方哲学以"评"为先行不行？是否要先"走进去"，否则搞不清楚人家到底是怎么回事？如果搞不清楚，瞎评有什么用处，怎能使人信服？

第三，究竟应该怎样看待马克思主义哲学同与马恩同时代及其后的西方哲学的关系？研究西方哲学对于发展马克思主义有无意义？用马克思主义经典作家的语录同西方哲学家的论断作简单对照，能否解决问题？

第四，哲学与政治究竟是什么关系？哲学家的哲学观点与个人政治态度极其复杂，如何分析？如何看待哲学家及其学术产生的政治影响？比如，萨特在哲学上是存在主义者，在政治上是左派，是同情共产主义运动的，对中国也是非常友好的；在中国被"捧"得很高的波普，其证伪主义确有独创性，但其整个哲学观尤其是历史观直截了当地从根本上否定马克思主义。

第五，现代外国哲学的学术研究与社会意识形态的引导到底是什么关系？中国发生的社会思潮变化与现代西方哲学影响到底是怎样的关系？单靠哲学的批判能否回应社会思潮提出的问题？

正是带着庐山会议留下的疑问，赵修义萌发了写作《马克思恩格斯同时代的西方哲学——以问题为中心的断代哲学史》一书的念头。该书后来在国家社科基金唯一一次评奖中获得优秀著作三等奖及多个省部级奖项。

1985 年，贵阳会议：进入学术讨论氛围，海学和萨学谁更有学术性？

第四次全国现代外国哲学讨论会，也就是现在所称的“贵阳会议”，是又过了三年才召开的。但是，“氛围完全不同了。学术合法化已经不再是问题，‘文革’后新毕业的研究生成了参会的主力军。会议争论得最热闹的是研究海德格尔有学问，还是研究萨特有学问”。漫长的回忆开始掀开了愉悦的章节，赵修义的语气轻快起来。

赵修义以自己的例子来说明这次会议的变化。当时，主持会议的车铭洲请他第一个发言，主题是“现代西方哲学与马克思主义哲学的同时代性”。这也是他在庐山会议后认真思考的一个切入点。“但是，反应冷淡。看来这个问题被搁置了，很多人认为没有意义。后来我才明白，只有我这样从学马克思主义转到学西方哲学的人才会思考这个问题。”赵修义揶揄了自己的思考。

但是，变化确实在发生。当时，邓小平刚提出“面向现代化、面向未来、面向世界”，“走向未来丛书”的出版给思想界吹来了新风，托夫勒的《第三次浪潮》等书籍盘桓在这些研究生毕业的青年学者中。张汝伦等青年学者争得面红耳赤的是，“海学和萨学，何者更有学术？”后来，不少研究马克思主义的青年学者不约而同地走上了“海马”（海德格尔式的马克思主义）之路。

“这次会议标志着现代西方哲学的研究终于回归了它应有的学术地位。”赵修义说，这从一些小事也可看出。会议地点不再是省委招待所了，而是借用了部队的一个老旧宾馆，地处闹市，窗外就是市场。晚上习惯于夜生活的贵阳人吵吵闹闹，常让人难以入眠。简报不再编印，地方官员也不来致辞了。会议中尽管也交锋激烈，但争的都是学术问题。有鉴于此，学会新产生的理事会决定，以后不再召开这样大规模的会议了。

究其原因，一则因为没有财力，不再会有拨款开大会；二则需要进行深入的研究和讨论。赵修义记得，以后的几次全国会议，就分别讨论了分析哲学、实用主义、解释学等。而刘放桐的那篇具有里程碑意义、为杜威和实用主义辩诬的《重新评价实用主义》，就是在1988年成都召开的“全国实用主义学术研讨会”上公开宣读的。

从20世纪50年代开始被冤屈、背上“大黑锅”的现代西方哲学研究，一曲三折，终于在三十多年后解禁而自由生长。然而，西方哲学的研究、传播与中国社会意识形态的关系依然是一个有待破解的难题。记者采写本文时，于光远先生80年代初所说的一段话又浮现在眼前：“在马克思主义发展过程中，仍有一个与其形成的过程中相似的问题，那就是要从各个方面吸取有用的东西。当然。我们在任何时候都不能忘记批判的态度。我们必须反对两个‘倒’，一个是简单地‘骂倒’，还有一个是‘拜倒’。”“我们不能因为怕受错误思想的影响而把自己封锁起来，而只有研究它们，用批判的态度去对待它们。有了这样的态度去接触外国的和各种思潮，我觉得就会有很大的好处。”

原文2015年10月刊于《文汇报·文汇读书周报》，作者为《文汇报》记者李念。

高宣扬:六十年流浪的“此在”

2016年12月17日凌晨,78岁的高宣扬辗转反侧,难以入眠,无法言说的激情在他内心流动翻腾。仿佛又回到了1978年3月,那年他从中国社科院哲学所助理研究员的岗位上以“归侨探亲”名义获批走道香港去法国读博士。香港天地图书公司和香港三联书店联合请他撰写《存在主义概说》一书。不知哪里来的神奇力量,本来还有肝炎后遗症的他每天写作13小时,英、德、法数种语言交汇在脑海里,下笔如有神……三个月,两百多页新书写成。

这次,那种澎湃的心情重新停驻在体内。这一天下午,是高宣扬新书发布会,《存在主义》和《新马克思主义导引》两书在11月1日由上海交通大学出版社出版,这是出版社计划出版的“高宣扬文集十卷本”的第一批。这几天,他的脑海里一页页地翻出往昔岁月,北大哲学系的35名教授,法、德、英、美的教授们,一一向他走来,他的记忆和语言又燃烧起来。

当天下午,在名为“哲学流浪六十年”的沙龙会上,和高宣扬对话的同济大学中文系系主任张生教授不时让自己的法国哲学老师坐下来静一静。张生介绍,2007年,38岁的自己调入同济大学中文系执教,同时去听高宣扬上法国哲学课。课堂上,高宣扬带学生一句句诵读福柯、德里达的原著,笑称“存在主义是高老师送给大家的礼物”。在对话中,高宣扬数次提及感恩之心,提及中国现代化过程中需要存在主义思想,让所有人瞬间感受到一种幸运,因拥有六十年的中外哲学流浪的经历,并活生生与大家“并在”用语言生动描述,就是一个最好的思想和精神礼物——高宣扬“把自己当作礼物送给了所有学人,送给了这个时代”。

六十年的哲学流浪:“中间人”和见证者、承继者

高宣扬的学术经历有些特别,或是因为他的华侨身份,六十年的哲学生涯,不同于国内学者。

对于1957年至1978年在北大和中国社科院的学习和工作,高宣扬自称是“中间过渡阶段”;而1978年至2004年在法国定居的26年,同济大学人文学院副院长徐卫翔称之为“见证、观察、参与”最前沿的法德后现代主义哲学演进的阶段。在中国哲人中,除了北大哲学系教授、著名的逻辑实证主义专家洪谦见证了“维也纳学派”的发展外,几乎无人像高宣扬这样有如此历史机遇能见证西方哲学的演进。高宣扬2002年归国后辗转北京大学、同济大学、上海交通大学等国内高等学府,可算是厚积薄发,在中西视野中聚焦中国的现代化进程,同时也将自己多年的积累逐步整理出版。

1957年6月,沈阳二中毕业生高宣扬以满分成绩拿到了北大哲学系的录取通知书。他兴奋至极,7月即整理行李来到了北大校园。“我就在燕园里逛,打听老师的住所。”一二三年级时,系里35名教授他一一拜访完毕。由于1952年的院系调整,全国高校的哲学系骨干均云集北大,便于“思想改造”。高宣扬回忆说:9月开学典礼第一天,在哲学系的101阶梯教室,我和70多位同学等候着教授们一一入座。那是何等的阵容!高宣扬曾撰文描绘:中国哲学史权威冯友兰,中国哲学史专家张岱年、任继愈、黄子通、朱伯崑;黑格尔哲学专家贺麟、张世英;康德哲学专家郑昕、齐良骥;希腊哲学专家任华、汪子嵩、方书春;新儒家代表熊十力、马一浮(在编不在岗);佛学权威汤用彤、汤一介;逻辑实证主义专家洪谦;西方哲学史料学家王太庆;西方伦理史学家周辅成;存在主义专家熊伟;莱布尼茨专家陈修斋;西方美学家朱光潜;美学家宗白华;日本哲学史家朱谦之;形式逻辑专家李世繁,数理逻辑专家王宪均等等,一一在新生面前亮相。

“我要感恩这么多国内外老师给我的教诲,我的整个灵魂就是他们

所塑造的。我觉得我们这一代人很需要去复习、纪念、领会他们,把一百多年来研究国内外文化精华的精神继承下来。”

高宣扬尤其要感谢的是曾亲炙的熊伟、郑昕、洪谦、冯友兰四位前辈,而“文革”期间和冯友兰等的交往也让他难以忘怀。在9年本科和研究生学习后,高宣扬被分配到中国社科院,在佛教史专家任继愈先生领导下研究世界宗教。但“文革”后不久,他便被隔离审查。“正是那个时候,让我有时间静静地阅读马克思的三卷本《资本论》,也积累了西方存在主义的许多资料。”

1978年转道香港前往巴黎就读博士后,高宣扬先后在巴黎一大和法兰克福大学社会研究所学习和工作。当时,西方学术界最前沿的争论和转向正在发生,有关主体性的,有关结构主义的,等等。高宣扬跟随着法国的列维-斯特劳斯、保罗·利科、皮埃尔·布尔迪厄学习,在德国与德国哲学协会主席赫伯特·施奈德尔巴赫探讨,在法国与巴黎高等社会科学研究院研究主任德里达、法国哲学协会主席雅克·董特等讨论最新的学术,法国著名的马克思思想研究专家乔治·拉毕卡教授邀请他共同研究法兰克福学派的新马克思主义理论。

此后,高宣扬定居法国,并在中国台湾、中国香港以及法、德、英三国之间辗转,不变的是对哲学的专研和积累。他帮助熊伟在台湾地区出版了《现象学思潮研究文集》,留下了宝贵的研究成果,成为学术成果的传递者。他也先后写出了《哲学人类学》等二十余本著作。

2002年,高宣扬归国,再寻生命的创新。他先受聘于北京大学、中国人民大学和中央民族大学,任哲学系客座教授。他自2004年起受聘于同济大学,任欧洲文化研究院院长;2010年起受聘于上海交通大学,任特聘教授和讲席教授,在哲学和欧洲文化研究领域从事研究。

熊伟、郑昕、洪谦:教我学外语、读原著、做学术

1957年至1962年,高宣扬在北大哲学系读了5年本科。随后,他继续跟随郑昕攻读西方哲学史研究生,主攻康德,直到1966年被分配

至中国社科院。其间，他深深受惠于熊伟、郑昕和洪谦，这三位都是在20世纪20年代之后前往西方留学，随后执教于欧陆，深得西方存在主义、康德哲学、逻辑实证主义精髓。在新书沙龙上，随着和张生对话的展开，北大哲学前辈会通中西、深味原典、个性鲜明的人格魅力栩栩如生地展现。

大三时，高宣扬要选修熊伟的“存在主义”课程。熊伟1933年毕业于北大哲学系，1933年至1936年在德国弗莱堡大学受教于胡塞尔和海德格尔，后又至波恩大学和柏林大学边教学边读博士。他1941年回国后在中央大学和同济大学执教，1952年进入北京大学。

作为中国传播介绍存在主义哲学的第一人，熊伟也深受海德格尔上课风格的熏陶，不是进行知识的灌输，而是以诗一般的风格，启人“思”，启人“说”，力图引导学生“走向事物本身”。“先有‘在’，后有‘在者’”，是高宣扬记忆中熊伟不断强调之言。张生记得熊伟对海德格尔的“亲在之敞亮”的翻译，“熊伟一直强调要在原典的环境中去理解语义”。熊伟告诉高宣扬，哲学道理固然不同于一般的语言论述，但有时直接与人的存在密切相关，把握哲学的真正窍门在于从自身的“亲在”体验入手。

高宣扬还记得熊伟讲述的海德格尔对“在”这个现象学名词的生动解释。在希特勒统治时期，希特勒曾访问意大利，试图与墨索里尼结盟。好事者便提议将希特勒乘坐的飞机送进博物馆保存。海德格尔说，真正具有历史意义的，不是希特勒乘坐的那架飞机，而是元首的“飞”，“飞”就是“在”，飞机只是一个“在者”。

高宣扬回忆，熊伟讲存在主义，不仅讲海德格尔，也讲法国的萨特和西蒙娜·德·波伏娃等人。1978年，得知高宣扬前往法国留学，熊伟立即叮嘱：1976年5月，海德格尔去世后，西方正在对他的思想进行新的评估，出现了“百家齐放、百家争鸣”的局面，此时是哲学思想创见之刻，应当搜集更多的新动态。

1962年，高宣扬考取了郑昕的研究生。郑昕南开大学肄业后，1927年，在22岁时前往德国柏林大学、耶拿大学求学，在布鲁诺·鲍赫教授指导下专攻康德哲学。1932年秋,他回国任北大教授。郑昕见到高宣扬的第一句话就是:会德语吗?不会?马上去外语系学,我给冯至打电话。高宣扬13岁跟随教师父母从南洋回到祖国,在沈阳二中完成了5年中学学习,在那里,初通俄语。因此,考入北大后,他立刻进入第二语言——英语的学习。郑昕的一句话,让他在德语系选修了整整两年德语,此后因为研究法国哲学,又修了法语课,五种语言极为娴熟。张生回忆,2007年自己第一次拜见高宣扬时,他说着很快的英语。让张生诧异的是,高宣扬的对话速度却很慢。“事后,我才知道,高老师是在选择一种最合适的语言来表达某个哲学语汇。”

至于该读哪本书,郑昕告诉高宣扬:“读康德的原著《纯粹理性的批判》。”“那时,我上午学德语,下午就是读《纯粹理性的批判》,序言就看了一个学期。”因为读得慢,高宣扬又去请教如何加快速度,郑昕便让他参考康德的另一本用通俗语言写就的小册子——原版的《未来形而上学导论》,大小如今天的口袋书。高宣扬如获至宝。郑昕又和他说,要学好就要一句句读原著,你每周来三个下午吧。于是,高宣扬便每周三个下午在郑昕家里读原著。在郑昕家里,高宣扬常能遇到前来串门的洪谦。“两人便用德语对话和争论,意在让我听懂。”郑昕常和高宣扬说,一种语言就是一种思维方式。

洪谦是著名的维也纳学派的中国代表。作为著名的逻辑实证主义专家,洪谦给高宣扬的指导一直延续到他1978年出国之后。1927年,经梁启超推荐,18岁的洪谦前往德国,先后留学柏林和耶拿。在柏林学习物理、数学和哲学期间,受莱辛巴赫的鼓励,1928年,他去维也纳投师石里克,石里克又指导他要去听卡尔纳普的数理逻辑课。1945年8月,洪谦与陈寅恪等一同去牛津大学,被聘为研究员。随后洪谦前往剑桥大学向维特根斯坦请教,当时维特根斯坦正处于鼎盛时期,虽学术风格已经变化,但洪谦觉得依然受惠颇多。高宣扬1978年出国前,洪谦在新侨饭店为他送行,叮嘱他出国后要深入钻研一两个问题,即便不研究科学哲学,也不能忽视自然科学的理论成果及其方法论对于哲学产生的深刻影响。洪谦还向高宣扬推荐了在美国明尼苏达大学的费格尔,这是他在维也纳的同学,是当时美国分析哲学的重要代表人物之一。

“洪谦老师在本科时就鼓励我考研究生，他家里挂着康德和休谟的画像。”2009 年，高宣扬在洪谦诞辰 100 周年纪念会上回忆。1982 年洪谦第二次重返牛津大学三一学院时，两人在寂静的院子里散步深谈。院内春意盎然、花木盛开，院外车水马龙、人流不息，洪谦向弟子叙述了自己半个世纪从维也纳到牛津走过的道路，谈到与石里克、卡尔纳普、魏斯曼、艾耶尔和维特根斯坦的关系，“我那时深刻地感受到了前辈学问的博大精深”。

担任冯友兰的课代表，每次将毛笔提纲打印后分发

与北大名师们的故事，在高宣扬记忆里俯首可得。在沙龙结束后的嘉宾聊谈中，高宣扬回忆起冯友兰先生的点滴。

在大学本科期间，高宣扬连续三年被推选为班上“中国哲学史”课程的课代表，负责联络任课的冯友兰先生与全班听课的学生。这个课代表一点也不清闲，却也很幸运。因为除了把同学提出的问题和疑问转达给冯友兰先生外，还要把冯友兰先生撰写的课堂授课教程带到北京大学出版社排印出版。冯友兰先生的习惯是，用蝇头小楷起草课堂授课教程，高宣扬每次看着冯友兰先生一气呵成地龙飞凤舞。“至今，我家还保留着墨宝。”同是北大毕业、从事地质研究的夫人徐敦煌引以为豪。

1958 年至 1959 年是“大跃进”和人民公社化时期，北大哲学系全体师生下乡到北京南郊大兴县，哲学系一年级学生集中在卢城大队，与哲学系系办公室、系党总支以及全系老教授一起，分别住在老乡家里。高宣扬回忆：“我和同班其他两位同学被分配同冯友兰、张岱年一起同睡在一个炕上。睡觉时，冯友兰老师的大胡子露在被窝外面。”这在才 20 岁的高宣扬和同学们看来，甚为好奇也有点紧张。两位长者的风格也不同，“张岱年老师每天与我们一起下田劳动，他总是默默无闻地背着柳筐下地干活。后来，冯友兰先生提早回到北京燕园”。

研究生期间，每周三次去郑昕教授家读原著时，高宣扬都要穿过冯

友兰先生家的院子走近路，他便会想起冯友兰先生的大胡子。

迂回的历史：列维-斯特劳斯、德里达的跨学科视野

比起北大的恩师们，法国、德国的导师给予高宣扬的是另外一种传播。在张生的询问中，高宣扬强调了西方学者开阔的视野和跨学科的学习。

1979 年，高宣扬到达巴黎一大学习，为了深入把握哲学人类学，他首先师从列维-斯特劳斯。有趣的是，法国导师告诉他，自己在 30 年代学习人类学之前，每周会花 5 个小时去向数学家请教拓扑学、线性代数，以此来思考人类思维的特点。高宣扬感慨，在走入专业门槛前，导师特别重视与关联的文学、语言学、政治学、社会学反复交流。洪谦对他的叮嘱此时也显示出普世性。高宣扬又举例，他的另外一位法国老师保罗·利科在给其著作《利科的反思诠释学》写序时，特别驳斥了海德格尔所说的“短程迂回”，说要打破“短程迂回”，强调“长长的迂回”，也就是从哲学到社会学、人类学，以至于各个学科领域，最后再回到哲学，然后再从哲学走出去，这样才能真正把握宏观和微观。

高宣扬多次与德里达和福柯等著名学者面对面，“他们的为学也是如此，因此也潜移默化了我”。高宣扬涉足的研究范围也呈现聚点后的发散，他在海外著有《存在主义》《弗洛伊德传》《哲学人类学》《罗素哲学概论》《结构主义》《实用主义和语用论》《论后现代艺术的不确定性》《福柯的生存美学》《新马克思主义导引》等，不少都是十多次再版。

三个哲学高峰：法国哲学的繁荣并非一夜之间

由于定居法国，受过良好学术训练的高宣扬对 20 世纪后半叶的法国哲学更有“亲在”的体验。对话中，张生引述法国哲学家阿兰·巴迪欧的划分说，即西方哲学有三个重要的时刻或高峰：第一个是古希腊哲学，

奠定了西方哲学的基础;第二个是德国古典哲学,以黑格尔和康德为代表;第三个便是20世纪的法国哲学。而在常人看来,法国哲学似乎在20世纪一夜之间繁荣蓬勃,尤其是跨界文学和哲学的萨特之存在主义哲学的流行。

高宣扬说,据他的观察,西方哲学界的变化其实肇始于20世纪初,法国哲学期望打破以德国哲学为主流的框架。德国的叔本华和尼采也已经作了一些努力,希望突破几个世纪以来以理性为主的哲学沉思状态。因此,在19世纪末,法国的艺术界、文学界跃跃欲试,艺术界的印象派和后印象派已经形成,他们不满足于把对象作为复制对象。艺术上的充分实践,使得理论上的现象学不同步。当时,已经从知识的主体以外去探索知识的形式,"真理并非是符合现状,知识脱离不了社会权力的运作"。而心灵哲学的研究在19世纪下半叶已经充分展开。等到20世纪初,索绪尔在巴黎大学演讲,打破了语言上的英国功能结构主义框架,到达了法国哲学繁荣"登场"的时刻。此前,诗歌的探索、文学的探索,更是让存在主义思潮一夜间喷薄而出。

高宣扬引述熊伟1957年课堂所言:战后的法国,由于萨特、西蒙娜·德·波伏娃、加缪和梅洛-庞蒂等人生动活泼的文学语言,存在主义变成了一种"时髦",巴黎街头到处可见男男女女穿着奇装异服,称"自己'在出'自己独特的存在"。

面对这些变化,高宣扬在书中总结,应该说,20世纪70年代,法国思想界已经完成了从单纯接受黑格尔、胡塞尔、海德格尔和"三位怀疑大师"马克思、尼采、弗洛伊德思想影响的时代,撰写具有独创性的后结构主义和后现代主义的新时代,也就是完成了对于黑格尔辩证法、胡塞尔现象学和海德格尔存在论的推崇,从对马克思、尼采、弗洛伊德精神分析学的怀疑精神的追求,转向以自身思想创造为基础的自成思想体系的成熟阶段。

中国的现代化需要存在主义的“此在”

回忆1978年3月,初到香港仅用三个月时间写下两百多页的《存在主义》,此后一年内又写出《弗洛伊德传》《罗素哲学概论》共两百多万字的“疯狂状态”,高宣扬面对存在主义在当下的命运则显得更为冷静和理性。

“中国现代化过程中需要存在主义思想。”这与1978年国内学术信息封闭不同,当时,高宣扬受教于熊伟这样的海德格尔哲学专家,在“文革”期间积累了很多关于海德格尔、萨特的资料。到达香港后,香港天地图书公司和香港三联书店联合邀请他主编“人文科学丛书”,要求他为香港读者编辑一套系统介绍最新的当代西方人文思潮的系列图书,被列入的第一批图书包括《存在主义》《弗洛伊德传》《结构主义》《实用主义和语用论》《罗素哲学概论》。高宣扬率先以蓬勃之势写出《存在主义》,香港中文大学哲学系主任刘述先盛赞高宣扬用通俗的语言讲清楚了什么是存在主义,并请他在香港中文大学讲课。

当下,高宣扬接受媒体采访时,强调两点:一是对资本主义的再度审视,这是存在主义最初产生的时代土壤。20世纪上半叶,资本主义经历了两次世界大战这样的大危机,人们在思考如何寻找人类的出路。现在世界又走到了十字路口,经济学、社会学、政治学、国际问题等领域的学者纷纷在找寻2016年“黑天鹅”的动因和走向。第二,在互联网3.0时代,在崇尚“二次元”(虚拟世界的人际存在)的90后日渐成为社会人口主力之际,存在主义强调个性张扬与创新的同时,同样强调责任并存的思想是值得推崇的。如萨特所说,既然自己的自由是由自己选择的结果,每个人都要为自己的选择负责,自由和负责任是密不可分的。在高宣扬看来,现代化进程越来越把人们带入一个不确定的新世界,所有的人面临新的选择的同时,也无法逃脱自己对时代应负的责任。高宣扬2010年后在上海交通大学组建的欧洲高等文化研究院和哲学系,所力推的就是结合时代命运的中国现代性转化过程中哲学的引领作用。

“21 世纪后，作为后结构主义滥觞的存在主义已经弥散到各个学科中，但是其核心精神并未褪去。”高宣扬向发问的媒体解释了存在主义表面的“退潮”。■

从 1957 年 9 月走进北大哲学系至今，一个甲子的哲学路留在即将走完古稀年、走入耄耋年的高宣扬身后，因为见证中外的世事变化而起伏盘亘，因为亲炙中外大师而丰富多彩，更因为哲学给予的无尽的动力而传奇生动。

原文 2016 年 12 月刊于“文汇”APP、“文汇讲堂”微信公众号，作者为《文汇报》记者李念。

追忆普特南：多变还是自我超越？

美国当地时间 2016 年 3 月 13 日早晨，普特南在美国芝加哥家中因为间皮瘤辞世。这位素有“分析哲学鬼才”的当代哲学大家，不仅有把握哲学方向的眼光，也有胡适所说的“拿得起绣花针”的功夫，其“孪生地球”“缸中之脑”等思想实验，在英美哲学界无人不晓。比起年长 5 岁、享年 81 岁的哈佛大学哲学系同事罗尔斯以及享年 75 岁的美国哲学家罗蒂，普特南显然更为长寿，享年 89 岁，逝世时离 90 岁还有 4 个多月。

作为过去 50 年中哲学界最有影响力的哲学大家，普特南研究领域涉及心灵哲学、数理哲学、语言哲学、科学哲学、道德哲学、宗教哲学以及人工智能和量子理论。曾经在哈佛大学哲学系听过他的三门课，并著有《从分析哲学走向实用主义：普特南哲学研究》一书的复旦大学杜威中心主任、哲学学院教授、新实用主义专家陈亚军这样评价：“他的批判和自我批判，超越和自我超越性是当代哲人叹为观止的。”在得知普特南去世的消息后，3 月 14 日下午，记者立即对陈亚军进行了电话预约采访。

“分析哲学中的鬼才”：“哲学家的哲学家”

文汇报：您是何时知晓普特南去世的，第一反应是什么？

陈亚军：我今天中午在复旦接待香港学者洽谈杜威中心事宜时，接到上海译文出版社编辑的电话，告诉我普特南去世了。5 年前，我取得富布莱特学者资格时，曾向普特南教授发去邮件，希望能作他的研究。记得他回复我说，自己身体很不好，退休后正式“全退”了，不再作正式的学术交流和研究，把时间留给家人。在 21 世纪初，他刚退休时，我在美国访学。他当时常去以色列的特拉维夫大学。他有犹太血统，在那里有兼职。听到他去世的消息，我并不很惊讶，毕竟很早就知道他身体不佳，但是一个伟大的思想家离世，还是让人扼腕惊叹，天公夺才！

文汇报：美国历史学家、“中国通”孔飞力去世时，我第一时间在百度的人物介绍上看到了生卒年月的变化。普特南去世，我查了百度上的英文，也没有看到消息。可能我查询资讯有限，只看到“哲思学意”微信公众号发布了消息和介绍。比起杜威、罗素、哈贝马斯、理查德·泰勒，还有我们“文汇讲堂”报道过的桑德尔，普特南好像不太为中国媒体和受众知晓？

陈亚军：普特南在1985年前后来过中国。当代重要的西方哲学家几乎都来过中国，只是德里达、罗蒂、罗尔斯等都是在中国哲学界开放与交流意识复苏和繁荣之际抵达的。普特南来中国时，中国学界与国际学术界接轨还不够，对他的哲学思想知晓得并不详尽。西方的哲学家基本可以分为两类，一类是兼顾公众的哲学家，一类是哲学家的哲学家。华东师范大学在2004年召开过“罗蒂与中国哲学”国际研讨会，罗蒂在分析哲学领域留下《哲学和自然之镜》这一力作后，对分析哲学失望，转向文学化的哲学，留下《偶然、反讽和团结》这样更有影响力、更易懂的著作，可谓是兼顾公众的哲学家。而普特南呢？在美国哲学界，专业领域对他的评价更高。他像奎因一样，属于哲学家的哲学家，被誉为“分析哲学鬼才”。其实，罗素和杜威这样的哲学大家，他们在专业领域的著作也是艰涩深奥，知者寥寥，只是后来他们在更广泛的领域也有著作，后者的影响力超越了前者的影响力而已。

将曾对立的分析哲学和实用主义哲学融合

文汇报：我曾读过您的《实用主义研究自选集》，里面有罗蒂、普特南、布兰顿等实用主义大家的学术思想分析。谈到普特南时，有其学，也有其人。1991年到1993年，您在哈佛燕京学社做访问学者时就开始了实用主义研究。1999年，您在国内出版了《实用主义：从皮尔士到普特南》。21世纪初，您去伊利诺伊大学香槟分校访学，并申请到了2001年到2002年的美国弗雷曼基金项目“当代美国新实用主义研究”，成果直接化为2002年的学术著作《从分析哲学走向实用主义：普特南哲学研究》。能分享一下您和普特南的交往吗？

陈亚军：谈不上交往，可以说是缘分。我在哈佛燕京学社时，当时报的研究题目是“海德格尔的自由观和儒家哲学”，因为和那一代学人一样，我们都深受德国哲学的影响，并将之视为典范。但是，到了哈佛哲学系，听了普特南的课后，我感受到了一股前所未有的思想解放。他的课先是颠覆了我对实用主义哲学的理解。我原来认为实用主义是没有学术生命力的一种浅薄的思潮，但听了普特南的课后，认识完全不同了。我还清楚地记得，当时一口气修了他的三门课，“非科学知识”“威廉·詹姆斯思想”，还有就是“从实用主义到新实用主义”，这门课连修了两年。

文汇报：一模一样的吗？

陈亚军：是的，当时我每次都坐在第一排，还拿着录音机。刚刚去美国，经历着从欧陆哲学向实用主义哲学的转向，我很是兴奋，也需要仔细消化更多细节。所以，课越听越有兴趣。普特南在课程教授中，会把实用主义和当代的很多哲学争论联系起来，并提供独特的视角。

文汇报：能否说得具体一些？

陈亚军：比如英美哲学中的实在论和整体论，一直被看作对立的两种哲学立场，普特南从实用主义角度出发，把两者结合并统一起来了。再比如事实与价值，在分析主义那里是分离和对立的，普特南又将它们统一起来了。还比如知觉这样的话题，普特南同样从詹姆斯那儿获得很多启发。关于这一点，在普特南的英文著作《实用主义——一个公开的话题》里，专门有一个章节论述。实际上，在他的课堂上，谈论到的争论更多，因为他是将分析主义和实用主义有机结合起来的哲学大家。

上课爱笑，兴奋时会坐到讲台上两腿晃悠

文汇报：他讲课的风格是怎样的？

陈亚军：普特南上课蛮随和的。1992年，他大概65岁，上课喜欢笑，不是大笑，而是在喉咙口的咯咯笑。兴奋时，他会坐到讲台上，两条腿晃悠晃悠。有一次，一些学生把没吃完的点心放在讲台上，他进来后也不生气，拿起来就吃了。他和罗尔斯占据了哲学系二楼两个最好的位置，都是套房，比邻而居。他的办公室曾经是奎因所在，奎因退休后就搬到了三楼。我去的时候，罗尔斯正好70岁，是他退休前一年。我有幸听了罗尔斯最后的课程。相比之下，罗尔斯是比较腼腆的人。

文汇报：罗尔斯和普特南比邻而居，非常有意思。我在网络上看到一篇我国台湾地区“中研院”院士黄进兴回忆罗尔斯的文章，里面提到普特南。文中说道，普特南嘲讽其他哲学家简直是家常便饭。但他颇能与学生打成一片，支持学生运动，甚受学生爱戴。某次普特南在课堂上竟然宣称：“罗尔斯教授堪称20世纪政治哲学的祭酒”，而与罗尔斯齐名的同事诺齐克教授却被他评得一文不值（哈佛大学的罗尔斯、诺齐克和牛津大学的德沃金被认为是新自由主义的代表，但观点不尽相同，诺齐克和德沃金的作品都是想修正罗尔斯的论点）。普特南教授批诺齐克的正式用语是“我在智识和道德上都看不起他”。但此处信息未曾查证过。据您观察，这些美国哲学家的风格是怎样的？

陈亚军：我不太相信这段文字。按我对普特南性格的了解，他不太可能说出这样尖刻的话。在毕业典礼上，我曾亲眼看到普特南和诺齐克交谈甚欢，还替他们拍了合照。但普特南支持学生运动确有其事。20世纪70年代，他自称“毛主义者”，并认为从中学了很多东西。当然，我也听到一些有关普特南的传闻，说有一次奎因和他参加博士论文答辩，答辩对象是他的学生，但他居然迟到了。奎因追问原因，他竟回答“我上街游行去了”，惹得奎因大为生气。后来在别的场合，奎因说自己平生最后

悔的一件事情，就是把普特南从麻省理工学院挖到哈佛大学。另一则传闻则是对普特南的赞美，说他去英国牛津大学做洛克讲座，聚会和邀请一个接一个，居然能在一个讲座后的短暂间歇作下一个讲座的准备，并应付自如。所以，同行羡慕他有“极强的专注能力”。

“渔网兜风”：不断超越自我、批判自我

文汇报：谢谢您给我们分享普特南的轶事，加深了我们对一个伟大哲学家的鲜活认识。从专业角度评价，普特南的伟大之处在于？

陈亚军：首先，他在众多哲学领域均有贡献，而且是突破性的贡献。比如，数理哲学、语言哲学、心灵哲学、科学哲学等领域。其次，他能够不断超越自我。他曾是功能主义哲学的创始人，后来变成了反功能主义者；他最早提出科学实在论，后来以内在实在论否定了前者，晚期又提出直接实在论。本来，其中任何一个成就都可以让他声明卓著，但他还是不断否定和超越自己。德国著名哲学家、《当代哲学思潮》的作者施泰格穆勒曾评价，当代哲学的争论中，总有普特南的声音，而且总让人感到有深度、有趣。普特南一直进行着广为人知的思想试验，比如著名的“孪生地球”“缸中之脑”等等，在英美哲学界脍炙人口。但他从不满足于已有的成就，随时对自己加以超越。比如，心灵哲学领域中的功能主义以及影响极大的内在实在论思想，都被他亲手颠覆。澳大利亚哲学家、《哲学百年》一书的作者巴斯摩尔曾这样评价，研究普特南就像“渔网兜风”，意思是他的思想极为丰富，变化极快。

文汇报：普特南的哲学思想对思想界有何影响？

陈亚军：这种影响非常广泛，是一层一层渗透出去的。杜维明、余英时的著作中，都曾援引普特南的观点来支撑自己的立论。所以，谈美国当代哲学，不能绕开普特南。

文汇报：普特南的哲学思想在美国是否有传人呢？

陈亚军:他的思想极其广博,一下子说不出有谁完全继承了他的衣钵。

“多变”的自我辩解:顺着思想不断追问

文汇报:对于中国哲学界或者学界,普特南的哲学思想有何启发?

陈亚军:简而言之,第一,普特南是美国分析哲学的代表人物,他的思想深受语言转向影响,对语言意义的追问和论证的精确表述都是值得中国哲学家学习的;第二,他在具体论证时,始终有大问题意识紧紧围绕;第三,他也是批判和自我批判的典范,从这点上说,他显示出的超越精神是最接近哲学本义的。

文汇报:有学者将普特南哲学思想的变化称作“多变”,如何来评价?

陈亚军:有人把“多变”当作一种缺陷。对于这一点,普特南自己也有过评论。他说自己研究哲学之目的在于追求真理,不在意留下什么“普特南论证”“普特南定理”之类的东西,而是顺着思想不断追问,这是他理解的哲学精神。他曾说前辈分析哲学家卡尔纳普也是如此。我赞同普特南的这段自我辩解。维特根斯坦如此,罗素亦如此。

原文2016年3月刊于“文汇”APP、“文汇讲堂”微信公众号,作者为《文汇报》记者李念。

追忆冯契:一位与世界对话的中国哲学家

2015 年,20 世纪中国著名哲学家冯契先生诞辰百年,“文汇讲堂”以冯契其人其学展开讨论。在活动上,作为主持之一的王韧为电视纪录片《大师·冯契》的总编导、撰稿人,参与讨论的赵修义、高瑞泉等均为华东师范大学哲学系教授、冯契先生生前同事和弟子。

冯契其人:保持心灵自由思考的爱智者

1. 这位马克思主义理论家,和西方维也纳学派的代表人物一口气对谈了 8 个小时

王韧:赵老师,您和冯契先生共事过 35 年,还一起关过“牛棚”,能分享些故事给我们吗?我在拍摄中知道,冯契先生并未出过国,如何展开和世界的对话呢?

赵修义:说我是冯契同事,真不敢当。我从 1960 年到华东师大工作,确实在冯契身边断断续续有 35 年。当时只有三位学者被尊为“先生”,冯契就是其中之一,可见他在同事心目中德高望重。您说得对,事实上,冯先生是一个从山坳里走出来的哲学家,一辈子没有机会迈出国门,只去过一次香港,只能算出境。但他确实是一位有能力和世界对话的哲学家。

冯先生在我们心目中是一个权威的马克思主义理论家、中国哲学史专家。但 1980 年春天,他和挪威哲学家奈斯的对话,让我发现冯先生的造诣不仅于此。奈斯是 20 世纪 30 年代西方分析哲学的起点——维也纳学派的成员,到 80 年代时已是那个学派硕果仅存的大人物,辈分很

高。北大洪谦先生把他请来中国演讲,只安排了两站:北京和上海。他到上海后最重要的一件事情就是跟冯先生对谈。我当时在南京大学进修,得到消息后立刻赶回来参加旁听,对谈地点在锦江小礼堂。想不到他们从上午 9 点到下午 5 点多,一共谈了 8 个小时。令我感受最深的是:整个过程非常流畅。相比之下,第二天公开演讲后,竟没有人提出有质量的问题。但冯先生却能跟他交流这么长的时间,可见先生西学底子之深。冯先生问奈斯:"为什么存在主义在二战之后会在西方这么流行?"其实,冯先生在心里考虑当时的中国,存在主义正悄悄地在中国年轻人中流行。

有一阵子,我负责为冯先生办理有关外语书的事情,一类是他准备给研究生用的教材,一类是到图书馆借取他需要的外文书。从他借的图书来看,老先生不仅底子好,对西方哲学的现状及变化也极为敏感。我前天碰到一位复旦大学研究外国哲学的同行。他提到,当年做麦金泰尔,冯先生评阅他的论文,所根据的材料都来自英文原版。从种种事迹来看,冯先生很早就有要中西会通的志向,并且按部就班地作了准备。所以,即使年纪很大了,他仍然在思考着很新、很前沿的问题。如果我们仔细去看他的学说,包括抽象理论、概念分析,其实都在回应世界哲学提出的问题。更为重要的是,冯先生对世界哲学的回应是立足于中国的,他是在对中国的历史、哲学作了深入的总结反思之后,再去看待西方哲学的。

2. 历史上,哲学或者辅君,或者避世,冯契指出第三条路:深入民众,启发民众

王韧:*冯契先生曾引鲁迅的话说,同样一双鞋,孔子穿了走朝廷,老子穿了走流沙。之后,他提出一个问题:有没有第三条路?他的回答是到民众中去。高老师认为这个问题提出来有什么价值?*

高瑞泉:我想这涉及两个问题。第一个可以说是哲学的功能:哲学是干什么的?或者说,有什么意义?哲学只是"概念的游戏",提供一套口耳四寸之间的戏论,还是具有重要的社会功能?马克思说,重要的不

是解释世界，而是改造世界。第二个是关于哲学家的使命：哲学如何实现其社会功能？哲学家从事哲学活动有什么途径？古代士大夫常说"穷则独善其身，达则兼济天下"。所谓"达"，就是要做官；"独善其身"，则是选择避世，只追求自己所谓的"安身立命"。在此之外，冯先生提出了第三条路——到民众中去，就是启发民众、教育民众，让民众意识到理性的力量、自我的价值，指向了理想社会和平民化自由人格相统一的境界。

王韧：我记得您在评价冯先生的哲学时，用了"高洁"这两个字，怎么理解？

高瑞泉：首先，当然是指冯先生个人品性高洁，对以利禄驱使天下的做法有很高的警惕，这与其哲学创作具有独创性、不随风气转移而动摇是一致的。其次，他决不以精神贵族自居，甚至可以说非常"草根"。这不但表现为他愿意把高深的哲思化为通俗的理论，表现为强调认识论中也要恰当地处理"群己之辩"，才能在"一致而百虑"的历史中发展哲学。在冯先生对20世纪80年代后中国社会现象的批评中也可以看出，他最反对两种倾向：一是权力崇拜，二是金钱崇拜。从这个意义上说，他的哲学是高洁的。但是，他又说哲学不应该离开人生，生活和实践通过科学和政治思想两个中介推动哲学史的发展，同时个人也正是在社会实践中才能真正"凝道成德、显性弘道"。

3. 冯契晚年一直在思考平民化人格如何培养：有激情、有理想、有友谊，会犯错，但真实

王韧：我在拍摄和撰写纪录片《大师·冯契》时，多次为冯契先生的"心里装着人"所感动，这正是我们这个时代所需要和至今未解决的。有个细节，在1954年全系新生大会上介绍教师时，冯契先生特意把勤杂工小李从后排拉到前排，介绍给大家。昨天，我们去补拍了这个镜头。晋老师对"平民化人格"问题一直很关注，其实这个拍摄过程中，"平民化人格"也是我一直在思考并试图弄懂的。

晋荣东：冯契先生晚年的时候和西南联大同学董易有大量通信，其中讲到董易创作的小说《流星群》，小说的序言是冯契次子冯象写的。冯

象的序言以及冯先生的大量书信中，都谈到所谓的“真实的性格”。“真实的性格”不是纯儒，不是圣人，不是君子。这是一个“平民化的自由人格”，譬如说有激情、有理想、有友谊，可能很单纯，可能也会有错误，但是不妨碍它是真实的。这些思考不仅体现在哲学著作中，也时刻萦绕在冯契先生心头。

冯契其学：“智慧说”体系和生活世界

1. 哲学创作如何贯穿冯契一生？

郁振华：冯契是原创性的哲学家，他在20世纪下半叶创发了“智慧说”的哲学体系，具有跟世界哲学对话的水平。文学创作的概念广为接受，好的哲学其实也是一种创作。我们在冯先生身边，有幸近距离地观察到了一个完整的哲学创作过程。那么，这个过程是如何展开的呢？

陈卫平：与世界哲学对话，冯先生不仅仅是从自己的兴趣出发，而是要把源于心灵自由思考的哲学创作和时代的课题紧密地结合在一起。

冯先生高度评价毛泽东的《论持久战》《新民主主义论》的哲学意义。后者开头便问道：中国向何处去？这一问题在冯先生看来，也表现在中国的哲学、文化上。他认为，20世纪以来，无论在西方还是中国，都存在着科学主义和人文主义的对立、实证主义和非理性主义的对立。解决这一对立，才能“使中国哲学既发扬中国的民族特色，又能够会通中西，使它成为世界哲学的有机组成部分”，也就是使中国在哲学上、精神上站立起来。他构建“智慧说”就是以此为宗旨的。可以说，“智慧说”是他心灵自由思考的产物，也是对时代课题的回答，同时也是和世界哲学的发展紧密联系在一起的。

杨国荣：关于哲学创作，大家可以有不同的理解，放到今天的背景下，基本的前提之一是对于时代问题的关切。哲学创作至少涉及两个方面：一方面带有普遍意义，哲学理论思考不能离开哲学的历史，广而言之，不能离开人类文明创造的成果。古今中外，从孔子创立儒家学说，到古希腊柏拉图、亚里士多德建构自身哲学系统，都是基于对以往思想的诠释和反思。冯契先生对时代进行思考同样也是如此，这一进路可以称为“史和思的统一”。

另一方面则呈现特殊意义，它和我们近代以来特定的背景有关系。在近代以前，世界的不同文明基本上是在一种彼此独立的形态下发展的。就中国而言，近代以来，这种状况有了实质性改变：中国之外的传统，特别是西方的传统开始进入中国。在这样的背景之下，要真切地从哲学层面理解人和世界，便不能仅仅限定在单一的思想传统上，而是应该开放视野。王国维先生在20世纪初曾提出“学无中西”的观念，冯契先生则进一步将“学无中西”的观念与世界哲学的构想联系起来，形成了自己的“智慧说”体系。冯契先生的哲学建构与他的以上意识不无关系。

顾红亮：冯先生在1977年的书信中写过：“我对中国古代哲学的逻辑发展有一些心得，我准备把它写出来。但是，我对于中国近代哲学的逻辑发展，现在还没有什么头绪。”到1982年，他说：“我现在对于中国近代哲学的革命进程，已经有一些自己比较系统的看法。我准备把它写出来。”这个时候，他用的词变了，从中国近代哲学的“逻辑发展”变成“革命进程”。由此可以看到，冯先生一直在不断地进行独立自由的思考。

冯先生把中国近代哲学归纳为四个问题：历史观、认识论、逻辑方法论和价值观。对于前两个问题，他认为中国近代哲学作了比较好的总结，但是对于逻辑方法论和价值观尤其是自由理论，还缺乏系统的总结，所以写了《逻辑思维的辩证法》和《人的自由和真善美》两本书，接上中国近代哲学的血脉。

郁振华：冯契先生在哲学上取得这样的成就，不是偶然的。为了更好地理解他的哲学，需要了解他所处的学术传统。冯契先生出身于清华哲学系，师从金岳霖先生、冯友兰先生，后来到了西南联大，受到了北大汤用彤先生的指点。直面哲学问题，注重逻辑分析，融汇中西，推陈出新，具有强烈的哲学创作意识，是清华学派的基本特点。在这种意识的指引下，清华学派取得了骄人的哲学创作实绩。金岳霖先生、冯友兰先生都建立了宏伟的哲学体系。

在这样的氛围中，冯契先生的第一篇论文《智慧》就是严格意义上的哲学创作。此文理境高远、思辨精深、文辞典雅，是一篇哲学杰作。我常常觉得，清华哲学系之得冯契，正如北大哲学系之得牟宗三。

2. 为何要创作“哲学史两种”“智慧说三篇”？

郁振华：冯契先生的哲学体系体现了如下原则：哲学史和哲学的统一；受黑格尔的影响，他常说，哲学是哲学史的总结，哲学史是哲学的展开。平日我们作一文、著一书，都会问：何以有此文之作？何以有此书之作？按此思路，让我们问一问：冯先生为什么要写“哲学史两种”？为什么要写“智慧说三篇”？

陈卫平：我觉得冯契先生回应世界哲学的直接思想资源，不仅来自清华哲学传统，也来自北大的哲学传统。清华哲学系虽然重视西方哲学的逻辑分析，但同时与中国关注人生的传统相结合。金岳霖先生认为道是真善美的统一，冯友兰先生强调逻辑分析，但是他讲的人生境界和儒家联系起来；张岱年先生把马克思和罗素、孔子结合起来，因为他觉得马克思主义不仅要吸取罗素的分析哲学，也要吸取儒家的人生理想学说。冯契先生提出“化理论为方法，化理论为德性”，把马克思主义的理论和分析哲学、儒家的人生理想很好地综合起来，即把金岳霖、冯友兰、张岱年三个人的思想融合为一。另外，冯契先生同时也继承了北大哲学系的传统，他对于中国古代哲学的研究，明显受到汤用彤先生对于玄学研究的影响，即注重于分析思想家之间的内在矛盾运动；同时，北大哲学系对于中国哲学史的研究中关注佛学的影响，冯契先生继承了这一点，在“智慧说”中吸取了佛学“转识成智”的思想。

清华哲学系和北大哲学系在20世纪20年代到40年代，在一定意义上是中国哲学与世界对话的重要代表。可以说，冯契先生的“哲学史两种”和“智慧说三篇”，就是在清华、北大与世界对话基础上的“接着讲”。

杨国荣：从更普遍的层面来看，冯契先生创发之“智慧说”体系，同时体现了回到哲学的智慧本源这一内在意向。在哲学层面谈智慧，首先要将其与知识区分开。知识以世界的特定领域、方面、事物为对象，体现了对世界分门别类的理解,它对于我们具体把握世界固然不可或缺,但真实地理解这个世界,还需要跨越知识的界限。因为在被知识分解以前,世界本身是以统一的形态存在的。智慧的特点,首先表现为从贯通的层面理解世界。作为智慧之思的哲学在这个意义上也呈现了其存在的理由。但是,近代以来,逐渐出现了"智慧的遗忘"和"智慧的抽象化",后者使哲学的以上品格也渐渐被模糊。

从世界范围来看,19 世纪以来,实证主义对经验之外的问题,都称为形而上学的问题而加以排斥,后者同时意味着拒绝从智慧层面对世界加以追问。20 世纪兴起的分析哲学把语言作为考察的对象,其研究在相对程度上不越出语言的界限,由此形成二重倾向:一是考察方式本身越来越技术化,语言分析变成了某种技术性的活动;二是哲学变得越来越和真实的世界相分离,它所研究的只是语言中的世界而不是真实的存在。在中国的传统中,智慧与道的追问相联系,知识经验则属于"技"的层面,分析哲学在某种意义上由"道"走向"技",与之相联系的,是智慧的退隐。20 世纪以来,另一个重要的学派——现象学虽然没有放弃对存在的追问,但同时又趋向于从思辨的角度去理解世界,由此导致智慧本身的抽象化。

20 世纪 20 年代,中国思想界曾发生"科玄论战"。科学派认同实证主义,趋向于哲学的科学化,由此将智慧推出哲学的领域之外。玄学派走的则是思辨形而上学之路,由此表现出智慧抽象化走向。冯先生提出"智慧说",在相当意义上是对"智慧的遗忘"和"智慧的抽象化"这一时代境况的一种回应。通过对"智慧的遗忘"和"智慧的抽象化"双重扬弃,冯先生使哲学重新回归智慧,这一努力同时凸显了其哲学思考的世界性意义。

顾红亮:为什么冯先生要写"哲学史两种"和"智慧说三篇"?可以理解成,他在什么意义上成为当代中国的一个哲学家?这就涉及,作为哲学家,他试图解决什么样的问题。他年轻的时候就是一个有热血、有良知的知识分子,经历了近代中国屈辱又激荡着奋斗精神的历程,从中体会到一种时代精神的召唤,于是在自己的研究领域里思考"中国向何处去”的时代问题。对他来说，这是具有切肤之痛的问题。这意味着时代问题在他那里不是抽象的，而是化为自己研究领域的具体问题，就是知识与智慧的关系问题，更具体地展开为四个问题：感觉能否给予客观实在；理论思维能否把握规律性的知识；逻辑思维能否把握具体真理；如何培养平民化的自由人格。最重要的是第四个问题。他试图在广义认识论的视野里，阐明如何按照真善美统一的价值理想来改变世界和培养人格。这样的问题不仅是近代中国需要解决的问题，也是当下中国人面临的问题。这体现了他的哲学创造是具有强烈的现实使命感的。

3. 今天如何介入“世界性的百家争鸣”？

郁振华：冯契先生晚年倡导积极介入“世界性的百家争鸣”。我想谈谈其背后的文化心态，这与自信心有关。11 月 2—3 日，我们将举行纪念冯契先生的国际学术研讨会，大会的主题就是“世界性百家争鸣与中国哲学自信”。回顾历史，汉唐时期，我们曾是何等的自信！近代以来，国运不济，一挫再挫，到抗日战争时期，几近亡国边缘。这种背景下，国人的自信心受到了极大的打击，以致胡适说“我们必须承认我们自己百事不如人”。中华人民共和国成立后，特别是改革开放后，充满了希望。慢慢地，我们的自信心上来了，这种积极心理是我们事业的强大动力。冯契先生在二十多年前倡导中国哲学家积极参与世界性的百家争鸣，跟这种文化心态上的转进应该是有关系的。

此外，冯契先生倡导参与世界性的百家争鸣，还有哲学家个人的自信在里面。当从事“智慧说三篇”创作时，他对自己的工作其实是相当自信的。澄清了这一点之后，我想问的是：在当下的语境中，我们该如何响应先生的倡言，积极介入世界性的百家争鸣？

陈卫平：冯先生二十多年前提出我们要参与世界性的百家争鸣，因为他认为，中国哲学只有在世界性的百家争鸣当中才能够走向世界。随着中国现代化的发展，他觉得一定要在思想上、文化上给世界贡献些有价值的东西，才算是参与了世界性的百家争鸣。冯先生强调这是我们中国哲学、马克思主义哲学应当有的自信。

冯先生认为,马克思主义给我们提供了很好的指导思想,通过对于以往马克思主义的学习、理解、领会,一定能够从中吸取营养,从而破土而出,如同小鸡在鸡蛋中孕育而成为新的生命。马克思是老师,但我们要有“超师之见”,就是对于马克思主义要有创新的自觉性。对于任何学派、学说,都应当如此。这就是冯先生经常讲的“能入善出”。他说,面对中国从先秦到“五四”和西方从古希腊到维也纳学派的哲学大家,不免产生一个困惑,我能否不被前人所压倒而有所创造,否则,我就成了前人的“心奴”。因此,他非常肯定龚自珍的“自尊其心”。他指出,再天才的哲学家,其独到的见解也往往是有所见有所蔽。他一再提倡要解蔽,只有不断地解蔽,才能保持心灵自由思考,这是理论自信的精神源泉。

杨国荣:参加世界性的百家争鸣,需要两个不同意义上的前提:

第一,一种思想的发展,包括哲学思想在内,总是在各种意见的相互争论的过程中实现的,由此需要以开放的视野对待不同的观念和传统。任何思想家(包括哲学家)都会有自己的内在局限。从世界范围看,西方哲学家对于非西方的思想传统往往未能给予充分的关注,其思想基本上限于单一的西方传统,这同时也限定了其思想资源。反观中国,近代以来,中国哲学家的眼光要比西方哲学家更为开放。从早期的冯友兰、金岳霖、汤用彤等人到冯契先生,一直到我们这一代,都是以开放的眼界对待其他传统(包括西方传统)的智慧资源。可以说,认真对待其他哲学传统,这是中国近代哲学家的所长之处,也是我们能够参与世界性的百家争鸣的重要前提之一。

第二,参与不是凭空的,哲学家自身创造性的工作是基础。冯先生之所以能提出这个问题,一是他有开放的视野,不局限于某一种传统;二是他自觉地进行创造性的工作,形成了自己独特的哲学系统。今天,我们应该在这方面承袭冯先生。世界性的百家争鸣在现在看来也许还刚刚开始,它需要在广度和深度上不断发展。

顾红亮:怎么参与世界性的百家争鸣?冯契先生本人的实践告诉我们,关键是同时代性,即我们和西方哲学家关注的哲学问题具有同时代性,在同一个时代维度上进行对话。冯先生所做的工作体现了这一点。

比如马克思主义唯物史观，在关于人的德性培养的问题上讲得比较少。现在西方哲学对于德性的讨论成为热门话题。冯先生把中国古代哲学当中关于人格的理论、德性的理论跟马克思主义理论结合起来，发展出他自己的“智慧说”，化理论为德性。这一方面是对李大钊社会主义与人道主义的结合、大众团结与个性解放的结合之思想的继承，另一方面也是与西方的一些哲学家在进行同时代性的对话。

原文刊于《文汇报》2015 年 11 月 6 日第 12 版，根据 2015 年 10 月 30 日第 96 期“文汇讲堂”活动内容整理而得，原标题为《今日重访冯契“智慧说”，我们收获了什么？》。

后　记

在著名的《斐多篇》里，柏拉图记录了苏格拉底在死前最后时光里的言论。克里托问苏格拉底对自己的葬礼有何吩咐，苏格拉底告诉他埋葬的只是肉体，而非灵魂，灵魂将去享受极乐世界的各种欢愉。在洗过最后一次澡后，苏格拉底向家人道别。在同狱卒谈笑之时，苏格拉底接过那杯毒芹，一饮而尽，四肢逐渐失去知觉，但依然镇定自若……

年近 30 岁的柏拉图在这篇对话里第一次介绍了自己独具特色的“理念论”。40 岁后，柏拉图返回雅典，建立了哲学社团——雅典学院，聚集了一批思想家，和他一起研究数学、天文、形而上学、伦理学和神秘主义等。直到公元前 347 年，80 岁的他在参加一场婚宴时安然去世。

柏拉图哲学的核心概念是“理念”，是全世界研习哲学者的起点。父母给我的名字，无意中成了这个哲学概念的同音词。在填报高考志愿时，我在哲学系和中文系之间犹豫不决，心想：“女生读哲学系是否会变傻？”后来，我进了中文系，的确如鱼得水，颇为享受，但哲学的尘念却时时泛起。

2014 年，终于有了这样的机会，我负责的“文汇讲堂”和上海市社联一起举办“东方讲坛 · 文汇讲堂—哲学与我们的时代”演讲季。为了更好地传播，我决定为每位主讲嘉宾撰写 5000—8000 字的长篇“学术人生”。此后的四年半时间中，毫不夸张地说，我几乎没有了平常的夜晚、周末、小长假和春节，都是沉浸在与“学术人生”关联的学习、思考、求证、表达中，其中最多的篇幅是关于哲学。

然而，对于庞大的哲学体系，我毕竟是个门外汉。我的学习从主写每位嘉宾的“学术人生”开始，其间自学了必需的基础课程。记得第一次是 2014 年采访复旦大学的吴晓明老师，他说了马哲与海德格尔的关联，我着实是费力地记录。那年春节七天，我几乎都在苦读关联知识。2018年8月，第24届世界哲学大会首次在中国召开，从2月开始，我所在的“文汇讲堂”联手复旦大学哲学学院和华东师范大学哲学系，策划了“倾听世界哲人，亲近当代哲学——祝贺24次世界哲学大会在北大召开·24位世界哲学家的系列采访”。虽然在具体知识上，我依然是门外汉，但是能够主动地、较为顺利地策划、实施这次采访，的确也是这几年用心学习的一个成果。不过，由于长期劳累过度，体力透支，我的免疫力明显下降。“生命的长度可以换得生命的厚度”，每次受病痛折磨时，我都这样自我安慰。

更新、完善知识结构，是新时代每个有志向的媒体人应该做的终身功课，不值得夸耀，反而照见原先储备的不足和这个时代发展变化之快。我负责并主持的“文汇讲堂”是报社的演讲部门，它是一个围绕热点作学术解读的平台，连接着作为嘉宾的大家和作为知识受众的大家，近年来以“在场、在线、在版”的立体方式展现。在此过程中，我在国际部、文汇网的短暂工作经历也成了一种知识和经验储备。如何在这个空间将线下强关系覆盖到线上弱关系，如何在关注受众期待的同时引导他们的关注点，如何培育浮躁年代的理性说理文化，如何从“快餐”氛围下的围观者变成有信念的实践者，在承办“文汇讲堂”的12个年头里，这些情状和目标给了我和团队一次次憧憬和创新的动力。按照现在上海市委倡导的“四个品牌”之一的“上海文化”理解，文化是一个城市的软实力，讲座、论坛是文化传播中的核心项目之一，而哲学毫无疑问又是讲座中的一个至高点。

回应、激发、发展听众的兴趣和关注点，成为我们的目标。好在有了喜马拉雅微电台，有了“文汇讲堂”微信公众号，有了“文汇”APP手机客户端，这些技术的升级换代，让“文汇讲堂”的声音，尤其是哲学的报道之声，可以从现场传到任何地点，我们的报道范围也从报纸刊发到在线报道，从讲堂嘉宾及其观点到所有关联论坛、讲座。

本书所收录的内容大概有三部分：一是2017年下半年开始，“文汇讲堂”和复旦大学上海儒学院共同主办的“中华优秀传统文化传承发展系列五讲”的观点稿；二是2014年“哲学季”中七位哲学主讲吴晓明、王德峰、张汝伦、童世骏、俞吾金、高瑞泉、陈卫平的“学术人生”，以及“接着讲”中五位主讲杜维明、郭齐勇、安乐哲、黎红雷、谢遐龄的“学术人生”；三是途经上海或者我们去北京采写的中外哲学学者或论坛的访谈，涉及的有美国学者桑德尔、伯恩斯坦、普特南，华人哲学家成中英、邱仁宗、杨国荣、刘放桐、高宣扬、赵修义、陈亚军等，还有中国哲学家冯契百年诞辰的专场实录。除了冯契百年诞辰专场实录和刘放桐、赵修义访谈外，其他内容都没有在《文汇报》上刊发过，而是在新媒体“文汇”APP、“文汇讲堂”微信公众号上与读者见过面。本书的出版，一则记录了“文汇讲堂”的哲学足迹；二则也是京沪两地的哲学大事记录，比如北京大学高等人文研究院主办的2015年“国际哲学学院院士（IIP）年会”、华东师范大学主办的“桑德尔与中国哲学”国际学术研讨会、复旦大学主办的“杜威与实用主义”国际学术研讨会等等。当然，这只是一些哲学活动的侧影，还有许多大事、许多该采写的哲学家，在我们的目标之中。

媒体人某种程度上可以说是“学术中介”，其中当然也有自己的认知。从2014年举办“哲学季”开始，我的书架上一直摆放着牛津大学出版社出版的英文图书 *Philosophy Bites: 25 Philosophers on 25 Intriguing Subjects*，这是一档哲学访谈播客内容的选录，高峰时有700万听众收听，有着世界著名哲学家的参与，如桑德尔、彼得·辛格。这着实是“文汇讲堂”的一个榜样，也是一个城市文化地标的高度。

在围绕哲学的讲堂活动组织与报道过程中，我结识了不同风格的哲学学者和哲学家，他们的学术人生也激励着我和“文汇讲堂”继续努力。这里要特别感谢对我写作有着帮助的四位学者。第一位是郁振华。他最早不断提供各种研讨会、论坛的信息让我学习。当我2015年写完徐怀启时，是他鼓励我要继续写下去。我写完赵修义的访谈后，他说，你应该去采访张世英先生。2018年3月，我真的去采访张老了！第二位是杜维明先生。从2012年做客“文汇讲堂”开始，我一直和他所在的北京大学高等人文研究院保持着联系。他席不暇暖，终身传播儒学，促成世界哲学大会在北京首次召开，其间展露的志向和智慧、思想成为我持久的动力。我曾下决心，2018 年的世界哲学大会将是我学习哲学的一次阶段性考试。第三位是童世骏。他让我看到哲学如果有机地嫁接到行政管理岗位上，会出现一种怎样的迭加效应。也感谢他在我最初半年的起步阶段，经常抽空为我看一些稿子，指出一些常识性的错误。第四位是陈亚军。在《杜威全集》中文版发布会上，我采访了这位新实用主义研究的领军人物，由衷钦佩他常年甘坐冷板凳的定力、对学术前沿方向和人物跟踪的眼光。我写此文时，正值美国当代极富盛名的哲学家布兰顿来访复旦大学哲学学院和杜威中心做"复旦—杜威讲座"，并取得不俗反响。

当然，还要感谢《文汇报》的历届总编何建华、徐炯、陈振平、黄强，他们是我的直接分管领导，他们的信任给了"文汇讲堂"和我自由发挥的舞台。感谢总编辑郑逸文、2017 年开始担任我的分管领导的副总编辑王欣之，他们不断为新时代的选题把关。这已经是"文汇讲堂"出版的第四本书，每本都比之前更有特色。感谢不断更换的、富有活力的兼职生们和合作的小伙伴们，是你们的才能使得"文汇讲堂"这项综合工程发出它不灭的光彩。

李　念

"文汇讲堂"主编

2018 年 5 月